［やま かわ うみ叢書］

野村純一――口承文芸の文化学

小川直之 編

装丁◉林二朗

口承文芸の文化学とは——野村純一の研究領域

小川直之
（國學院大學教授）

「口承文芸」を文化学として捉え直す

「ことば」によって受け継ぎ、伝承される物語や詞章、成句などを「口承文芸」と名付けたのは柳田國男であった。それは昭和十一年（一九三六）に岩波講座『日本文学』十一巻に寄せた「口承文芸大意」[1]で、「口承文芸」はフランスの民俗学者ポール・セビオがいう La littérature orale のことであるという。柳田はセビオの表現意図には俳諧的興味の喚起があったとしながらも、これを「口承文芸」と翻訳し、これは語る、話す、歌う、唱えるなどの言語行為によって成り立つことから、内容としては命名技術、新語・新句、諺、譬えと格言、謎・あかしもの、唱えごと、童言葉、歌（唄）、昔話、ハナシをあげている。柳田は、伝説は信仰表象と考えたので、伝説は別扱いしたが、現在の口承文芸研究では、その内容を昔話、伝説、世間話、謎、諺、語り物、民謡、童唄などとしている。

言語文化としての「口承文芸」がこのように提示され、個別内容が具体的に示されることで、以後の文芸研究では、これと文字テキストによる「読者文芸」（柳田の表現）が併行して存在し、ある場面では両者が複雑に交叉し、影響し合ったことが研究の論点となっていった。さらにはこれによって日本文学研究においても、「説話文学」が特化され、研究分野として定立されたといえる。

野村が國學院大學で学び、研究者として歩み始める時代は、口承文芸研究が活況を呈し始めた時で、なかでも耳目は「昔話」に集まり、全国の資料をもとに日本の昔話を話型分類した関敬吾の『日本昔話集成』全六巻[2]が昭和三十三年（一九五八）に完成するなど、着々と成果が上がっていた。関が編んだ「集成」は、その後昭和五十三年（一九七八）には野村も編集に協力し、改訂版といえる『日本昔話大成』全十二巻[3]が出版されている。

昔話の話種・話柄による話型研究というのは、語られる物語のプロットを明確にし、同類の昔話の比較対照を行うという内容で、これにより国際比較や説話文学との対比も可能となり、昔話研究は大きく進展した。もちろん野村もその一翼を担ったが、こうした話型研究が主流となるなかで、野村がとった研究法は、自身の研究拠点ともなった新潟県の旧栃尾市（現長岡市）や山形県の最上地方で、数十話もの昔話を語り継ぐ人物の「家」に注視することであった。昭和四十一年（一九六六）四月に三十一歳で國學院大學文学部専任講師に就任した野村の三十歳代は、この課題を軸に自らの視座を確立する時代だったといえる。

野村純一先生（2001年1月30日）

昔話の語りには家筋、家系が強く関与することの研究は野村の独壇場となったが、この研究からは、昔話の管理者としての家筋、家系だけでなく、「語り」の場のありようや作法、禁忌など、「語り」の時空に存在する規律、規範をも明らかにしている。伴侶敬子というかけがえのない協力者も得た三十歳代の野村は、足繁く昔話語りの現場へと通いながら、思索と模索を繰り返していたのであり、提示される論理や理論はまさに「語り」の現場から叩き上げられている。主著であり学位論文ともなった昭和五十九年（一九八四）の『昔話伝承の研究』[4]に収められたこの時代の論文には、そうした姿が埋め込まれている。

このようにして野村が描き出した「語り」の世界に着目すると、そこには「語り」の場や作法など、「語り」の時空を形成する規律や規範、また、話柄研究では見えてこない「語り」と芸能との相関があるのが読み取れる。さらには国内外の昔話研究から、説話文学や海外の文芸との連関という課題も具体的に描かれている。

本書では、こうした野村の研究成果を「口承文芸の文化学」と捉え直し、十五論文を「口承文芸の場と作法」「語り手・話し手と口承世界の諸相」「語りと芸能の相関」「文芸としての系譜」という四つの部に分けて編んだ。それは野村の研究からは、語りと聴耳という言語行為の文化学という、話柄を中心とした文芸研究とは次元の異なる口承文芸研究が模索できるのではないかという目論見からである。それは野村の研究は、文芸研究だけではなく、能楽や歌舞伎・文楽などの伝統芸能や在地の民俗芸能、大衆芸能という芸能世界、さらには現代のストーリーテリング、回想法の語り等など、広範な言語行為の文化研究へと繋がる足場を築いてくれたといえるからである。

口承文芸の作法と時空論

野村が「昔話」を中心とする口承文芸の調査、研究に入っていく昭和三十年代末、四十年代の日本は高度経済成長期（一九五五～一九七三年）にあった。生活の様式や価値基準が大きく変わり、昔話の語りの場であるイロリが消え、語りの時であった夜がテレビに占領されつつあり、従前の「語り」の時空が終焉を迎えようとしている時代であった。それでも当時の日本には、厳格な「語り」の時空をもつところがあり、そこにはさまざまな作法が活きて存在し、野村はこれを見逃すことがなかった。よりここに注目したといえる。

本書の第一部「口承文芸の場と作法」の冒頭に選んだ「民話への誘い」では、「民間説話」を意味する「民話」を「神話」と対峙させ、「民話」には「伝説」「昔話」「世間話」があることを解説した上で、昔話をまずは「「座」の文芸」と位置づけている。この「座」はイロリの座であり、その四囲にある名称と座者の仕来りを明示する。そして、この座で繰り広げられる語りの作法には、語り始めの詞章、相槌、囃し言葉があることを説いている。これが「語り」の作法であることはいうまでもない。次には昔話がもつ「「様式」の文芸」に移り、語り収めの句や語りの禁忌を取り上げている。さらにこうした「昔話」に対して「形式無視の文芸」として「世間話」を説明し、最後には「現代民話」に至っている。

この一論文を取り上げても「昔話」には作法があって、イロリという座とともに「語り」の時空が形成されているのがうかがえよう。昔話研究では、早くにその「語り」には語り始めの句、語り収めの句、相槌や囃し言葉、さらには「昼むかし」など「語り」の禁忌があることは断片的には知られていた。野村はこれを集大成して枠組みを明示し、これらの意味付け、論理化を行ったのである。

「語り」の作法はそればかりではなく、野村の珠玉の一論文と評価できる「昔話の伝承形態」では、山形県最上地方での調査から、昔話の語りには「一人語り」と「語り合いこ」「だんだん語り」があることを知り、後者の場合は、

安楽城は差首鍋の中村では、まず、焚木に火をつけて炉辺の人に廻し、それが消えたところで語り始めた。大沢川を隔てた関沢では、語りの番代りのときには火箸を立てるのを仕来りとしたそうである。語り番が廻ってくると、自分の前の囲炉裏の灰に火箸を立てて語ったというのである。

と説明し、「だんだん語り」の作法は「炉辺をぐるぐると語り廻すのをいうのである。最上町で際立っているのは、その時に語り手の印として火箸を渡すのが作法なのであった。語り手の印として火箸を渡すのは、見逃せない手続きである」とし、鮭川村でも「二人が交互に語るときには、必ず語る側の者が火箸を手にする」と同様な作法の伝承をあげ、これが特殊ではないことを示している。用意周到に類例をあげ、このことを「語りの権利を有する者のみが、囲炉裏の火の管理権をも所有する、そういった内在する語りの民俗に端を発しているのに違いあるまい」と、「語り」の座の根元に「火」の管理があることを指摘している。

このことは本書第一部に収めた「最初に語る昔話」で取り上げる「河童火やろう」にも繋がるのであるが、「昔話」以外の世界に目を向けると、邦楽では、男がうたう時には右手に閉じた扇の要を持ち、天の部分を床につけ、女の場合は要を持って横に膝の上にのせてうたう。能の地謡の場合は、座る前に扇の要を右にして横に置き、謡い出す前に右手にこの扇の中程を持ち、要の方を床につけて立ててうたう。鳶職たちの座敷での木遣唄は、梃子棒（テコボウ）と呼ぶ棒を手に取って床の上に立てて持ってうたう。こうしたウタの作法は、明応九年（一五〇〇）末か文亀元年（一五〇一）初めの成立と考えられている『七十一番職人歌合』にもみられる。これに描かれた「白拍子」は右膝を立てて座り、その膝の上に要を下にして扇を立てて狂言小歌らしき歌をうたい、「曲舞〃」も扇を右手に持って歌をうたう。さらに「早歌謡（さうかうたい）」の人物は右手に扇の要を持って左の膝の上にのせており、画中には露曲の一節が書かれていて、三者ともうたう時には扇を右手に持ったことがわかる。(5) また、落語家などの咄家が、小道具としても使う扇を持って話すことは誰もが知るところである。

つまり昔話を語る時に手に火箸を持つのは、こうしたウタなどの扇に比定でき、そうであるなら昔話の「語り」の作法にはこれだけに限定されず、いくつかの言語行為に共通点があるのがうかがえる。殊更に「口承文芸の文化学」と主張する所以は、このこと一つだけでも理解できよう。本書では高久舞氏に「唄と語りの作法」の一文を寄せてもらったのは、予測をより確かなものにするためである。

「最初に語る昔話」から芸能との相関へ

昔話には「座」や語りの「様式」に加え、語る「昔話」の順位にも作法があったことを明らかにしている。それが「最初に語る昔話」であり、野村は「これによって、語りの場の幕は切って落とされ、その座に集うすべての人々の間に語りの場の設けられた事実が認識される」と説明する。

その昔話が「話の三番叟」であり「河童火やろう」である。「昔話の三番叟」では、

河童が火を求めにくるこの昔話は、枢要な部分に芸能と相渉るとする事実を有するに至った。これは、三番叟それ自体がすでにして舞台浄めと同時に積極的な祝意を披露する。そういった性格を持っていることと併せ考えても、この話にそうした機能が付帯され、それが期待せられていたことが充分察知される。もちろん、三番叟の存在が先行して、それがこの昔話にこうした性格付けをしてきたものか、それとも、本来、古くに語りの場には、やはりそうした機能を具備する話が存在したものか。そこのところは、向後の検討を俟たねばなるまい。

と、「語り」の作法と芸能との関係に言及し、「昔話の原質が「語り」にあったのを知るときに「語り」と「芸能」とのかかわりの上で、こうした昔話が特別な機能を発揚しつつ伝承されてきた。この事実は、それなりに注目され、評価されて然るべきであろうと考えられる」と、口承文芸と芸能との関連、あるいは連関への注視を促している。

本書第三部を「語りと芸能の相関」としたのは、野村には在地の芸能と連関する口承文芸があることを具体的に論じ、ここからも文化学へと展開できる口承文芸の世界があることを提示してくれているからである。具体的には、「語り」を始める場を確定するための「話の三番叟」は、野村がいうように能の翁舞である式三番では、翁の面持ちとして三番叟が登場し、翁舞の最後に舞うし、文楽や人形芝居、在地の歌舞伎などの地芝居では三番叟が舞台の浄めと祝福を行って外題が始まる。「話の三番叟」と称されたのは、こうした芸能と同位であることはいうまでもなく、その話は烏帽子を被った河童が火を乞う内容であるが、この話は「河童火やろう」として独立した昔話にもなっている。最初に語る昔話への関心は、昭和十一年(一九三六)に野口正義によって報告された熊本県飽託郡の「話の三番叟」から始まり、昭和三十五年(一九六〇)に石川純一郎が紹介した福島県桧枝岐村の「河童火やろう」によって再浮上し、野村が各地の事例をあげながら分析を深め、この話に確固たる地位を与えていったといえる。なぜ河童が火を乞う話が「話の三番叟」となるのかは決着がついていないが、野村は「河童が火を乞う昔話」[6]で、柳田國男の『山島民譚集』にある河童伝承をあげ、河童が火を乞うのは「火を司るものは同時に水をも司る。水をよく管掌するものにして、はじめて火をも管理する資格がある」と、語りの場であるイロリの火の管理と結びつけた論理を提示している。

野村は「話の三番叟」を、その内実である河童に焦点を当

てる一方では、山形県飽海郡や酒田市などに伝わる祝宴の場の「早物語」を発端にして、真室川町の昔話「鶴と亀」は類似例が遠く離れた佐賀県にあり、ここでは「鶴と亀」が祝儀の席で語られるとともに、この鶴と亀は祝儀の相撲唄にもなっていることを突き止めている。「話の三番叟」に続き、「語り」と「うた」の相関を具体的に示しているのである。このような口承文芸と芸能、就中民俗芸能との連関をさらに説いたのが「説話と民俗芸能」で、「早物語」を軸にしてこれを沖縄県八重山のユングトゥへとつなげている。

口承文芸研究の視座の形成

ここまで述べてきたように野村の研究からは、「語り」の世界に着目し、その場の有り様や作法など、「語り」の時空には規律や規範あること、さらには口承文芸には芸能との相関があるのがわかる。奈良時代の記紀やその後の説話文学は、その大半は「語り」や「うた」という言語行為に淵源することは誰もが認めているが、これを残されている文献からつぶさに明らかにすることは難しい。難しいというより、不可能に近いと言っても過言でない。であるなら、これは現行する「語り」や「うた」の実相から類推する以外に方法はなく、ここに口承文芸研究が取り上げるべき論点の一つがあろう。庶民の口承文芸から、こうした論点へのアプローチの基盤を固めたのが本書の第一部と第二部である。現在の文学研究においては、残念ながら多くが記載文芸に終始し、野村の研究成果にみるような口承の時空への眼差しは衰退しているが、再度、言語行為、なかでも「語り」や「うた」を記載文芸のなかで考えようとするなら、野村の研究がその出発点となる。本書に収録した野村の論文には、現代では使い慣れない難解な語句が多かったり、複雑な言い回し、論理展開がいくつもあったりするのは、自らが携わる口承文芸研究を記載文芸研究と同位置の、並行した地位に引き上げようとする意図があったと思えてならない。それは文学研究というアカデミズムに身を置くなかでの、既成価値観への挑戦だったともいえる。

また、「口承文芸」には、柳田がこれを示した当初から「唄(歌)」が含まれていた。しかし、口承文芸研究が進むなかで「唄(歌)」は歌謡研究として分離、独立していった観が強い。独立することで研究が進展したともいえるが、一方では口承文芸との連関などは抜け落ちていったのではなかろうか。だが改めて野村の研究をみるなら、「うた」の作法も含め、より広い文化学とも言える口承文芸研究の世界があるのがわかる。

約五十年にわたる野村の研究成果としては、以上のことが特記できるが、では、野村がこのような視点と指向をどのようにして持ったのかを考えると、そこには本稿の初めにあげたように、二十歳代末から三十歳代に足繁く通った「語り」の現場があったことがあげられる。新潟県栃尾市吹谷（現長岡市）と山形県最上地方の新庄市萩野と真室川町関沢である。三十二歳の昭和四十二年（一九六七）には旧栃尾市の『吹谷松兵衛昔話集』、昭和四十五年（一九七〇）には新庄市の『萩野才兵衛昔話集』（野村敬子との共編）、昭和四十七年（一九七二）には真室川町の『関澤幸右衛門昔話集』を編んでいる。「松兵衛」は吹谷の多田家、「才兵衛」は萩野の安食家、「幸右衛門」は関沢の沓沢家である。地名と多くの昔話を管理、継承する家の屋号を書名とし、特定の家筋で受け継ぐ昔話群を編んで私家版で発刊している。

屋号は個人を超えて持続する「家」を表現するもので、吹谷や萩野、関沢という地域全般の昔話を捉えてものではないが、家筋にこだわることで「語り」の実相を捉え、「語り」文化に迫まることができるのではと、次第に確信し、地歩を固めていったのがわかる。本書に収録した野村の論文には、随所に語り手の来歴が出てくるのは、こうした昔話の伝承様態が口承文芸研究の前提となっているからである。本書では、このことの解説として伊藤龍平氏に「語り手の系譜論とその意義」を執筆していただいた。先の三冊の私家版昔話集は、幸いなことに亡くなる前年に『〈定本〉関澤幸右衛門昔話集—「イエ」を巡る日本の昔話記録—』（平成十九年二月、瑞木書房）として一部増補した上で公刊されている。

研究課題と視座の拡大

野村の「語り」の場や作法、さらには語り手の系譜論へと進んだ研究は、自ずとこれらも含む「口承の時空論」へと展開している。そこから生れたのが第二部「語り手・話し手と口承世界の諸相」である。昔話は「座」と「形式」をもつのに対し、「形式無視の文芸」と位置づけた「話」の世界を主題にしたのが「話とその位相」である。「ばすこき話」「てんぽ話」「ずぼ話」といくつもの特定人物を主人公とする「話」を取り上げ、最後には座頭芸に及んでいる。また、「御伽草子」から出てくる「おとぎ話」や「伽衆」などにつながる「伽」という行為と場を論じたのが「昔話と伽」であり、宗教者による「語り」を具体的に示したのが「昔話と説教」である。巫覡の呪文と昔話「雀孝行」などとの関連、報恩講の中での昔話「大歳の客」など、語りの時空は家の囲炉裏端だけではなく、多元的であったことを明らかにしている。ただし、これらも突き詰めれば語りの場と語り手の有り様が視点となっている論述である。

本書では、野村による口承の話柄からの「文芸」論については限定的に取り上げた。文芸としての昔話では、たとえば

『野村純一　怪異伝承を読み解く』[7]に収録されている「「女房の首」の話──町の昔話」は、「甦える昔話──「女房の首」」・「続甦える昔話──「女房の首」消息」という長文の論文[8]に続くもので、その話柄とプロット構成などの研究には追求の手を緩めていない。これらは、まさに口承の文芸研究としての醍醐味を感じさせてくれるが、本書には文字テキストとなっている記載文芸と口承文芸の相関を概観した「お伽草子と口承文芸」、海外から移入されてテキストとして流布した『伊曾保物語』の在地化を論じた「伊曾保物語の受容」、インドから中国、そして日本へと流転する文芸といえる「鼠の嫁入り」を主題にした「「老鼠娶親」の道」を第四部「文芸としての系譜」として収めた。

野村はこれらの論文を通じて、昔話など在地の口承文芸は、この世界だけで完結するのではなく、いくつのも領域を縦横に動き、受容されており、この意味において口承文芸の話柄も、語り手同様その系譜を見極めていく必要があることを説いている。新潟県の吹谷、山形県の萩野・関沢を拠点に研究の礎を築き、国内で昔話採集のフィールドを広げながら研究を深め、課題を拡大し、さらに中国での調査や教え子のジャワハルラル・ネルー大学のマンジュシュリー・チョウハン教授を通じてインドと往来し、国際感覚も身につけ、国を越えて移動する物語の話柄、プロットを求めていたといえる。

口承文芸研究が主題ではない筆者なりに野村の研究ワールドを描いてみると以上のようになる。その意味では読み違いがあるかもしれないが、ひと言でいうなら野村の研究は口承文芸世界に留まるだけでなく、口承文芸の文化学、あるいは文化学としての口承文芸学とでもいえる世界の土台を築いてくれたといえる。野村の研究を起点として、これをどう進展、展開できるかが私たちの課題となる。

最後に野村純一自身のことに触れておくと、野村は昭和十年（一九三五）三月十日、東京市下谷区（現台東区）生まれだが、本籍地は中央区日本橋で、その家は同地にあった江戸時代半ばから十代近くも続く畳屋であった。野村の家は、その畳屋の家系につらなり、畳店は明治末まで瓢箪新道の通りに構えていて、屋号とは別に「瓢箪」の通称をもったという[9]。野村は教え子たちが還暦祝いに編んだ自分の著作年譜に、その畳屋の通称を採って『ひょうたんの手控』と名付けている。

アジア・太平洋戦争後には江戸川区に住むが、野村は、家筋としてはチャキチャキの江戸っ子といえる。そうした野村が國學院大學文学部文学科の学びのなかで、庶民が持ち伝える〝物語〟に関心をもったのには、江戸東京の下町に長く続く家のまわりには、〝道聴塗説の文芸[10]〟がうごめき、その群れに囲まれて成長したことがあるのではなかろうか。これは勝手な想像だが、永井荷風の作品を好み、『断腸亭日乗』から噂、流言、街談を取り上げ、ここには「荷風散人の相貌がひょいと覗かせている」と評したり、「読売新聞」に連載した「はなしの民俗学」（平成十二・十三年）に江戸東京の「話」をいくつも取り上げたり、自分の世間話研究を『江戸東京の噂話―「こんな晩」から「口裂け女」まで―』[11]（平成十七年、著作集第七巻）と題してまとめたりしているのは、そうした身辺に生々流転した話が脳裏にあったからではなかろうか。大学卒業後、「昔話」研究を本格化する前二十七歳のときの「世間話の一側面―隠岐の化猫譚―」[12]では、いち早く世間話研究の重要性を説いている。一方で著作年譜稿の名に「ひょうたん」を入れたのは、家の系譜への愛着、より強くは「こだわり」を感じさせる。これが吹谷や萩原・関沢での屋号名での昔話集編纂、語り手の家筋や家系への視座につながっていると言ったら言い過ぎであろうか。幽界があって再び会えるなら、聞き質したいことの一つである。

野村純一の口承文芸研究は『野村純一著作集』全九巻として出版されている。本書がこの著作集へと進む手がかりとなれば幸いである。

注

（1）　柳田の「口承文芸大意」は、「口承文芸とは何か」として『口承文芸史考』に収録されている。『柳田國男全集』8（ちくま文庫、平成二年一月）所収

（2）　関敬吾『日本昔話集成』全六巻、角川書店、昭和三十三年六月完結

（3）　『日本昔話大成』は十巻までが資料編で関敬吾による（角川書店、昭和五十五年三月完了）。十一・十二巻は資料編、研究編で関敬吾・野村純一・大島廣志編（角川書店、昭和五十五年十二月完結）。

（4）　野村純一『昔話伝承の研究』同朋舎、昭和五十九年七月。『野村純一著作集』第一巻・第二巻に収録。

（5）　岩崎佳枝校注「七十一番職人歌合」新日本古典文学大系61『七十一番職人歌合　新撰狂歌集　古今夷曲集』岩波書店、平成五年三月

（6）　前掲（4）

（7）　大島廣志編『野村純一　怪異伝承を読み解く』（「やまかわうみ別冊」）、アーツアンドクラフツ、平成二十八年七月

（8）　前掲（4）

（9）　野村博「″ひょうたん″の野村」野村純一先生追悼集刊行会編『口承文芸学への夢　野村純一先生追悼集』平成二十年六月

（10）　この表現は、野村純一『日本の世間話』（東京書籍、平成七年二月。『野村純一著作集』第七巻所収）の「はじめに」で、世間話とは道聴塗説の文芸であると説明している。

（11）　『江戸東京の噂話―「こんな晩」から「口裂け女」まで―』（大修館書店、平成十七年二月）は『野村純一著作集』第七巻所収

（12）　『日本文學論究』21（昭和三十七年六月）、『野村純一著作集』第七巻に「隠岐の化猫譚」として収録。

語り手の系譜論とその意義

伊藤龍平
(國學院大學文学部教授)

一、昔話研究史の中の「語り手論」

語り手とその系譜を軸にして展開される野村純一の昔話研究は「語り手論」と呼ばれる。昔話研究史の中に野村語り手論はどう位置づけられるだろうか。そして今後、どのように発展させることができるだろうか。晩年の野村の講筵に連なった一人として、また、同じ道を歩む後学の一人として考えてみたい。

日本の昔話研究は、柳田國男の仕事をもって始まる。昔話を通して日本人の固有信仰を探ろうとする柳田の昔話研究は、『桃太郎の誕生』(一九三三年)、『昔話と文学』(一九三八年)、『昔話覚書』(一九四三年)、『口承文芸史考』(一九四七年)などの著作に結実した。若き日の野村がこれらの著作に魅了されたことは、各所で述べられている。

柳田は、日本の昔話を収集・分類・整理したのち、モチーフの配列にもとづいて話型を認定し、タイプインデックスを編んだ。壮大な試みである。その成果は『日本昔話名彙』(一九四八年)として世に出た。柳田の構想は、関敬吾に引き継がれて『日本昔話集成』全六巻(一九五〇~五八年)が刊行された。これを増補したのが同じく関敬吾編の『日本昔話大成』全十二巻(一九七九~八〇年)である。同時期に昔話のタイプインデックス化を進めていた稲田浩二と小澤俊夫は『日本昔話通観』全三十一巻(一九七七~九〇年)をまとめた。『日本昔話集成』、『日本昔話大成』、『日本昔話通観』には、AT番号(アンティ・アールネとスティス・トンプソンによって考案された西欧の昔話のタイプインデックス。後にハンス=イェルク・ウターによって増補され、ATU番号と呼ばれるようになった)が付けられた。ここにおいて、日本の昔話は海外の事例との比較が可能になったのである。

野村は『日本昔話大成』の編纂に関わっている。その作業の困難だったことは幾度も聞かされた。そうしたマクロな視点に立つことによって見えるものもあるが、反面、個々の語り手たちの声は捨象されてしまう。フィールドで語り手たちに向き合っていた野村にはその点が不満だった。野村の語り手論は、柳田や関らの方法とは対極的なミクロな視点に立っている。端的にいえば、野村の昔話研究からは、語り手たちの顔が見える、声が聞こえる、語りの場が浮かび上がる。そして語り手の顔を見、声を聴く調査者の姿も仄見える。

野村の学問がフィールドから立ち上がってきたことを示す文章がある。桜井徳太郎の『昔ばなし』（一九五七年）が『昔話の民俗学』（一九九六年）と改題されて文庫化された際に、野村が書いた「解説」である。それによると、大卒一年目で高校教諭の職にあった野村は、刊行後間もないこの本を鞄に入れて、岩手県和賀郡に調査に入ったという。村の古老たちから囲炉裏端で昔話を聴いた野村は「『日本昔話名彙』や『日本昔話集成』にもとづく知識とは裏腹に、それらとはまったく別の、いわば土着の語りの世界ともいうべき場が生成されているのに気づいた」、「昔話は生きていた」と実感する一方で、昔話に向き合うことを「放擲せざるを得なかった」とも書く。以下、同書の「解説」から引用すると——(1)。

> 理由は簡単である。そこでの昔話、否、炉辺に語られる〝むがしこ〟の実態は、それまで書物の中で、というのは日本の説話、もしくは説話文学の一環として、それらの文脈から捉えてきた昔話とは、あまりに掛け離れた位相にあったからである。考えればそのときまで、私共は圧倒的に柳田国男の昔話研究の下にあった。『桃太郎の誕生』は言うを俟たず、『昔話と文学』、さらには『昔話覚書』に至るまで、知らず知らずのうちに、ひとたびはこれを文学史の流れに沿って理解し、かつ認識して位置付ける影響を受けていた。ひとえに文芸的な所為の中にあったのである。したがって、その是非を弁える暇なくフィールドに立ったときの衝撃と挫折感はいかにも大きかった。そこにはまさしく、活字の中から拾い上げる昔話とは、まったく質を異にする昔話群が、それこそほとんど暴力的に蠢いていたからにほかならない。

柳田への憧れから始まった野村の昔話研究は、柳田との決別によって、新たな局面を迎えたといえる。柳田に比べると、関は、語り手を意識していた。野村が編集した『昔話の語り手』（一九八三年）の巻頭論文にある「老媼が昔話の伝承者として、語り手として重要な役割をもつ」という関の指摘には、野村の語り手論へと続く片鱗が見られる(2)。しかし、国際比較に傾く関にも、一人一人の語り手の生きてある姿を描き出すことはできなかった。

それでは、野村は桜井の研究のどこに共感したのか。次にこの点を見ていきたい。

二、「語り手」のいるイエ

『昔話の民俗学』の「解説」の引用を続ける。野村は、桜井の言葉――「昔ばなしがこのようにわれわれの心を打ってくるのは、けっきょく、その中に日本人のものの考え方、感じ方、生活、文化、総じて日本人の民族的特性が豊かにはらまれているがためである」、「本書は、昔ばなしを、主に文芸学の対象として見ようとした従来の研究とは、かなり違った視角に立っている」を引き、これを「刺激的な一節」で「新たなる意思をも鼓吹させてくれる一文であった」と評している。そして高木敏雄、蘆谷蘆村、中田千畝、志田義秀、島津久基らの名を挙げ、彼らの文芸学的な昔話研究の限界について触れている。

野村の心を揺さぶり、語り手論という新しい研究の道を拓かせたのは、フィールドで躍動する話者たちの言葉だった。その話者たちの言葉は、私家版として世に出た野村の初期の昔話集三部作――『吹谷松兵衛昔話集』（一九六七年）、『萩野才兵衛昔話集』（一九七〇年）、『関澤幸右衛門昔話集』（一九七二年）にまとめられている。順に、新潟県栃尾市（現長岡市）吹谷の松兵衛家、山形県新庄市萩野の才兵衛家、山形県真室川町関沢の幸右衛門家の昔話伝承の記録である（吹谷・萩野・関澤は字名、松兵衛・才兵衛・幸右衛門は屋号）。

個性あふれる語り手たちの昔話は、それぞれのイエで累代にわたって伝承されることにより成長し、今日に伝えられた。その伝承の来歴を野村は家系図を示して辿ってみせた。

野村は「話者」と「語り手」を区別している。野村の言う「話者」とは昔話を語り得る者のことだが、「語り手」はそうではない。「その土地に生まれ、そこに育って、しかも村内を出ることなく、遂に老齢に達し、かつ物を識る人」が「語り手」である。[3]「語り手」は誰もがなれるものではなく、その人個人の資質が大きく作用する。同じ祖父母や両親から、同じ場で昔話を聞いて育った兄弟姉妹でも、「語り手」になれる人と、なれない人がいる。かといって、資質だけで「語り手」になれるわけでもない。野村によれば、「昔話の語り手とはそもそも、別途独立して個別に豁然と存するというよりは、むしろそれは彼もしくは彼女自身の囲繞する民俗や風習、あるいは慣行の中に緊縛されて在った」のである。[4]資質と環境が二つながら準備されて初めて、「語り手」は誕生するのだ。

先に挙げた昔話集三部作は、いずれも語り手と呼ばれるのにふさわしい才を持つ老人たちの声の記録である。そのことは活字化された資料からでも充分に窺える。ここではその一人、山形県真室川町関沢の幸右衛門家の語り手・沓沢ミノの例を挙げる。真室川は、野村の伴侶にして昔話研究者の野村敬子の故郷である。一九六九年から七二年にかけて、野村はミノから八五話の昔話を聞いた。後に、語り手論を形作る土台となった昔話群である。

沓沢ミノは一八八一年に沓沢家（幸右衛門）に長女として生まれた。沓沢家は、同地の旧家。十五歳で聟を取り、一九七四年に亡くなるまで終生、関沢の地を離れず、幸右衛門のイエから出なかった。野村の語を借りれば「沓沢家の囲炉裏端に語られる〝家の伝承〟」を墨守し続けたわけである。[5] なお、沓沢家の由来を説いた伝承は、当主・幸右衛門（代々名を継いでいる）の管轄だといい、男女による伝承の住み分けが見られる。

加えて、語り手としてのミノを特徴づけているのは、彼女が文字を識らなかった、識字能力がなかったという点である。この点について、野村は『関澤幸右衛門昔話集』の序文「幸右衛門とミノ媼」に、こう記している。[6]

> 〝幸右衛門〟の炉端にあって、ミノ媼は終始文字にかかわりなく口承の世界にいた。典型の口承の人であった。少なくともこれは、昔話が本来口承の文芸であり、口語りの文芸である以上、ミノ女一人に限ることなく本質的に最も好ましい条件であり、そして要件である。語り手が文字を識らぬというのは、とりもなおさず、その人の語る昔話自体には直接、書冊からの竄入といった事態は避けられる。そしてまた、語り手自身の手による備忘のための整理と記録化といった懸念も一応考慮の外に置いてよいものであった。

野村も述べているが、ミノの生年と農家の子女という境遇を考えれば、文字を識らないのは珍しいことではないかもしれない。しかし、高度経済成長期にあって「目に一丁字なき人」（識字能力のない人のこと。柳田が使用し、野村もこの語でミノを表現した）から昔話を聞いた衝撃が、野村の語り手論成立の動機になったのは間違いない。

三、土地が育む昔話

青年時代の野村は作家志望で、晩年に至るまで文学への憧憬は持ち続けていた。それは野村の独特の文体にも表れている。この事実と口承文芸への関心の持ちようとは、少しも矛盾しない。文字の力を認めていた野村だからこそ、口承の世界の奥深さを感知し得たのだろう。野村の語り手観に、近代文学の作家像の影が見えることとは、以前、指摘した。[7]

豊饒な昔話世界は、どのような土地で、いつから、どうやって生成していったのか――この問いに、生身の語り手の身体から離れないで答えること、野村の語り手論は煎じ詰めれば、この点に尽きる。それでは、先に引用した「幸右衛門とミノ媼」を参照しながら関沢家のケースを辿っていく（以下、とくに断りがないものは同文章からの引用）。

まず、沓沢家内での昔話の伝承経路について述べる。ミノ本人は、子どもの頃の昔話体験として、第一に父・金吉の存在を挙げている。金吉は、囲炉裏端や炬燵で、「きわめて熱心に「むかし」を語ってくれた」という（「むかし」は真室川での昔話の呼称）。その金吉は、沓沢家への入り聟だった。関沢は姉家督制で、極めて聟取りの多い地域だった。また、ミノは母・フジからもよく昔話を聞いたという。ミノが両親に昔話をせがんだのは七、八歳の頃だというので、明治二十年代初頭（一八八八～八九年頃）の雪国の語りの風景である。しかし、野村は当時の沓沢家の家族構成を把握したうえで、金吉からの昔話の伝承に重きをおくことに慎重な姿勢を見せている。

明治二十年代初頭の沓沢家は、両親（金吉・フジ）、祖父母（竹五郎・梅乃）、曾祖父母（幸七・幾代）、そしてミノの兄弟姉妹から成り、その他に、作若衆やお手伝を置いていた。総勢十数人である。野村は、この家族構成の中で、入り聟である金吉が率先して昔話を語ったとは考え難いとして、まず曾祖母の幾代の影響を指摘している。幾代は旧家・斎藤文衛門の家の出だった。祖父母からの伝承については、ミノの証言から影響は薄いとして退け、最終的には、母・フジからの伝承が有力だったろうと結論づけている。その証左として、ミノの十五歳下の妹・クニエが、フジから多くの昔話を聞いていることが挙げられている。

野村の推論が正しければ、沓沢家の昔話は、女性を通して伝承されてきた、いわば女系の伝承だったことになる。野村の語り手論は、このように語り手の系譜論へと展開する。[8]

ちなみに、ミノの両親はもとより、祖父母も曾祖父母も、みな明治維新以前、近世（江戸時代）の生まれである。『関澤幸右衛門昔話集』に限らず、戦後のある時期までに刊行された昔話集に収録された昔話は、近世を生きた人の語りだった。昔話の中に表れた習俗も、多くは近世のものである。昔話の世界を理解するには、近世から近代初頭の文化を理解しなければいけない。昔話研究をするうえで忘れないでおきたい点である。

次に、真室川町川ノ内関沢という地域について述べる。当時の関沢は、わずか六戸から成る小さな集落だった。この点について、野村は「いまに土地の古老たちは、関沢は古くから豊かな処であったと指摘するが、その言葉に違いはなく、小さなこの集落は実質、経済的には潤沢であり、村内にあってはきわめて特異な存在であったと見做すことができる」とし、その理由については、同地が塩根川（最上川の支流。真室川の上流部分の呼び名）に面し、一九〇四年の鉄道開通までは、文物の交流の要所となっていたからだとしている。

このことからして、関沢が多くの人々の行き交う場であったことが容易に想像される。野村は、ミノの昔話のうちの何割かは、沓沢家に出入りしていた筏流しや行商人、旅芸人、宗教者などの「世間師たち」によってもたらされたと推察し、「そうした種類の人々の置いて行ったものが、古くそれ以前から伝承されていたものにいかにあやなされ、同化し、かつ重層されて〝幸右衛門〟の炉端に定着し、再び伝承、管理されてきた」と考えた。そしてその片鱗がミノの昔話に見出せるのではないかとしている。

根拠は示されていないが、野村は彼ら「世間師たち」が、庄内や秋田の方から来たのではないかとの仮説を述べている。仮にそうだとするならば、野村が言うように「九十嫗ミノ女の語りは、いずれ、関沢の〝幸右衛門〟にあっても記し留められることのなかった生活のひとこまと、欠落した旧家の歴史の一端を補って、余りある」ものになっていただろう。

イエの内部で伝えられてきた話と外部から伝わってきた話が、縦糸と横糸の如く交わって織り成され伝えられていく――それが野村語り手論における昔話伝承のイメージである。

四、昔話の文化遺産化

野村の語り手論では、しきりに昔話の「管理者」という語が使われる。すなわち、前代から受け継いだ昔話を、次代へと語り継ぐ者の意味である。野村は、昔話は無軌道に伝承されるものではなく、然るべき人（語り手）が、然るべき場（語りの場）で伝承させていくものだと説く。昔話が伝承されるには、それにふさわしい環境が必要だというのである。

例えば、昔話が語られる時間帯である。野村は、ミノから「昼むかしはネズミに小便かけられる」という禁忌を聞いている。神々のおわす夜こそが昔話の語られる神聖な時間であり、人々の時間である昼日中に語るものではないと、野村は言う。

例えば、昔話が語られる場所である。沓沢家でもそうだが、昔話の語りの場は、囲炉裏端であることが多かった。囲炉裏端には、家族の構成員（家長、主婦、老人、子ども……）や客人が座る場が定められていて、それが語りと密接に関わっていると、野村は言う。

例えば、昔話が語られる地域である。昔話は日本各地に伝承されているが、分けても、沓沢家のある関沢がそうであるように、雪国の冬の籠る生活こそが、昔話には相性がいい。昔話が伝承されるには、それに適した風土があると、野村は言う。
関沢の幸右衛門家の沓沢ミノと彼女が置かれた環境は、野村の語り手論のモデルケースとして、まさに理想的であった。野村の語り手論に魅了される者は、遺伝子の螺旋構造を思わせる伝承のイメージの美しさに陶酔する。私もその一人であるし、また、野村の論があながち謬見とも思われない。しかしそれを認めたうえで、野村の語り手論には、若干の修正を施す必要が生じているのも事実である。野村は自身がフィールドで会った語り手を、自身が理想とする昔話伝承の様態に、当てはめすぎていると思うからである。

具体的に言うと、ミノの父・金吉の伝承への関与が軽視され過ぎている。ミノ本人が、昔話の語りに影響を受けた人物の筆頭として金吉の名を挙げているのにもかかわらず、である。それは野村が、昔話の語り手の条件として女性であること、文字を識らないことを最上としたからである。ミノと同様、母・フジが幸右衛門のイエを離れなかったことも、野村が言うところの「管理者」として適任に思えたのだろう。

囲炉裏　昭和30年代、山形県真室川市（撮影：清野照夫）

ここに一冊の書物がある。近世後期のものとおぼしい写本で、表紙には「狐の夜噺」と筆書きされ、巻末には「関沢村住人　沓沢氏」とある。沓沢家の神棚に安置されていたその本は、『風流狐夜咄』[9]（豊田軒、明和四年＝一七六七年）という近世の版本の写しである。沓沢家所蔵本にも記された「明和四年」というのは原著の刊行年であって、書写年ではないが、それを承知のうえで野村が記した沓沢家の家系図と照らし合わせると、五代・長五郎（文化八年＝一八〇四年没、享年九十三）、六代・乗之助（安永四年＝一七七五年没、享年不明）あたりが相当しそうだ。表題の通り、狐たちが夜中に集まって、順繰りに怪談をしていくという内容で（本文では「藪の中の順咄」と記されている）、稲荷信仰にも触れられている。

野村敬子氏によれば、野村は『狐の夜噺』の存在を調査当初から知っていたというが、なぜか言及していない。そして、最晩年の野村が、『〔定本〕関澤幸右衛門昔話集』を刊行するに際して沓沢家を訪問したとき、同書を譲り受けたのだという。『狐の夜噺』に対する野村の所見は、敬子氏も聞いていないという。いずれにせよ、沓沢家で文字を識らないのはミノのような女性たちであって、男性たちは知識人層で、文字のある暮らしをしていたのは疑いない。沓沢家が使用人を置いていたことからも裕福な暮らし向きが窺える。近世から近代にかけての日本は無文字社会ではない。ミノは文字社会の中の非識字者だった。

小川直之も指摘しているように、野村の語り手論は　当地の昔話伝承の実態を捉えてはいない[10]。野村が想定した「語り手」のような人は、地域ではレアケースだったろう。そのレアケースの昔話が、文化的価値が見出されるのに伴って、当該地域におけるスタンダードとなっていった。それは語り手が社会的な地位を獲得していくのと連動している。そのような事態を招いた遠因の一つが、野村の語り手論だった。延長線上には、今日の図書館や公民館などでのストーリーテリングの場での昔話伝承がある。

語り手が、普段、どのような生活を営んでいた（いる）のかを考え、昔話を地域社会の文化と連関させて把握する――それが野村の語り手論である。昔話の来し方を考えるうえでも行く末を考えるうえでも、野村の語り手論は大きなヒントを与えてくれている[11]。

注

（1）桜井徳太郎『昔ばなし――日本人の心のふるさと』社会思想研究会出版部、一九五七年。引用は、同書の復刻版である『昔話の民俗学』（一九九六年、講談社）に拠った。

（2）関敬吾「語り手研究の課題と展望――平前信を中心に」野村純一編『昔話の語り手』一九八三年、法政大学出版局

（3）野村純一「昔話の語り手――昔話の伝承と家の継承――」『日本民俗学の課題』一九七八年、弘文堂

（4）野村純一「総説――語り手とは何か」野村純一編『昔話の語り手』一九八三年、法政大学出版局

（5）野村純一「幸右衛門とミノ媼」『関澤幸右衛門昔話集』一九七二年、私家版。引用は、野村純一『〔定本〕関澤幸右衛門昔話集「イエ」を巡る日本の昔話記録』（二〇〇七年、瑞木書房）に拠った。

（6）注（5）に同じ。

（7）伊藤龍平「「語り手論」夜明け前――野村純一『全釈 土佐日記』を読む」『昔話で伝説研究』三六号、昔話伝説研究会

（8）野村の語り手論は、妻・敬子によって深化させられていく。左記著作の第二章「女語り」では、姉家督の慣習と昔話の関連についての論考が載せられている。

野村敬子『語りの回廊――聴き耳の五十年』二〇〇八年、瑞木書房

（9）『風流狐夜咄』は、木越治編『動物怪談集』（江戸怪談文芸名作選第四巻、二〇一八年、国書刊行会）に翻刻が載る。校訂は網野可苗。

（10）小川直之「口承文芸の文化学――野村純一の視座」『口承文芸研究』四四号、日本口承文芸学会、二〇二一年

（11）真室川の昔話伝承の現在については、左記著作を参照されたい。地域の文化遺産として誇り高く語り継がれる昔話と、現代の語り手たちの横顔が描かれている。

野村敬子・石井正己編『みんなで育む学びのまち真室川――昔話を未来につなぐ』二〇二〇年、瑞木書房

唄と語りの作法

髙久 舞
（帝京大学文学部講師）

はじめに

> 安楽城は差首鍋の中村では、まず、焚き火に火をつけて炉辺の人に廻し、それが消えたところで語り始めた。大沢川を隔てた関沢では、語りの番代わりのときには火箸を立てるのを仕来りとしたそうである。語り番が廻ってくると、自分の前の囲炉裏の灰に火箸を立てて語ったというのである。（中略）こうして順繰りに語り合うことを、同一郡内の最上町では「だんだん語り」と称している。伝達事項のあるときに、戸枚に申し送って行くのを「だんだん触（ぶ）れ」というが「だんだん語り」はそれとほぼ同義で、炉辺をぐるぐると語り廻すのをいうのである。最上町で際立っているのは、その時に語り手の印として火箸を渡すのが作法なのであった。語り手の印として火箸を渡すのは、見逃せない手続きである。（本書四八頁）

本書に収録している「昔話の伝承形態」では、右に示した「語り」の作法が記されている。論考のなかで野村純一は、能田多代子が記した青森県三戸郡五戸町の事例や、稲田浩二の京都府船井郡知田町の「火渡し」「火回し」の事例も挙げ、この作法が最上町特有のものではないことを示している。また、最上郡鮭川村段の下の事例においても二人の語り手が交互に火箸を手にするという語り手の印として作法が示されているが、単純な「印」という意味だけではなく、聴く側が「慎む」、すなわち火箸を持って語る語り手を尊重するという心持ちについても言及している。邦楽においては唄い手（語り手）が扇を持つという作法がある。これは誰が唄っている（語っている）のか視覚的に判断する印であると同時に、唄う（語る）者を尊重する意味も持つ。

野村が火箸を「語り」の当事者の印として着目していたことは、すでに小川直之によって指摘されている（小川 二〇二一：268）。小川は、『七十一番職人歌合』に描かれている「早歌謡」の人物が右手に扇の要を持っていることに注目し、「昔話を語る時に手に火箸を持つというのは、こうしたウタの扇に比定できるのではないかということである」とした上で、「ウタとカタリは「綺語」、アヤコトバであり、これにはなにかの標示物を示して謡い、語るという作法があったのかもしれない。」と述べる（同：269）。小川は昔ばなしの「語り」の作法と邦楽などの唄、語りの芸能を同じ文脈上に捉えることで、口承文芸以外の文化研究への広がりを示唆している。

以上の小川の言及を踏まえて、本稿では具体的に芸能にみられる何かを手に持つことで示した語りの合図・印としている事例について示しながら、野村が明らかにした「語り」の作法と、邦楽をはじめとする唄、謡、語りの芸能における作法とを結びつけ、そのつながりについて考えていきたい。

扇とその機能

扇は古代より様々な機能を持ちながら、現代においては特に芸能の中で重要な存在として用いられている。中村茂子は、扇の機能・形態・状態について一〇～一五世紀にかけて書かれた日記から四五、物語のなかから四一例をあげ、分類を行った。その上で、女舞（五節舞・白拍子）、猿楽（新猿楽・乱舞・万歳楽・猿楽能）、神楽（巫女舞）と扇の関係について論じながら、先に挙げた分類の中で「拍子を打つ」「顔を隠す」という機能が、芸能に扇が用いられる直接的動機になっていることを指摘した（中村 一九九一）。「顔を隠す」機能は舞の芸態へと連続するものであるため、本稿では「拍子を打つ」機能についてもう少し詳しくみていきたい。中村は、白拍子の舞においては、扇を閉じて（閉じ扇）手のひらを打ちつつ歌をうたい、やがて閉じ扇を構えて歌をうたいつつ足拍子を踏む型を生み出したと推測する（同：25）。また、舞楽の万歳楽をまねた乱舞の万歳楽においては、扇は楽器として機能していることを指摘している（同：30）。さらに静岡県の懐山のおこないにおける「まりのかがり」の詞章より、扇拍子を打ちつつ謡をうたっていたこと、扇拍子が笏拍子にかわるものとして考えられていたこと、扇拍子に加えて鼓の犠牲音を発していたことを指摘し、ここから扇の「拍子を打つ」機能を見出している。

扇拍子とは、扇で拍子をとることであり、世阿弥の『花鏡』には以下のように記述されている。

序破急之事

（前略）また、酒盛なども、同じ心得場なり。「はや酒盛あ

るべし」とて、兼てより心得て、扇拍子より、祝言の音曲、次第次第の風体は、心得たる事なれば、用意のままなるべし。（後略）

また、『風曲集』においても扇拍子の記述がある。

一、初心の稽古・用心事。声をつかい、音曲をなすこと、只、私にて、ひとり謡稽古する共、貴人の御前、晴れの座敷の態に心をなして、これを謡ふべし。身の姿などをも、座断して、調子の音取り、〔扇〕拍子までも、まことの広座の出事の身心に定意して、少しも私と存せずして、心中には誓文を誓て、一大事の時節の態にて歌べし。（後略）

高桑いづみは『花鏡』、『風曲集』における扇拍子の記述から、囃子の入らない座敷において扇を囃子の代用としており、さらに拍節的に歌う謡の八拍子を意識するための補助的な手段として扇拍子を打ったと指摘している（高桑 一九九五）。現在においても能楽や邦楽囃子では、教授者が「拍子盤」と呼ぶ堅木で作られた台に「張り扇」と呼ばれる紙や皮などで包んだ扇で拍子盤を叩き拍子をとり、稽古をつけている。講談では釈台で張り扇を叩きリズムを取りながら物語を進める。このように、扇の「拍子を打つ」という機能は様々な芸能からみることができる。しかし一方で、扇は「拍子を打つ」だけのものなのだろうかという疑問も生まれる。現行の能楽では扇拍子を打たず扇を構えるだけである。高桑は扇拍子が退転した結果が現行の形であるという（同：63）。確かに拍子を取るという機能に終止することでそれ以外の表現が制約されるという指摘は首肯できる。拍子よりも謡の技法に終始した素謡では扇拍子の必要性がないこともわかるが、それが扇拍子の退転の末路であるというのは議論の余地を残していると考える。素謡では、謡い手以外は閉じ扇を自分と平行に置いている。そして、謡い手は前の謡い手が謡い終わるタイミングを見計らい、扇の要を親指と人差指でつまみ、紙の部分を床に立てるようにして謡う。野村が指摘する「語り」の作法と同様に、扇を持つのは自分の番であるという印なのである。

浄瑠璃語りの扇

素謡と同様に語り手、唄い手が作法として扇を持つ邦楽がある。浄瑠璃のジャンルである常磐津節、富本節、新内節、宮園節、清元節からみていきたい。これらの浄瑠璃は、現在では詞章のみが伝わっている豊後節から派生した浄瑠璃であるため、豊後系浄瑠璃といわれている。この豊後節は一七〇〇年頃に興った一中節を祖としている。したがって現行の豊後

一中節の見台と扇

系浄瑠璃は一中節を母体としていることになる。一中節は、元禄期に生まれた浄瑠璃の一派である。京都の都越後掾（都万太夫）に弟子入りし浄瑠璃を学んだ都太夫一中を初世とする。

一中節は後の豊後系浄瑠璃と異なり、歌舞伎や人形芝居への出演は非常に少なく、主に座敷で語っていたことが指摘されている（時田一九九九）。現行の一中節でも同様で、歌舞伎や人形芝居はもちろんのこと、日本舞踊と呼ばれる歌舞伎舞踊の地方としてもほとんど出演することがない。つまり、純粋に三味線と浄瑠璃語りの芸能であるといえる。一中節はのちに都派、菅野派、宇治派の三派に分かれるが、ここでは宗家である都派の一中節での扇の作法を記していく。

一中節をはじめ、いずれの豊後系浄瑠璃、また長唄、義太夫節も浄瑠璃方、唄方の前には見台が置かれる。見台は浄瑠璃本、唄本が置かれ譜面台の役割を持ち、浄瑠璃方、唄方は本を見ながら語り、唄う。見台はジャンルによってその形態が異なる。例えば常磐津節は朱塗りで足が三本ついているため、その形態から「蛸足見台」と呼ばれている。義太夫節は蒔絵が施され太い房が垂れており、長唄は足の部分が交差する白木の見台を用いている。一中節では台座に二本の足を立てて組み立てる見台を用いるが、台座に二つ折りにした懐紙を置く。これは他の流派では見られない、一中節の特徴である。

一中節の浄瑠璃方は見台の前に座ると必ず自分の扇をこの懐紙の上に置く。幕が上がると、曲の冒頭（オキ）は原則として三味線から始まる。その間は両手を膝の上に置いておく。男性は右手を右ひざに、左手を左ひざに置くが、女性は左手の上に右手を添えている。浄瑠璃方は三味線の音を聞き、自分の語りの前になると扇の要を右手の親指、人差し指でつまみ、天の部分は膝に添わせるようにしながら床に立てる。女性の場合も要部分を右手で持つが、床にはつけずに横にして天の部分は左手を添える。「一挺一枚」と呼ばれる三味線方一人、浄瑠璃方一人の場合、浄瑠璃方の語りがない三味線のみの演奏（合方）になると、扇を懐紙の上に置く。また、見台に置いた本をめくる際にも扇を置く。これは左手を添えながら本をめくる必要があるためである。そして再び語り始める直前に前述した持ち方で扇を持つ。

「二挺二枚」以上、つまり浄瑠璃方の人数が複数名の場合は、同時に語る部分と分け口を決めておく部分がある。同時に語る際には全員が、分け口を決めている部分は語り手だけが扇を持つ。本稿の冒頭で述べたとおり、扇を持つものが語っているという印であると同時に、観客が語り手に注目し、その語りに集中できるようにという意味を持っている。

その他のジャンルにおける扇

一中節を母体とする豊後系浄瑠璃では、いずれも同様に語り手が扇を持つ。一中節は座敷を中心としてきたこともあり、台詞にあたる部分はそう多くはないが、例えば芝居小屋を中心に発展してきた常磐津節では登場人物になりきり台詞を語る部分と、ストーリーテラーとして語る部分がはっきりと分かれている。常磐津節の中でも登場人物の多い演目として、『乗合船恵方萬歳』がある。時は正月、隅田川の渡し場に居合わせた白酒売、大工、芸者、通人、子守、女船頭、三河萬歳(太夫と才蔵)が船の出発を待つ間に自身の紹介をする演目である。登場人物が矢継早に台詞を語る部分があるのだが、複数名の浄瑠璃方がいる場合はそれぞれの役を順繰りに語っていく。その際には語り手が扇を持つ作法に変わりはないが、三河万歳の太夫と才蔵が交互に一言ずつ語る(太夫「オヤ萬歳」才蔵「へへ萬歳」)際には、扇は互いの語り手が持ったままである。互いの掛け合いが見せ場であると同時に扇の上げ下げが視覚的に邪魔になるようでは意味がなく、「語りに集中できるように」という心持ちがこの点からも見えてくる。

一中節とほぼ同時代に興った長唄でも男女の扇の持ち方、唄い手の印としての扇という意味合いは同様である。先に述べたように長唄の見台は足の部分が交差する形態で一中節の見台のように台座はないため、見台のない素謡と同様に膝の前に扇を置く。また、本をめくる際は、唄っていない時は右手、唄っている時(扇を持っている時)は左手と決められている。一中節よりも扇を持つことに重点を置いた作法となっている。

義太夫節は一中節、豊後系浄瑠璃と同じく語りを主体とした芸能であるが、人形浄瑠璃(文楽)における義太夫節(本行)では、大夫三味線方紹介の口上触れの際に白扇を前に置き一礼するが、演奏中に手に持つことはない。以前は演奏中に高潮箇所で人目を引く際に譜本を叩いたり扇を構えたりした。『風俗画報』一八五号(明治三二年三月一〇日発行)に口絵として描かれた「娘義太夫の竹本今日子と京枝」でもその作法を見ることができる。女流義太夫は本行の流れを汲んでいる。語りの太夫が一中節や長唄の男性の扇の持ち方と同様に、扇の要部分を右手の親指と人差指でつまみ、天の部分を床につけて立てている。このように明治期では扇を持って語っていることは明らかである。一方、歌舞伎における義太夫節(竹本)では扇を持ち舞台に上がる場合と上がらない場合があるが、作法としての決まりはない。ただし、俳優の邪魔にならないよ

『風俗画報』185号口絵

うに、高潮箇所でも扇を手にすることはない。
　義太夫節は三味線伝来以前の浄瑠璃語りで扇拍子を用いて拍子を取り語っていたものが、三味線で拍子をとるようになったと説明されているが、これは先に示した能楽における扇拍子の退転という理屈と変わらず、語り手が扇を持つ作法とは結びつかないと考える。高潮箇所で譜本を叩くのは講談の扇拍子と通じる部分であるが、人目を引くために扇を持って構えるのは語り手の印としての意味を持つとも考えられる。義太夫節における扇の変遷については今後検討していかなくてはならない。
　扇を語り手の印とする芸能は、いわゆる民俗芸能の中でも見られる。主に鳶職によって伝承されている木遣では、稽古の際に梃子（手古）棒と呼ぶ棒を床に立て手に持つ。自分の体の前に梃子棒を立てると、それを支点として「本棒」「中棒」「右棒」と呼ぶ位置に棒を倒しながら唄う。調子によって倒す位置は異なり梃子棒を動かしながら調子を覚えていく。祭礼や祝いの席など外で唄う場合は、扇を持って唄う。江戸木遣では半開きにし、要部分を握りながら唄う。
　以上が語り、唄の芸能における扇の作法であるが、扇を持つ芸能として落語と講談についても触れておきたい。講談では、扇拍子を使うがこれは話芸のなかで拍子をとるためのものであり、それとは別に白扇子とよばれる扇を持って舞台にあがる。したがって扇拍子とは別の扇が存在するということになる。落語でもかならず白扇子を持つ。落語の場合、刀や竿、箸や煙管などを扇で表現する。落語の扇は語り手の印というだけではなく、語る際の道具として発展を遂げた。

扇の授与

再び、一中節の話に戻る。

　家元制度のある一中節では、家元から教授者の資格を得た者が免許の皆伝を享受する。享受の資格を得たものは名取弟子と呼ばれ、免許皆伝の儀礼を名取式と呼ぶ。名取式では、家元と新名取が互いの盃に酒を入れて飲み交わす「おさかずき」から始まる。その後、新名取の流儀名が書かれた名取札、「此度其許江右名目相許中候然ル上者尚藝道出精可致者也」と記された免状および、扇と着物が渡される。名取弟子ではない浄瑠璃方も舞台に上がる際には先述したように扇を持つが、これは自身で用意したものである。一方、名取式で渡される扇は、一中節の紋が描かれた流儀の扇であり、名取弟子となるとこの流儀の扇を持って舞台に上がる。

名取式は一門に入ることを意味する最も重要な儀礼である。流儀名は家元から名前の一字を与えられる。表札としても使用することが許される名取札と共に授与される流儀紋の入った扇と着物は、一門であることの証である。家元制度のある邦楽囃子方でも新名取となった場合は名取札と免状が授与され、紋付きの着物を着用することを許可されるが扇は授与されない。囃子方では扇を使用する場面はほとんどないため授与されないのは当然のことであるが、一中節にとっての扇は授与される機会から考えても、最も重視している物の一つであることは明確であろう。浄瑠璃を語るに際し、扇はなくてはならないものなのである。

おわりに

これまで、語り手の印としての扇を中心に見てきたが、さいごに浄瑠璃方、唄方の並び順にも注目しておきたい。一中節に限らず豊後系浄瑠璃や長唄でも、上手（かみて）側に三味線方、下手（しもて）側に浄瑠璃方が一列になって座る。三味線方と浄瑠璃方の境となる二名が「タテ」と呼ばれるそれぞれの統率者となる。続いてタテの隣が「ワキ」と呼ばれ、それ以降は「三枚目」「四枚目」と続く。タテはワキよりも格が高い。家元クラスもしくは名取のなかでも一番弟子から順に並んでいる。そして、ワキ以下から語りを始めることはまずない。タテが最初の語り手なのである。野村は順繰りに語る際の序列について、大人の上手な人から始まるという能田多代子の報告を挙げているが、その序列は後に語る者が下手でも仕方ないと考えていないところに、野村の語りの時空論の面白さがある。野村は「順に送って行く形態にはとかく気苦労が多かった」と述べる（本書四九頁）。それは語りを行なう参画者が異なる語りを享受するためであり、「実際には大過なく語り終えようとする気持と、一方には少しでも有力な語りでありたいとする祈念とが輻輳（ふくそう）して、語りの気分は漸次高揚、高潮してくる。」と語りの空間の醸成について言及している。浄瑠璃方、唄方の座る位置は格によって決まってはいるが、互いの語り口を聞き相互に影響を与えながら一演目をつくりあげていくことは順繰りに語る昔話と同様である。野村は「語りの権利を有する者のみが、囲炉裏の火の管理権をも所有する、そういった内在する語りの民俗に端を発しているのに違いあるまい」（本書四八頁）

というが、これを語りや唄の芸能に置き換えれば、語り手の権利を有する者の声が舞台上（もしくは座敷内）に響き渡り、その場の空気を支配しているのである。また、タテが万が一体調を崩した場合はワキがその代わりを務める役割を持ち、その場にいるものは全員がすべての語りを披露するレベルであることを条件としている。そういう意味においては、昔話の語り手と同様に対等の立場なのである。

これまで芸能分野の研究において、なぜ語り手・唄い手が扇を持つのか疑問に持ち、その理由を明らかにした研究はほとんどみられない。扇を持つのは伝えられてきた「型」であり、そこに意味を考えてこなかったからである。本稿では昔話の語り手が火箸を手に持ち語るという作法が、語り・唄の芸能においても同様にみられることを具体的な事例を示しながら明らかにしてきた。扇から火箸へなのか、火箸から扇へなのかは議論が必要ではあるが、この持ち物が、形骸化したり、小道具として用いられたりしていたとしても、それが語り手の印・合図であることに変わりはない。野村が明らかにした昔話の時空でみられる作法は、口承文芸以外の文化研究にも新たな視座を与えてくれるのである。

参考文献

小川直之 二〇二一 「口承文芸の文化学：野村純一の視座」『口承文芸研究』第四号 口承文芸学会
表章・加藤周一校注 一九七四『日本思想大系24 世阿弥 禅竹』岩波書店
下中邦彦編 一九八一『音楽大事典』第1巻 平凡社
下中邦彦編 一九八二『音楽大事典』第2巻 平凡社
高桑いづみ 一九九五「扇拍子覚ェ書」『芸能の科学』23号
髙久舞 二〇一七『芸能伝承論：伝統芸能・民俗芸能における演者と系譜』岩田書院
東陽堂 一八八九『風俗画報』第一八五号（三月一〇日発行）
時田アリソン 一九九九「一中節から常磐津節へ：語り物の音楽的変容と連続性」『日本研究：国際日本文化研究センター紀要』19巻
中村茂子 一九九一「芸能と扇の関係―その成立について―」『芸能の科学』19号
八王子市市史編集専門部会民俗部会編 二〇一六『新八王子市史民俗調査報告書』第5集 八王子市市史編さん室
平野健次・上参郷祐康・蒲生郷昭監修 一九八九『日本音楽大辞典』平凡社
吉川英史監修 一九八四『邦楽百科辞典 雅楽から民謡まで』音楽之友社
早稲田大学坪内博士記念演劇博物館編著 一九六〇『演劇百科大事典』第2巻 平凡社
早稲田大学坪内博士記念演劇博物館編著 一九六一『演劇百科大事典』第5巻 平凡社

第一部

口承文芸の場と作法

民話への誘い——いまに語りつぐ日本民話集

はじめに

昔話の魅力とは何か？　と問われて簡明に答えるのはなかなか容易ではない。ここでは昔話理解の一助になればとの観点から、本企画全三集を支える、話の基盤とか母体、あるいは背景といったような、昔話の生活史といった面に留意して記してみたい。なお、ここでいう「民話」は、左に示すように、神話の対立概念としての「民間説話」の略語として理解し、さらにその「民話」を、伝説、昔話、世間話の三つの柱によって分類してある。

神　話……（地方神話）

↔

民間説話（伝説・昔話・世間話）

一　「座」の文芸

日本の昔話の大きな特徴は〝座の文芸〟という点にあると思う。このことは中国、朝鮮半島、あるいはインド東部といった東アジア圏に話を聴き歩いた結果、一段とはっきりしてきた。話の様式とか形式の問題は後に廻して、当面はそのことから指摘してみたい。

本企画全四十五巻のうち、第三集のあとの方の七冊、具体的には九巻「飛びまわるうわさ」から一五巻「テレビにご用心」を除く、他の巻の大部分の話は、もともと日本の伝統的な村社会を基盤にして、世を継いで語られてきた。おおよそは、室町時代以降の村落共同体を舞台に、主として家々の囲炉裏端を中心に受けつがれてきたものである。勢い、村内での炉辺話としての性格が濃い。しかし、以前の村社会は厳しい身分制度のもとに、随所に秩序や序列がやかましかったから、その在りようは個々の家の炉端にあっても、多かれ少なかれこれを映していた。こうした事態を勘案しておかないといけない。机上で書物を通して、ひとつひとつの話を承知するだけでは、生きた話の歴史を追認するのは叶えられない。単に知識として話を学習するに留まってしまう。そうした弊を免れるためにも、話の原点としての、昔話と囲炉裏と座の関係についてきちんと理解し、認識しておきたい。

囲炉裏の座

今日、囲炉裏というと、だれしもが一様に熱源として燃え上がるじか火を想起する。しかし、もともと火は熱量である前に明かりとしての性質を強く求められていた。これは古くに遡るほどそうした傾向が著しい。余計なことを言うようだが、枕詞のともしびが「明石」を引き出してくるのは、明かし、つまりともしびの明かりであって、地名の明石はその後の副次的な懸詞に過ぎない。これなどは火に求められていた性格をそのまま伝える恰好な例であるが、今や火は照明としての機能を失い、これまでに果たしてきた長い歴史を終えようとしている。

その中で、火に明かりとしての働きをいつまでも求めていたのは、囲炉裏とその周辺であった。わけても炉端は、窓明かりの届かぬ暗い家屋の中で、藁仕事に代表されるかずかずの手作業の行われる場所であった。その際、傍らに幼い者たちがいれば、彼らの催促するままに話が披露された。夜をついでタバコの葉のしに忙しい処では、昔話を〝ハノシバナシ〟といった。子どもの手を借りてまでも仕事をしたのである。佐賀県の山間部では、晩秋になると吊し柿を作るための皮むき作業がせわしくなる。女の子たちは、夜毎それを手伝った。これがため、脊振山地周辺には、〝柿ムキバナシ〟の名が残っている。このように囲炉裏端と昔話との関係は、つい近頃までは、仕事場とも密着した姿で伝えられる場所があった。

しかし、囲炉裏はもともとイルリ・ユルイの他にインナカ、あるいはエンナカの呼称の存するように、だいたいが建物の中にあって、人が起居する中央の場所、つまりは家の中心の居場所を意味する処であった。家の中心となる場所に炉を切って、そこで火を焚く。これがために土地によってはわざわざオカロ、オガロと称する例があった。「座敷炉、陸炉」の意だとしている（留場栄『むらことば事典』）。いずれにしても、家内中の人がみなひとところに寄って、赫々と燃え続ける火を囲む。これが家と人と囲炉裏との基本的な場面構成である。

四囲の名称

ただしその際、囲炉裏の四囲には誰がどこに坐るかについて、まことにやかましい仕来りがあった。それぞれの居座の位置、つまりは「座」の問題である（図1）。通例はまず、次の部屋を背にして主人が座した。ヨコザ（横座）という。亭主の座である。これはニワ（土間）から見て炉の奥正面になる。したがってカミザ（上座）ともいう。ヨコザの称は古く、『宇

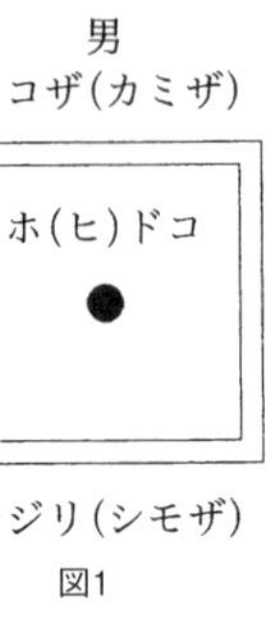

図1

治拾遺物語』の「鬼に瘤とらる丶事」には、すでに「むねとあると見ゆる鬼、横座にゐたり」と記されている。鬼の大将はちゃんとその位置に居たのである。『横座坊物語』というのもある。広くに「横座ねまりのネコ・バカ・ボウズ」の俚諺があって、これは「猫と馬鹿と坊主」に限っては、よその家の横座に坐るのは大目に見る。仕方が無いの意味である。この物語の名称の背後には案外そうした言い慣わしが生きていたのかもしれない。

次にさて、それの右、もしくは左手にはミジョヤ（水屋）を控えて、その家の主婦が坐った。カカザ（嬶座）である。オナゴザ、少々洒落てチャザ（茶座）とかタナモトという処もある。棚元であろう。その真向かいがキャクザ（客座）。よそから来た客人はここに坐る。新潟県栃尾市の郷中ではここをマドザシキという。他に知らない呼称である。意味がわからない。考えた挙句、これはきっとマロウド（客人、稀人）ザシキの訛語であろうと察した。古い言葉かも知れない。最後に残る処、すなわちヨコザの対極がシモザ（下座）になる。ヒタキザ、ヒジリ、キジリともいう。火尻、木尻で、焚口を意味した。以前は、その家で働くひとびと、つまり使用人が坐った。

ところで、囲炉裏に火を囲む場面での、このようにきちんとした位置付けは、必然的にひとつの興味深い事実を引き出してくる。何故ならば、結果としてこうした座の問題は、そのとき燃え盛る火を前にして、いったい、だれがだれに相対し、そしてどのような言葉を発したのか、あるいは、火を間に挾んで、だれの顔を真正面に見据えて、その言葉を受け止めたのかとする、炉辺にあっての根本的な対応関係を強く示唆してくるからである。

昔話披露の言葉

それというのも、いったいに囲炉裏の正面、すなわちヨコザに在る者は、昔話を披露するに際してはしばしば、それにふさわしい特別の言葉を用意する場合があった。具体的には、南九州の大隅半島では「トントあるハナシ。あつたか無かつたかは知らねども、昔の事なれば無かつた事もあつたにして聞かねばならぬ」とし、その上で聞き手の「諾」という一言を貰ってはじめて語り始めたという。これは雑誌『昔話研究』第八号（一九三五年十二月）所収の報告である。事実、一九七一年八月、その地を調査した私共も志布志町田之浦では「むかしむかしのことならね、あったかねかったかは知らねども、あったふ（風）にして聴くがむかし」とか、大隅町坂元では「あったかなかったかわからんどん、あったつもいで聴っきやんせ」、また、有明町では「むかしのこととなら、あったかねかったか知らねども、ねがったこともあったことにして聴いてくれ」とするのに出会った。近時は奄美大島からも「ムカシ、神代ノタトエバナシヲスル時ハ、アッタカ、ナイカ知ラネドモ、コウイウ話ガアル。ムカシムカシノ　ソノサキノムカシアルトコロニ」(『鹿児島民俗』第七十二号、一九八〇年)といって始まるとする例が追認されている。そういえば、山形県最上郡最上町の佐藤義則からは「とんと昔。あった事（ごん）だが、無（ね）ぇがった事（ごん）だが、わがんねげんと、トント昔ァ、あった事（ごん）ぇして聞かねばなんねぇぞ」(『羽前小国昔話集』全国昔話資料集成1)とする報告があった。東北の一隅と、一方著しい懸隔のもと、遠く南九州の地に同じような事例があるのは、かつての日、他にも多く同様の文言のあったのを予測せずにはおかない。

菅江真澄の注目

さて、ヨコザからひとたびこの種の言葉が発せられると、それを受けて聴く側の者たちは、早速これに応えなければならなかった。さきの大隅半島の例では「諾（ウン）」といっていた。承知しました。承諾しましたの「うん」である。そのとき、いまから二百十年ほど前の古い記録にどうしても見逃せない例が一つあった。『菅江真澄全集』(未來社)第一巻所収『かすむこまがた』にみえるのがそうである。天明八(一七八八)年の一月、仙台領胆沢郡の村上家に滞在していた三河出身の国学者、旅人真澄は、次のような面白い情景を筆に留めていた。

九日　雪はこぼすがごとくふりていと寒ければ、男女童ども埋火のもとに集（ツド）ひて、あとうがたりせり。また草子（サウシ）に牛の画（カタ）あるを、こは某（ナニ）なるぞ、牛子（ベコ）といへば、いな牛（ウシ）なりとあらがひ、また是（コハ）なに、猿（サル）といへば、ましなりと。論（ツリゴト）すなと家老女（トジ）のいへば止（ヤミ）ぬ。つりごととは論（アゲツラフ）ことの方言（クニコトバ）なり。

右の一文については、これまでほとんど注目される機会がなかった。それがためにこれの内容に関して言及した文章には、ついぞ出会った覚えがない。それもあって、ここでは大いに注意を促しておきたい。何が注目に値するかというに、真澄は紛れもなく「あとうがたりせり」と記していたからである。結論からするにここにみえるのは「あどうがたり」の意かと考える。「あど」「あどぅ」の転化、もしくは訛語に違いない。相槌、合の手である。古く『大鏡』には「よく聞かむとあどうつめりし」とあった。「あどを打つ」とは、相手に調子を合わせて応答するのをいう。『日葡辞書』には「Ado(あど)語られていることや、話されていることに対して、適当な返事をすること。Adouo vtçu.(あどを打つ)話をしている相手に応じて、調子を合わせながら、このような適当な返事をする」とある。それからしてここでの記述も当然、それに類する情況を踏まえていなければなるまい。もしもそうだとするならば、そのとき、村上家の「男女童ども」が「埋火のもとに集ひて」、実際に試みていたのは、やはりこの地でいうところの「むかし」であったと思われる。ただ残念なのは、真澄がここでの「あとう」の中身を具体的に記していなかった点にあった。しかして、ここはおそらく「はあー」とか「はあーはあー」、もしくは「はぁと」、あるいは「ぼぉー」とか「うーん」と打ったのではないかと思われる。

相槌

それというのも、このようにして昔話の相槌とか合の手といわれるものは土地毎にさまざまな変化が認められた。きわめて多彩である。今、実際の真澄の記述に無い「あどう」を補ったのは、その近辺における私共の調査にもとづいてである。これの実態がいったいどのような様相を呈するのか、次に岩手県南地方一帯の具体的な情況を示してみよう（図2）。

こうした在りようが顕著になってくるには、底流して旧藩制時代の影響、つまりは人の交流、交通交易があったかと考えられる。決定的であったのはもちろん、婚姻圏の問題であるに違いない。参考までにいえば、この海岸部からさらに南下して宮城県北部になると「はれや」「はぁーれや」になる。ほかに「げん」「げい」があった。山形県下では「おう」とか「おっとう」が多い。荘重な感じがする。先学はこれの語源を「おお尊と」という具合に見立てた。

つぎに福島県南会津郡は「さすけん」。語り手が「ざっとむかし」というと、畏まって「さすけん」と打った。新潟県栃尾市の「さぁーんすけ」、佐渡ヶ島の「さそ」「さーそ」と同列かと察せられる。佐渡には今日でも、「さそを継ぐ」といった言葉がある。これを怠ると「ほれ、しっかり取れ」と叱られた。こうした様相をそのまま裏付けるものとして、新潟県岩船郡『朝日村の民俗』（一九七七年）は、それを次のように報じていた。

昔話を聞く者は、常にアイコト（相槌）をとらねばならぬものであった。原小須戸の渋谷チヨ女は、「むがし聞くならサンスケ（サンツケとも聞こえる）とれ」といわれ、黙って聞いていると、「黙ってねぇで、サンスケとれちゃ」と、いわれたものという。そして、もとは話のあいまに「サンスケ」と相槌を入れたというし、早稲田の富樫ミツ女は、もとは「ナンツケ」といったものと話している。現在はそれらは行なわれていず、次のように変っている。「ハーア、ハーア」（早稲田）、「ウン、ウン」（北大平）、「ウンイエ、イエ」（高根）、大須戸中山トメ女は、目上の者の語りを聞くときは、「ヘーイ」、同僚同士の場合は「イーイ」であるという。また、「イイ、ほんとに」、「ほんとだがあ」、哀れな話であれば「あいや、可哀いそうになあ」、話の内容によって「あれあれ、憎たらしいなあ」ともなる（大須戸中山イノ女）。

こうしてここに認められる「さす」「さーそ」、あるいは「さんすけ」は「さ候ふ」が原義かと思われる。ただし、近頃話を聴きに行った新潟県三島郡越路町阿蔵平の高橋ハナさん（大正三〈一九一四〉年二月二十日生）は、百話クラスの佳い語り手だが、彼女の場合は「むかし、あったけど」の冒頭句の直後にだけ一度「さあーんすけ」と打てばよい、あとは必要ないという。これなどは時代の流れとともに極端に省略化が進んだ例かも知れない。

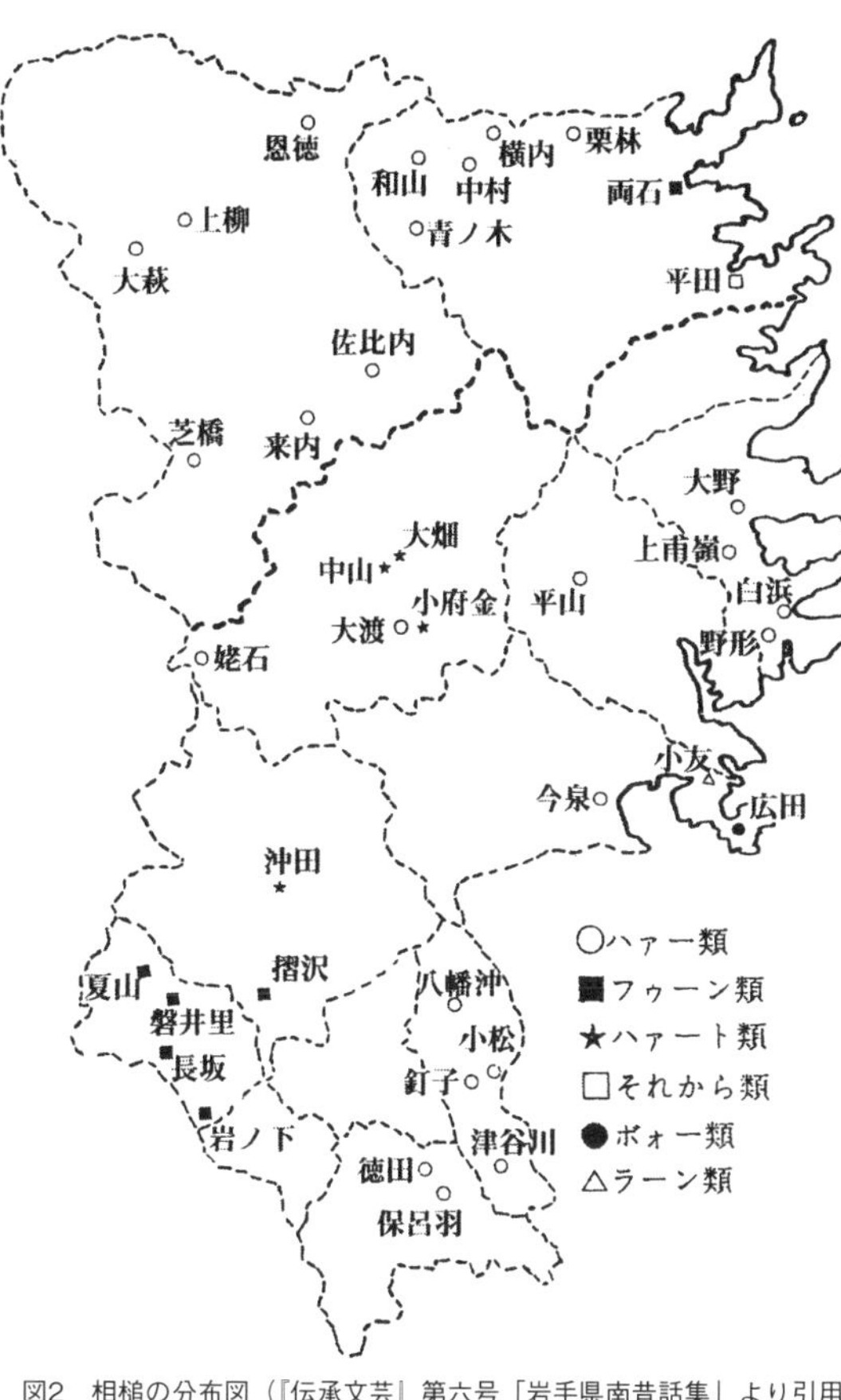

図2　相槌の分布図（『伝承文芸』第六号「岩手県南昔話集」より引用）

囃し言葉

さて、「さす」「さーそ」系はともかくも、これが中越の地に行われる「でんべらそ」になると、もうわからない。関東では川越近辺の「ふんとこせ」「ほいとこせ」が面白い。相槌というよりはむしろ囃し詞のような調子であった。その点、奄美大島での「ヒョー」や「ニョー」も同じい。早く、小笠原謙吉の『紫波郡昔話集』（「全国昔話記録」一九四二年、後、「日本昔話記録」I、一九七三年）の「二歳胡麻に三歳胡麻」といった話の中には、次のような例が示されていた。

——むがし語りの男は、「まずなしお婆さん、昔あったじもなし」と語ったらば、お婆さんは「口に、えぼし、はあ」と言った。それからその男は、「ある所に大きな大木はあったじもなしお婆さん」と言うと、お婆さんは「口にえぼしはあ」「その木のうど穴（空洞）さ一匹の大蛇は住んでいだじもなしお婆さん」「口にえぼしはあ」——

また、清野久雄『千貫長者—庄内の昔

話―』（一九六八年）には、「おでやれ、おでやれ」といった例がある。なお佐々木徳夫『陸前昔話集』（「全国昔話資料集成」29、一九七八年）所収「姥皮」の中では、語り手の座頭が聴き手の老婆に向かって、

〽棚から落った煤け達磨の目(まなぐ)を引っつば抜いで
砂で磨いて木賊をかげで
金箔のようにひっからがしたは、じでごのはー

といって囃せと要求をしているのがある。ただし、これなどはすでに相槌の域を越えて、別途呪的な効用でも期待したのか、それとも元来は最後の「じでごのはー」が本来のそれであり、ここに積極的に介在した座頭たちの賢(さか)しらが加わったものか、今になってはちょっと判断できない。

二　「様式」の文芸

前章に示したのは、囲炉裏ならびにその周辺を舞台にした村々の昔話の動態検証であった。わか国に認められる昔話の伝承の一大特性として差し支えない。ただし、こうした在りようは、足を運んで実際の場面に立ち会わないとなかなか判らない。さきにもいったが、机上の資料操作では実感できない部分である。本来は、こうした生まの声、生きた言葉に出会って、はじめて昔話の魅力を理解することができる。ところが昨今は活字になった昔話集を〝テキスト〟と見做して、その上で「昔話を読み直す」といった、一見気の利いた言辞を弄する風がある。ただしこれは、「昔話集を読み直」しているのであって、「昔話を聴き直す」には程遠い営みである。だれにでも出来る試みを同じように繰り返していたのでは、新しいものは何も見えて来ない。安易な風潮は一切返上して、ここではこれまでに示してきた内容にもとづいて、この世界のもつ独自の「様式」に向けてさらに記してみたい。

さきに一度「むかしむかしのことならね」とか「むかしのことなら、あったかねかったか知らねども」、あるいは「ムカシ、神代ノタトエバナシヲ」、そして「トント昔。あった事(ごん)だが、無(な)ぇがった事(ごん)だが」といった事例を紹介した。それらはいずれもヨコザに坐った者が、おもむろに発語して、それから相手に話を披露しはじめるのだといった。

そこで改めてこれを確認するに、右の引用語句に共通するのは、いうまでもなく「むかし」「ムカシ」、あるいは「昔」のひとつ語であった。これはすなわち、どれもが語り起こしに際しては、この「むかし」の一言を不可欠の要件、あるいは条件として用意していた証(あか)しと理解してよかろう。言い換えるなら、すべては「むかし」を語幹として成り立っていると判断すべきである。では、ここにいう「むかし」とは、そもそもがいったいどういう性質のものであったのだろうか。

古物語の冒頭

少なくともその際、思い起こされるのは、物語文学の中にあって「物語の出で来はじめの祖（おや）」と称される『竹取物語』の冒頭である。そこには「いまは昔、竹取の翁といふもの有りけり」とあった。続く『伊勢物語』も、短篇の物語のひとつひとつの発端は「むかし、をとこ」である。こうしてみるに「むかし」は古物語、もしくは古い説話の類いにおける欠かせない約束事の一つであったのであろう。ついで『今昔物語集』になると、これは最早決定的な姿をみせてくる。周知の如く、そこでの一話一話は、なんとそのすべてが「今ハ昔」ではじまり、しかもこれの結末は、あたかもかの冒頭句に直接呼応するかのようにこれまた「トナム語リ伝ヘタルトヤ」をもって結ばれていたのである。明らかに人為的な作業にもとづく整え方である。

説話集の形式

ここにはおそらく『今昔物語集』の編纂に携わった者たちの、すこぶる強固な意思が反映していたと思わずにはいられない。何が彼らをしてそうさせたのであろうか。それからしてここにおいて、話のはじめに「今ハ昔」を据え、ひとたびはこれを結ぶに「トナム語リ伝ヘタルトヤ」と締め括ったのは、すべからく意図的な説話の様式あるいは形式であったと理解するよりほかはあるまい。すなわちこれは紛れもなく、

今ハ昔
トナム語リ伝ヘタルトヤ

といった至極完成度の高い、整った形式の存するのを容認するのであった。したがって、もしもこれを受け入れるのなら、次に私共がこの様式、形態から受け取るのは、当然、その形に強く拘束されたそこでの内容でなければなるまい。

要は、最初にこの種の様式、あるいは形式を許容した以上、話はこの器に慫慂（しょうよう）して進行し、最後の「トナム語リ伝ヘタルトヤ」に至るまで、一切の省略や途中下車は許されないとする仕儀にあった。それからして、明らかにこれは先行する〝話の埒（らち）〟であり、枠である。しかも締め付けのきつい〝埒〟である。客観的事態として、充分この事実に気付いていなければならない。承知した上で臨まなければならない。

昔話の展開

そしてこの予測が現実ならば、昔話伝承の実態は、かなり拘束の厳しいものであったという認識と理解に到達するはずである。何故ならば、すでに指摘したように、わが国の昔話はその発語、あるいは冒頭の句を「むかし、むかし」とか「トント昔」として、これを始めた。そして多彩な相槌の言葉に促され、導かれるようにして話の世界を展開して行った。そ

のとき、やがて落ち着くはずの受け皿、すなわち『今昔』でいうところの「トナム語リ伝ヘタルトヤ」は、いったい何処にあったのかとするに、ありがたいことにその答はすこぶる簡単明瞭、しかも確実無比であったからである。

たとえば江戸の町ではこれを「めでたし、めでたし」といった。遡って『御伽草子』の「福富長者物語」では最後にひと言「昔はまつかう」と書き置いている。意味は「昔はほんとにこういう風に」「昔はまっ此の如く」だと解かれている。これに関連すると思われる現行の昔話の結びには「それがまっこう一昔」とか「昔まっこう」「昔まっこうこう」などがある。響きとしてはなべて「話はひとまずこれで完結した」とか「これですべて終わった」の意を含むものと察せられる。それというのも実際、各地に行われる昔話のそれぞれの語り収めの句、結末の語には共通してそうした意向を示す表現が多いからである。相槌の言葉同様、まことに多岐にわたるので、ここではそれの代表的な例を少々紹介しよう。

語り収めの句

研究史上、記念碑的な意味をもつ柳田國男の『遠野物語』は、その〔一一六〕の最後に郷中の「昔々の話の終りは何れもコレデドンドハレと云ふ語を以て結ぶなり」と報じていた。柳田のこの記述は今も変わらない。「どっとはらい」や「どっとぐれ」である。青森の下北半島でも「とっとぐれえ」「とうとうくれねべし」で終わる。いずれも「すべて出払った」の意であろう。秋田では「とっぴんぱらり」が多い。「とっぴんぱらりのぷー」などという。ちなみに山形県下では「どんぺ」「どんぺからっこ・ねっけど」、さらには「どんびん」から「どんびんさんすけ法螺（ほら）の貝」になり、果ては「どんびんさんすけ猿まなぐ、猿のまなぐに毛が生えた、けんけん毛抜きで抜いたれば、めんめんめっこになりました」と囃（はや）し立てる。子どもたちの参加があったのであろう。そういえば新潟県下では「いっちご・さっけ」が基本であるが、阿賀北では「いっつがむがし、つっさげた」「いっちがむがしが、ぶらんとさがった」になる。ところがこれが上州の奥利根に入ると「いちがさけえがった」から、やがて「いちが酒え買って、呑んでまったっちゃ」とか「いちが酒買って、お父（とう）がひん呑んだ」というように「いちという人が酒を買った」と受け取られるようになっている。同様の例は埼玉県川越地方からも報ぜられている。中部日本では飛騨の「しゃみしゃっきり」や、北陸一帯の「そうらい」が印象に残る。もっともこれとても例外ではなく「しゃみしゃっきり、鉈（なた）づかポッキリ、稗（ひえ）がらコソコソ」とか「そうらいべったりかっちゃんこ、やぐらの柱もガタガタ」といったようにたちまち茶化していた。「そうらい」は「候ふ」が原義であったはずである。そしてそれは瀬戸内に「さんそうろう」とか「そうじゃそうな、そうらえばくばく」などというのと関連して考えられる。

西日本では「こっぽり」が有力である。これもやはり「むかしこっぽり、とびの糞」「むかしこっぽり、ひきの糞ベッチョリ」と囃されていた。「それでしまい」の意であった。広島県の芸北や島根県では盛んに「もうすべったり」という。「もうすべったり釜のふた、いまは膝皿こちゃ痛い」となって笑わせた。四国はいったいに稀薄であった。祖谷山では「こんでしまい」。しかし高知では「むかしまっこう」とか「むかしまっこう猿まっこう」という。九州では対馬で「とうすんだ」。佐賀は「ばっきゃ」が基本で「ばっかり」とも、また「そやしこ」ともいって収める。ここの「そやしこ」は、熊本の「しゃみやあ」、さらに鹿児島県下での「そしこん」と、おそらくは同系統であろう。また奄美大島からは「アッタカナイカノ話マデ。マタン日ンガアロウ。ネランタームンガアロウ。ウン話ャクリガリ」の報告がある。

以上、事実に即してとはいうものの、かなり煩わしくなった。その上になお添えるのは気が引けるが、この語り収め、いわば締結の語発信の後、実は聞き手の側にはそれに向けての丁寧な礼の言葉と礼儀が存したようである。福島県会津地方では、その際に「ご苦労でやした。おもしろうござった」とか「忝(かたじけ)のうござった」といった。四国の祖谷山では「昔の衆(し)はえらかったのう、こんがな話まっことあったんだろうか」といったそうである。内容からしても、感嘆と共に語り手への労(ねぎら)いが伝えられる。宮城県では「どうも、ありがとうござりすた」とか「おもせがすた」というように新しい言葉になっている。しかし遡ってはやはり相応に異なった表現のあったことが予想される。

語りの禁忌

付け加えて、もひとつある。厳密にいえば様式とか形式上のことではない。しかしそうした場合と同じく、昔話を語るに際してはきちんと守らなければならない仕来りがあった。伝承上の〝禁忌〟と理解してよい。具体的には昔話を語るのは夜分に限られていた。日のあるうちのそれは「昼語り」といって固く戒められた。わが国では汎(ひろ)くにこれをして「昼むかしは鼠が小便を掛ける」といって禁じた。土地によっては「鼠」の語自体がすでに禁句、もしくは忌(い)み詞(ことば)であった。「ふくじょっこ」(福嬢こか)、「うえの姉さま」「よもの」などと言い換えている。長崎県の五島列島では「鼠は梁(はり)の上から夫婦の夜の生活を見ているから」といって、ことさらにその動向に注意を払った。鼠は根の国とこの世とを往来するモノとして久しく畏怖(いふ)されていたからであろう。能田多代子の『手っきり姉さま』(一九五八年)には「むかしの語り方には一つの約束があって、むかしは夜かたるもので、昼かたると鼠に笑われるといわれ、その時は必ずにゃごうと猫の真似をしなければならないといった」とある。同じような例はほかにもある。佐久間惇一によると新潟県岩船郡朝日村の「高根では、昼、昔話を語ることは滅多になかったが、子供などにせがまれて語る場合は、あらかじめ〝鼠、鼠、昼間のなかの話だ〟といって、その部屋の四隅の柱を子供に叩かせる作法が、必ず必要であった」(『新潟県の昔話と語り手』一九七九年)とする。夜の支配者の鼠に許諾を求めたのであろう。そのほか、岩手県南の地のように「お寺の鍋が打っ毀れる」「お寺の鐘が割れる」とか、宮城県北部一帯の「貧乏神がつく」「便所に行くときに滑る」「船に乗ると難破する」「餅搗きのときに足を踏みたがえる」など、いずれも忌避の念を強く示している。山形県最上郡の佐藤義則には「昼ムガス語っと、鴉が口さ灸たでらって口利んねぐなる」といった報告がある。おそらくは「口利んねぐなる」がその心髄であったに違いない。

これからして、昔話は本来は〝夜語り〟であったのが判ってくる。神聖な夜語りの系譜にあったからこそ、守るべき習いは重ねていくつもあったのだと考えられる。これがここでの結論になる。

三　「形式無視」の文芸

「座の文芸」「様式の文芸」といった処遇のもとに、昔話が昔話として成立し、しかもそれをきちんと認めて貰うためには、相応の「かたち」とでもいうべきものが必要であると説いてきた。その意味で、昔話とはそもそもが「かたち」を必要とする言語伝承であった。「かたちの文芸」であるとしてもよい。しかし反面、実はこうした目に見えない「かたち」があればこそ、もっぱら言葉で伝えられてきた話が久しくその姿を保ってきたのだとも評せよう。そしてこの事実は、第一集「動物昔話・本格昔話」(一五巻)、第二集「笑い話・世間話」(一五巻)を通して、おおよそ原理的に指摘できるものであった。

しかし、第三集「伝説・現代民話」(一五巻)のグループになると、そうは行かない。有体にいって成り行きは著しく変わってくる。そこで、第三章は思い切って〝「形式無視」の文芸〟といった観点からこれを捉えてみようと思い立った。いったいに「伝説」や「現代民話」は、「様式」や「形式」に拘束されず、自由な物言いができる口頭伝承だと判断したからである。もっともそうはいうものの両者間の差異はやはり大きい。手続き上、個別に述べてみる。

神話とのかかわり

伝説はもともと神話と深いかかわりをもつ位相にあった。神々の来歴や巡行の事跡が、いまなお伝説として各地に定着しているのがその証しである。沖縄を中心とする南島諸島では、地方神話として遇される処も多い。事実、研究史からみても、伝説は常に昔話にさきがけて蒐集、分類整理されて学問の対象に据えられていた。この点、わが国も例外ではない。早くには高木敏雄が手を染め、ついで柳田國男、関敬吾という具合に斯道の先学たちは踵を接してここに携わってきた。国文学の領域からも神話、伝説への発言は有効である。文献資料にも英雄伝説や著名な女人落魄伝説には事欠かなかったからである。それにもかかわらず、昔話研究の進展、拡張振りに比較して伝説への関心は今日すこぶる退嬰してしまった。

　理由は何処にあるのだろうか。そのとき、はっきりといえることの一つは、伝説は常時これを伝えるに当たって伸縮自在、伝える側の意志によって長くも短くもなるといった、そうした伝承上の在りようにあったと思われる。すなわち、さきにひとたび「昔話の様式」あるいは「形式」をいって、昔話はすでに独自の様式を獲得している。それがために「一切の省略や途中下車は許されない」、つまりそこにはきわめて「締め付けのきつい〝埒〟」があると指摘した。その意味では話としての伝説に特別の〝埒〟とか〝枠組み〟の無かったのがマイナスに働いたと、考えられる。それでは何故、伝説の場合その種の〝埒〟や〝枠〟を必要としなかったのであろうか。

事跡の強調

　理由はこれも案外簡単である。伝説は歴史的事実に結び付き、その事跡を強調し、かつそれを証明させるがために、常に保証条件として特定の事物を用意してきたからである。抽象的にいってもはじまらない。たとえば、小野小町伝説を説くためには「小町清水」や「化粧池」を用意し、常盤御前伝説を証すためには「袈裟掛けの松」を心掛け、また弁慶伝説を訴えるためには「弁慶岩」を証拠にしてきた。「和泉式部の墓」もあれば、「遊行柳」もある。話は話として自己完結するのが望ましいにもかかわらず、ことほど左様、まこと丁寧にも、伝説は多くの場合、求めて事物にかこつけて由来を説いてきた。これからして、伝説は常時、写真に撮るのが可能であった。被写体になり得た。これが昔話に比較した際の伝説の大きな特徴である。

　しかし、何事にあれ、長所はしばしば短所に早変わりして、しかも生命取りになり兼ねない。自然の山、川、池、沼を話の舞台にし、塚、杉、松、椿を話の保証にした結果、それらがいったん変貌し、あるいは雲散霧消したとき、伝説はすべての手掛かりと証拠を失う運命にあった。ときに伝説とは〝景観〟の一種であったのだろうかと思うことがあるのはこれがためである。

ヨコザの衰退

　加えて、もう一つある。ここではあえてヨコザの衰退をいいたい。第一章で縷縷述べたように、かつての村落共同体の中で、わけても家々の中心を占めた囲炉裏にあって、ヨコザは亭主の座、主人の座として決定的に重い意味をもっていた。他の者には絶対に譲れない力の座であった。権威の座であったとして過言でない。その座に坐る者は、父祖の血を承けて家の由来を語り、村の歴史を説き、そして事跡を説き起こしていた。伝説が神話に繋がるとはこの点を指して述べた言葉である。しかし、従来の村内はここに至って急速に変容を来たし、疲弊の色を深めた。何処に行ってもひとしなみに都市化指向に陥って、炉辺に昔日の面影はない。村には以前から「ヨコザ弁慶」の諺があったが、いったんヨコザを離れたときの亭主に世間の風は予想以上に冷たかった。大勢として、ヨコザの退潮はそのまま伝説の衰退、退嬰を招くに至った、と判断し得る。

こうして、「形式に欠ける」話、失われる「景観」や「事物」に保証を求めた話、さらには失墜した「ヨコザの権威」と運命を共にした話ということで、伝説にはいささか暗い材料ばかりが揃う結果になった。伝説がもう一度、かつての輝きを取り戻すためには、伝説は伝説を語るにふさわしい自分たちの言葉を獲得し、その上で、完結した〝物語〟としての機能を果たさなければならないと考えられる。

急浮上の現代民話

ヨコザが力を失い、村落共同体がなべて都市化を指向しはじめたときに、あたかもこれに呼応するかのようにして、今日浮上してきたのが、ここにいう「現代民話」である。名称はともかくも、かつての炉辺の座に即していえば、「キャクザ」もしくは「シモザ」を舞台とする「世間話」だと理解すればよい（図3）。

「噂」、もしくは「噂話」と捉え直しても間違いはない。たとえば、私共の幼い頃、わが家の茶の間には父親のひとつ話に「須田町食堂の猫の首」というのがあった。つぎのような内容である。

ある朝早く、通り掛かりの人が当時繁昌していた須田町食堂の裏手で、バケツの蓋からはみ出している猫の首を見た。これから判断するにその中には余程多くの猫の首が入っていた筈だ、とするのである。

話の筋はこれだけに過ぎない。しかし、いうまでもなく、ここにはいずれ〈それが故に他の食堂に比較して、あそこは格段安価でしかもひと味違う〉とか〈抜きん出ていつも賑わっている〉といった態の、いわば悪意に満ちた解釈と理解が引き出されるようになっていた筈である。今流行の評判の飲食店、もしくはその店の調理や製品に向けてのいわれなき中傷や誹謗の類いといった具合に受け止めるべきであろう。

今にして思えば、父親からの「須田町食堂の猫の首」は何回聴かされても面白かった。毎度お馴染みのということであろうが、子ども心に半信半疑、大人の世界の裏を垣間見る好奇心と共に、そこには当然、外食に対する不信感と他方、家に在る母親の手料理への手固さを強調する教訓性も周到に用意されていたかと理解し得る。

ところが意外や意外、これとまったく同じ話は、その後、大学へ入って間もなく学生食堂の一隅で耳にした。当時人気抜群の渋食こと、渋谷食堂のカレー・ライスは、うまくて安いが、その実、使われているのは「猫の肉」だというのである。しかもここにはしっかりとした情報源があって、体連系のクラブの誰それがアルバイトに行ったところ「バケツの蓋からはみ出している猫の首を見た」。仰天して早々に辞めてきたとするのである。「嘘だ」「本当だ」と散々やり合った挙げ句、またぞろ繰り出して行くのだから、その頃の渋食は、それ程に学生たちの胃袋には人気があったのである。ちなみに、この話を家内に確認したところ、彼女たちの間では「猫の首」の捨ててあったのは「裏手のゴミ箱の中」だったそうである。しかるに、このあと何年かすると、今度はこれが新宿の食堂三平に変わって登場してきた。

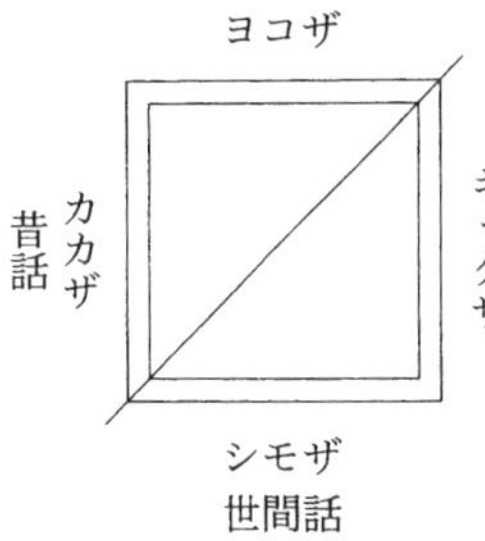

　このあと、大学を卒えて直ぐに上野駅近くにある高等学校に勤務したところ、早速この手の噂に出会って、ここではそれを鎮静する役に廻った。話はこうである。

ヨコザ
キャクザ
カカザ
昔話
シモザ
世間話

図3

　上野病院の裏手の道路を挟んで、小さな飲み屋がたくさんあった。その一角に焼きそば屋がある。滅法安い上に量が多いので生徒たちは断然人気があった。コーヒー一杯が百円の時分、経木に盛って三、四十円ではなかったのだろうか。もっとも中身はそれ相応に、野菜とはいえもっぱらキャベツの芯ばかりであった。別称を「裏のゴミソバ」といっていたのだからおよそ見当は付く。そのうちにある日、中に入っているのは「猫の肉」であると言い出した。朝早く登校して来た運動部の仲間が、病院の電柱傍に出されている「バケツの蓋からはみ出している猫の首を見た」といって騒いで止まない。のみならず、そういえばつい最近まで近辺を横行していた野良猫が一匹も居なくなったと、したり顔ではしゃぎ廻るのだから始末に悪い。そのときは、あまり妙な噂を立てると営業妨害で訴えられるぞと諫めたが、ここでもそれの第一発見者に体連系の生徒が登場してくるのは、この種の話とはたして何か関係があるのだろうか。

　とはいえ、正直言ってここまで書けば、赴くところこの種の例は、話としてはすでに先が見えている。すなわち、そのときどきの人気絶大、一世を風靡しつつある食べ物（屋）、もしくはそれの提供者、わけてもこれが外食の場合には、得てしてそこでの肉に異物が混じっている、あるいはまったく、他の動物の肉そのものであろうとする噂は、繰り返して行われてきたとする事実であった。要するにそれは何も戦前の須田町食堂や、戦後間もない頃の渋谷食堂、さては食堂三平に限らず、ましてや上野病院脇の「ゴミソバ」や、また近頃親しく耳にした某女子大学の「豚食」ならずとも、その間、この手の話題はそれこそ相手変われど主変わらずの趣きで持て囃されてきたこと、まずはほとんど疑いなしというわけであった。それからして、これら一連の事例から判断するならば、近時〝現代民話〟の名の下に改めて話題になった「ニャンバーガー」ことハンバーガーのパティが「猫の肉」であるとする噂などは、もちろん右構図の一端を担うものであったと承知し得よう。

いずれにしてもある時機を境に、それまであまり知られていなかった新製品、この場合に限ってすれば、ある特定の食料品の類いが、やおら登場してきて瞬時の間に世間を席捲してしまう。そうした事態を迎えるとなると「猫の肉」をはじめ、この種の噂はしばしば惹起して、それがまた飽くことを知らないのが習いのようである。

さて、その上でさらに事のついでといっては申し訳ないが、この「猫の肉」もしくは「猫の首」の話は国境を越えて、これまた同じようにして実際にあるのを体験した。次に記す内容は一九九三年八月一日から三ヵ月間、国際交流基金からの要請にもとづいて、ニューデリーのネルー大学に短期滞在していた際に遭遇した出来事である。

赴任当初、大学でのゲスト・ハウスは満室であった。止むなくいったんはそこの留学生会館に入ったが、部屋には冷蔵庫がない。しかるに日中は四十二・六度の暑熱である。夜になってやっと三十六度。留学生は東南アジアの人が多かった。彼らの多くは平気で外で寝ていた。こちらの窮状を見兼ねて、大学食堂の総支配人のタクール氏が食事その他一切の面倒をみてくれることになった。以下はそのときの話である。彼はこういう。

自分にとって、日本人の面倒をみるのは一向に負担にならない。チキンでも豚でもなんでも食べてくれる。その点はむしろ食制の違う南北各地から来ているインドの学生よりは楽な位である。しかも私の目を避けて、密かに犬や猫を調理することもない〈そういって、彼は片目を瞑(つむ)った上で、さらに言葉を継いだ〉。ところで、プロフェッサー、気づいただろうか。この前、あなたが来たときには、このキャンパスには多くの犬や、そして猫もいた。殊に図書館の前には家族の黒い犬たちが、いつもいた。それが、東南アジアの留学生が来て以来、急にいなくなってしまった。あの会館に滞在中、建物の裏を覗いてください。そこではきっと「バケツの蓋からはみ出している猫の首」を発見する筈だから。

というのである。それのみならず、話には続きがまだある。

実は前年十月、彼らの一グループが帰国したあと管理人が掃除に行った。いかにも異臭が漂う。原因は、屋根裏に隠されていた多くの猫の骨であった。

とするのである。話題としてはいずれにしても愉快な内容ではない。そのときは単に相槌を打っただけで聞き流すに留めておいた。しかるに一九九四年十月、重ねて赴いたところ、この噂はネルー大学のキャンパス内では相変わらず横行していたのであった。

改めて説くまではもない。インドのひとびとにとって、ビーフを口にするのは絶対に禁忌である。手に触れるのも極端に忌避する。チキンもエッグも避ける人もいる。高位のカーストのヒンズー教徒ともなると、魚も貝もいけない。徹底して海藻の類いも辞退する。ちなみにタクール氏の場合は、私の携行食品の海苔もシー・フードの一種だとの説明で退けた。蜜豆の缶詰を開けると、そこでの寒天の素材は天草であった。それをいうと同じように遠慮した。それからして、いったんこのような情況を知れば、よしんばブラック・ジョークにせよ「犬」や「猫の肉」、あまつさえ「バケツの蓋からはみ出している猫の首」とあっては、その話題自体がすでに不謹慎、かつ非紳士的であり、嫌厭（けんえん）の情もはなはだしいとしなければならぬものであった。

しかるに、それにもかかわらず、そうした状況を越えてなお、そのインドの大学内においてさえ「バケツの蓋からはみ出している猫の首」の話があるのは、これはいったいどういうことなのであろうか。現代民話の枠組み、あるいは話柄として今後なお議論を要する問題かと思われる。

（『野村純一著作集　第四巻　昔話の語りと語り手』）

［単行本初出：『民俗への誘い』作品社（非売品）、二〇〇一年刊］

昔話の伝承形態

一

融通無礙に話をするのとは違って、ひとたび、囲炉裏端にものを語るのに際しては、由来墨守すべき仕来りが付随していた。具体的には、実際の伝承場面を閲するに、いまなお本然の性格を失うことなく、語りの古態を擁している昔話の場合がそうである。昔話の語は学術用語として、いまはやや落着しているかの趣きを呈している。しかし、それには依然として錯誤と誤解とが混在しており、昔話の本態は終極語り以外の何者でもない、という事実を改めて認識せずにはいられない。これは今日、すでにして自明の理である。しかして、糺された姿の昔話が、重ねて語りの尊厳と、それに伴う制約の多くを自ずからに明示し始めたのは、なにもその語りを鎧う形式にのみ存するのではなかった。

何を措いても、語りの場に直接かかわりをもつ所作として、看過し得ぬものに黒島での例があった。早川孝太郎の『古代村落の研究』によれば「片泊の昔話を聴く日は、正月七日と同じ十四日卽ち小正月の夜であつた。その日子供達は豫め團子とシメモン（煮しめ）を親から作つて貰ひ、語り手の老人の許に進物として贈る。その際は俗にカブリモノ（被物）と云つて、多くは親達の着物を抱へてゆき、それを頭からスッポリ被つて、思ひ思ひに横になつて聞くのである」というのである。この一条は、昔話を享受するのは、特定のハレの日にあることを明確に指示していて重要である。それと共に一層注目すべきは、いうまでもなく「親達の着物を抱へてゆき、それを頭からスッポリ被つて、思ひ思ひに横になつて聞く」とする、受容、享受の様態にあった。黒島における子供たちのこの特異な姿は他に比すべき報告例をみない。したがって、いまとなっては、その本義を探索するのに困難の感が深い。しかし、元来昔話の伝承には、語り手にいくつもの制肘があったのと同じく、聴く側にとってもそれがあった。昔話の聴き手は原則として、語り手の黙契を経た後に、はじめて場面への参与を許容されるのである。それを惟えば、この場での子供たちの姿は、必定、語りの場におけるすこぶる敬虔、真摯な態度の表徴であったことは、間違いないと思われるのである。

黒島で語られる昔話(ムカシ)が語りの場を那辺に設定したものか。それについての報告は早川の文には見当らない。しかるに、続いての記述には「物語りの形式は、格別變つた事はなく、一同の顔を一渡り見廻してから、冒頭はきまつて次のやうな文句から始める。さるむかし、ありしかなかりしか知らねども、あつたとして聞かねばならぬぞよ」とある。これから推しても、そこに集まってきた子供たちに昔話(ムカシ)を求められた老人が「一同の顔を一渡り見廻してから」と、いうからには、正月という特別な時機を勘考しても、まずは囲炉裏端以外の場所は想定し難い。そして、この想定は併せて語り手たる古老の炉辺に占める位置が、家居にあっては常に不動のものであり、その定められた位置こそが、家の長、及んでは一族の長、村の長として自他共に容認するところのものであった。その間の事情についても察知しておかなければなるまい。それはそれとして、いったいに昔話の伝承に限らず、本格的な語りが退(たい)嬰(えい)の一途を辿る中にあって、終始一貫その位相を変容せずにきたのは、実に場面を炉辺に求めてきたことにあった。その意味からしても、語りに機能する囲炉裏の位置は類するもののない程の重味を帯びてくる。そしてこれはまた、黒島での例に限らず、語りの仕儀と作法とはいつに囲炉裏を囲繞(いにょう)するものであったと、理解するにしても決して不届きではないと思われるのである。

昔話(ムカシ)を享受する者は、カブリモノを頭からスッポリと被って横になる。それは安息や親昵(しんじつ)のうちに昔話を聴くというのよりは、心象としては、むしろ尊重、畏怖して敬承するといった面に近かったのではないかと思われる。対するに、語る側の者もこれまた恐懼(きょうく)した聴き手の顔をひと渡り見廻して、その上でいとも荘重に語り始めた。これが黒島の炉辺における語りの手続きであったとするならば、本来が燃え盛る火を目の前におく囲炉裏端でのことである。ここに、さらに直截な囲炉裏の火と語りとの有機的な関連が存したと推察しても、さして不思議はなかった筈である。換言すれば、それは最も単純率直な語りと火との係わり合いである。そして、語りに作用する囲炉裏の火の作法もしくは儀法とでも見做せる種類のものである。ところで、囲炉裏端での昔話の伝承には、おおよそ二通りの形態が認められる。ひとつは、今日最も汎くに行きわたっている形で、特定の語り手を中心にして、聴く側の者は終始その語りを享受して行くものである。もうひとつの形は、それとは別に互いに、ほぼ対等の立場にあって、それぞれが管理・伝承する語りを享受し合うものである。したがって、この場合にはすでにして各自が相応の語りを所有していなければならない。当然、形成される語りの場には、自ずからに年齢、階梯のみられるのが特色である。そこでまず、囲炉裏に火の消長を窺いつつ、相互に語りの場を醸成して行く形態から探聞してみる。

二

黒島での事例に似て、正月十五日の晩には、集落の古老の元に集まり、昔話を聴くのが常であったという処が山形県最上郡下にある。真室川町安楽城がそうである。ここは名うての辺陬の地であるが、それだけに昔話伝承の古態と目される例が豊かに残存している。すでに紹介したもの(1)に、その後得た資料を補足して提示すると、次のようである。

安楽城は差首鍋の中村では、まず、焚木に火をつけて炉辺の人に廻し、それが消えたところで語り始めた。大沢川を隔てた関沢では、語りの番代りのときには火箸を立てるのを仕来りとしたそうである。語り番が廻ってくると、自分の前の囲炉裏の灰に火箸を立てて語ったというのである。関沢周辺では〝セキゾロ爺さま〟の渾名をもち、碾臼の目立てをしながら昔話を語り歩いた梁瀬寅平という翁が著名である。求められてよそに語った場合は別として、寅平翁が自家の炉辺に語るときには、紙縒に火をつけて、それが消えるのを待って語り始めたそうである。この寅平翁の語りを忠実に継承してきた朝次郎爺さまも、語りに際しては非常に律義な型を守る人であった。紙縒に火をつける習いは、真室川を越した金山町朴山出身の岳父近岡富治（明治三十四〈一九〇一〉年四月八日生）も同じ手立てを伝えている。紙縒を作り、それに火をつけて、消えた人から順に昔話を語ったのである。

こうして順繰りに語り合うことを、同一郡内の最上町では「だんだん語り」と称している。伝達事項のある時に、戸毎に申し送って行くのを「だんだん触れ」というが「だんだん語り」はそれとほぼ同義で、炉辺をぐるぐると語り廻すのをいうのである。最上町で際立っているのは、その時に語り手の印として火箸を渡すのが作法なのであった。語り手の印として火箸を渡すのは、見逃せない手続きである。最上郡鮭川村段ノ下には、土田マサエ（明治三十一〈一八九八〉年九月二十六日生）、土田アサヨ（明治三十一〈一八九八〉年十月十九日生）という、語りの力量抜群の従姉妹が健在である(2)。二人が交互に語るときには、必ず語る側の者が火箸を手にする。一方が真剣に語っているのに、聴く側の者が火箸を動かすのは傍目にも不用意な行為であるが、両女の間には間違いなく、それを慎しむとする心持ちが存していると認められる。そしてこの心持ちはおそらく、語りの権利を有する者のみが、囲炉裏の火の管理権をも所有する、そういった内在する語りの民俗に端を発しているのに違いあるまい。

最上町に隣接する宮城県玉造郡鬼首町峠にも、注意すべき事例が伝えられている。ここでは、馬に喰わせる萩を押し切り、その柔らかいところは取捨して茎だけにする。そして、先端を少し曲げて火をつけて、くるくると廻わして、火の消えたときに、萩の頭が指し示した人から順番に昔話を語ったのであった。順送りに語る習わしについては、能田多代子も記している。『手っきり姉さま』の「はしがき」の一節がそれで、青森県三戸郡五戸町の女史の郷里では「先ず大人の上手な人から始まったり廻り番にやったり」するのであった。五戸町の昔話の状況については、さらに「冬の夜ながには、『炬燵ァ八人』などといって大勢の人たちが炬燵を囲んで、むかしかたりに余念のないのが常である」とあるから、盛んで賑やかであった様子は充分にわかる。しかし、ここでは実際にどのような作法が付帯したのか、それについては判然としない。

語りの発端に囲炉裏の火を導入し、その行方に関心を示した仕様は、京都府船井郡和知町にもみられた。和知のあたりで「火渡し」「火回し」[3]と呼ばれるのがそれである。稲田浩二氏の詳細な報告によると「お堂などに集ってユルリさんを囲んで、紙(かん)よりや、時に榾(ほだ)に火を付けて持ち、「ヒ」の字が頭にくることばを言ったり（大簾、長瀬、広野）、尻取りをしたり（長瀬）して、言い終ったら「火に渡いた」と言って、次の者に紙よりを渡す。運悪く紙よりを手にしたまま火が消えた者は、罰として昔話（大簾、細谷、長瀬）や歌（大簾、細谷、長瀬、中）なぞなぞ（中）などのうち一つを披露しなくてはならない」そうである。もちろん、いまは子供たちの間に揺揚しているこの和知の「火渡し」「火回し」も、もとを糺せば、大人の世界でのまこと荘重な作法であったことは、すでに提示してきた東北地方での例を俟つまでもなく、容易に諾(うべな)われなければなるまい。

このように順を追って語るについては、尋ねればそれなりに相当の配慮のあったことと思われる。古い語りの姿を窺わせる新潟県栃尾市繁窪では、頻りに「むかし語りはいすす廻わし」といって、これに固執する。いすすは石臼の訛語(かご)である。隣りする西中野俣出身の金内シゲ媼（明治十九〈一八八六〉年三月一日生）や諏佐キシ媼（明治二十六〈一八九三〉年一月四日生）によると「正月なんかの、みんながゆるいに集まって語り送った」そうである。それには心得があった。石臼を廻わす方向に昔話を語り送るのが、この地でいういすす廻わしなのである。これの逆は、しんだん廻わりと称して大層厭う。しんだん廻わりは、葬儀の際の引導場での廻わり方なのであった。

いくつかの仕来りが介在すれば、なおさらにそうであったろうが、順に送って行く形態にはとかく気苦労が多かった。参画者はひとしなみに異なる語りを享受する。その楽しみを味わうと共に、やがては、それに応えるに相応しい語り口を披露する必要にも迫られてくる。そこで、実際には大過なく語り終えようとする気持と、一方には少しでも有力な語りでありたいとする祈念とが輻輳(ふくそう)して、語りの気分は漸次高揚、高潮してくる。こうして、囲炉裏の火に直接の発現を求めた場面は、次第に出自を異にした語りの競合という現象を露呈し、この形態の特性を著しく発揚するのである。

これに対して、特定の語り手から昔話を享受する場合には、よほど尋常、静謐な場を形成するのが普通であった。多くは囲炉裏端の然るべき座に着いた老人から、幼い者たちが温順丁寧に語ってもらうわけである。安穏な語り口には常に聴き手への温かな思いが籠められている。それからしても、話種、話柄ともに放縦、放埒に展開する余地はほとんどなかった。しかし、それでもいささかの作法は依然、求められていた。たとえば、語りに際しては確かな相槌を絶えずに要求する。また、語りそのものにもひそかな序列の存していた形跡の窺えるのがこれである。それに加えて、こうした語りの場にあっても、やはり最初に囲炉裏の火に、語りの発動を予期したのではないのか。そう察せられる例がある。

広島県庄原市在住の和田千久代女（明治四十一〈一九〇八〉年十月二十三日生）の伝承がそれである。千久代女は、広島県比婆郡敷信村実留の旧家に生まれた。五人兄妹のおとんぼ（末子）であった。そのためもあって、遅くまで祖父の胡座の中に安住し、後に優れた語り手となる所縁にあった。同女の説くところによると、昔話を催促すると、祖父はまず横座に胡座をかき、ついで、ゆるいの灰の中に燠を四つ、五つという具合に埋める。しばらく間を置いた後に胡座の中に据えた幼い千久代女を揺り動かしながら

〽火おんど　火おんど　火をひとつくれやれ　火はないないよ　あの山越えて　この谷越えて　火はあったたった

と、唱える。これを唱えながら長い火箸で灰の中の燠をひとつずつ掘り起こし、それを終えてはじめて「むかし、あるところにのう」と語り出したというのである。ここに用いられる、「火おんど、火おんど」の語は判り難い。しかし、炉辺に伴う動作から推しても、火にむけての呼びかけであり、それも尊称をもってしてのものと考えられる。場面は異にするが、福井県勝山市野向町北野津又、水野兼吉氏（明治三十二〈一八九九〉年十二月十三日生）が、天保生まれの曽祖母きみ媼から聴いた「尻尾の釣」の中には、

〽おいおどん、こいおどん、放せやちょうさ、おいおどん、こいおどん、放せやちょうさ

という囃し詞があった。「おいおどん、こいおどん」は、大きな魚どの小さな魚どのであろう。私はそう理解している。口承の文芸には、しばしば古い語彙、語感が保有されているものである。比婆の和田千久代女の唱え言にも、火に対してただならぬ意を表していた頃の言葉が、なお神聖観を留めて伝承されているものと認めておきたい。いずれにしても、ここでは火を敬う心持ちの存しているのは間違いあるまい。そして、敬して火を求め、しかる後に適時それが叶えられた。そ

うした慶びが短い詞章の中に躍動していて、その印象は鮮やかである。

唱え詞こそ伴わなかったが、これとほぼ似たような形態は熊本県八代郡坂本村にも伝承されていた。八代から球磨の急流を溯った鎌瀬の白浜まじゅ媼（明治三十〈一八九七〉年八月六日生）から教えられたものである。まじゅ媼の祖父初蔵は嘉永六（一八五三）年三月十六日生、大正十二（一九二三）年七月九日、七十一歳で歿した。坂本村では聞こえた昔話の語り手であった。白浜家の人たちは一様にその影響下にある。初蔵翁は昔話を語るに際して、囲炉裏の焚き燠を長い火箸で起こし、それを灰の中に立ててみせた。大きなものから小さなものへと順に立てた。「これは爺さん、これはおとっさん」こういって家族の序列にしたがって竝べた。そして、「むかし、むかし、そのむかし、ねこげの生えたるそのむかし、爺さんと婆さんとおらしたげなたい」と、始めたのである。

形式は遊戯化し、対象もほとんど子供たちに限られている。それでも、火に所縁を求める形態は熊本県八代郡宮原町に伝えられていた。塚本一氏（明治三十七〈一九〇四〉年十二月八日生）によると、冬の夜、囲炉裏端や火鉢の縁で子供たちに両手の握拳を出させる。年寄りは人差指でもって、

〽いっけんじょ　にけんじょ　さんけんじょ　しけんじょ
しけんは　おたたののるくらの上に　あめ牛　仔牛が　さるさが杖ついて　爺っと婆は　これふうきや

と、唱えながら握拳の上を廻わる。そうした遊びがあった。「これふうきや」は、これを引きなさいの意味である。それによって唱え終ったところの拳は順に引っ込めて行くようになる。そして指示されたことによって、昔話や歌を出し合ったりしたそうである。宮原の「いっけんじょ」は、さきに示した和知町の場合に近い性質を帯びているといえようか。素朴な動作と共に進む「いっけんじょ」の遊びは、わらべ唄としても九州に汎い分布をみせている。詞章も多様化し、またその解釈や由来についても多岐に亙って行なわれている。[4] ここでは宮原町での例を挙げて、処によっては昔話の伝承に直接関与してきた歴史のある事実を指摘するに留めておきたい。

語りと囲炉裏の火との関係は、いまとなっては限られた資料を得るに過ぎない。しかるに、それから窺うにしても、かつての日には一段と強固に、熱心に機能し合う立場にあったのであろう。ここに示した事例も、大勢としては、昔話の伝承密度の濃い地方に傾いている。しかし、時代を溯ればそれにつれて一層汎い地域に認められたかと察せられる。柏常秋によると、囲炉裏の存在は徳之島を南限とし、沖永良部島以南にはみえないとされる。ただし「地爐と称せられるものはあったと見え、最近までアーシジュ（明し地爐）という、大鍋に似た照明用の土器が残っていたし、また与論島の住家にも、

ジューヌメー（地爐の前）と称する小部屋が」[5]あった、と報告されている。囲炉裏の語は、一応、徳之島をもって限りとしてもそれを補うに地炉の語は存在した。さすれば、火に働く語りの作法や秩序は、さらに南の島からも求められる可能性がないとは言い切れまい。

三

語りに直接係わらない場合でも、囲炉裏の火に対する関心には、常に尋常ならざるものがあった。語りはいくつかの制約を付帯し、それに鎧われてハレの日の面目を保持してきた。もしも、そのように見取るならば、一方、囲炉裏の火はすでにして、その存続自体に確固としたひとつの主張があった。火に向けるそうした心持ちも暖かい土地では、よほど弛緩していたかに思われようが、決してそうではない。高知県宿毛市橋上町橋上の有田薫翁（明治二十〈一八八七〉年十一月十七日生）は、次のようにいう。「橋上では、太いくんぜをねこざ（下座）からくべた。朝になると、くんぜの火ぃを灰から出ぃて、つけ木につけてまた焚いた。ほして、家(うち)らの火ぃは三年続いたとか五年続いた。あこはいかん。とかいうた。その間に人が死ぬとゆるりの火ぃを一度消し、また新しくつけんといかん」。結局、火を消さないのが、人の息災であること、つまり家の栄える事実に直結しているわけである。囲炉裏の火の存在が家の象徴、明証になってくるのである。ところが、その火種の責務はだいたいに嫁にあったのが普通である。不本意にも炉の火を絶やしてしまった嫁が、思案に暮れた挙句、身元の知れぬ死体を預かって、交換に火種を貰う。昔話「大歳の火」は、元朝を迎えるに際しての嫁の試煉が著しく緊張を高めるが、それは何も話の世界で済むものではなかった。実際、火種を失うのは嫁の手落ちであり、ひいてはそこの家自体の不名誉にほかならなかった。そこで火種を貰い歩くなどというのは、家内の不始末を世間に公表するようなものだったのである。長野県上伊那郡では「あの嫁殿は火種を消したちふ。イキナリ（不始末）な嫁殿だなどと、ぢきに噂をされ悪口を言はれた」[6]と報ぜられている。こうした風は必要な心構えとして、簡便に火を得られるようになった後までも、なお続いていたのである。

　火種に向けてはこれ程までもの責務を課せられていながら、その実、嫁には火そのものの宰領権、制禦権といったものはほとんど認められていなかった。少なくとも、事実に即して述べるならば、これは囲炉裏端にここと定められた嫁の座のなかったことからもいえる。実際に炉辺にはカカ座はあっても、嫁の座はなかった。主婦の座を意味する呼称はあっても、嫁の座のそれはない。囲炉裏はいままさに消滅しようとする存在にあるが、嫁の名は遂に炉辺とは無縁であった。そういっても過言ではない。したがって、嫁は常に囲炉裏の火に深く心を寄せながらも、それでいて、具体的に火を司る場所は与えられていなかった。参与するにはいまだ慎しむべき立場の者として、下座の木尻に立振舞うべき存在だったのである。打ち明けるまでもなく、こと囲炉裏に関しては、嫁は終始きわめて辛い位置にあったと認めてよい。

その嫁女が、囲炉裏端に然るべき座を与えられる。実質、火を司る権利と、併せて炉辺に集う人々を切回す責を有するのはいつの日か。これについては、比較的明確な事象が存する。すなわち、主婦権の譲渡、主婦の交代がこれである。いまは改まった作法の伝承こそすっかり稀薄になってしまった。しかし、この主婦権の譲渡が女の一生を左右する重要な関心事であったのは、それを意味する語彙のすこぶる豊富に残存する事実からも、充分に窺える。具体的に採訪資料の一端を提示してみる。

長崎県は五島列島、南松浦郡上五島町奈摩では、これを称して、いぎゃあを渡すという。いぎゃあは杓文字の謂いである。田坂ヒデさん（明治四十三〈一九一〇〉年十二月九日生）によると、いつまでも固持していると、「まだいぎゃあの欲しか」と、近所の口がうるさいそうである。下五島の三井楽町里では、たなもと譲りという。たなもとは囲炉裏端の主婦の座の呼称。富江町でも同じい。富江にはだらしない主婦を指すのに「たなもと失ない」の語がある。譲られた主婦の座に安住、安堵して、心を緩めると再び返上したり、次の譲り渡しを早急に迫られたりしたのであろう。手厳しい言葉である。

熊本県八代郡では、えんてすとおつなの二つの語が用いられる。一概には言い切れぬが山間部は、えんてすである。球磨川に沿う坂本村段では「えんてすさあ、もう譲らしたげな」などという。ひときわ奥まった鮎帰ではいえんしたと称する。「いえんしたば、もう譲った」という具合である。これに対して高田を中心にした平坦部ではなべておつなという処が多い。寺前瀬の中庭チヲさん（明治二十七〈一八九四〉年五月十日生）は「おつな渡し」といっている。「おつなあ、もう譲らしたげな」である。明白な根拠には欠けるが、私の印象ではえんてすは財産権、おつなが主婦権のような気がする。間違っているかも知れない。主婦権の譲渡は、それが単独に行なわれる場合と、即して息子への家督相続が併行して行なわれる場合とがあったことと察せられる。

高知県宿毛市橋上町出井では、「わがよを譲る」という。この言葉は息子夫婦にすべてを委ねるの意を包括していよう。橋上町橋上でもさきの有田薫翁によると、だいたいが「六十を越すとよを譲る」そうである。六十の坂を越すとそれまでは健やかであった主婦も、一様に不調を訴えたり、病んだりしてくる。勢い家事一般を嫁に任せる機会が重なってくる。そのために、いつの間か主婦権の移行して行くのを「流れ渡し」という。たとえば、広島県神石郡豊松村は流れ渡しである。しかるに比婆郡や庄原市周辺には依然、古い姿が継続されていて「杓子を渡す」という処が多い。いうまでもなく、杓子は炉辺における主婦の宰領権の象徴として最も重要、かつ実利の随伴するものであった。そのこともあって、この「杓子渡し」の語は早くから注目を集めていた。

福井県勝山市鹿谷町本郷は、山口森満氏（明治三十九〈一九〇六〉年一月十六日生）によると「杓子渡しするぞ」と、確かに告げる風がいまもある。同時に、この時には息子にも財産を譲るが、これには別に「世帯渡し」の語がある。同市野向町竹林でも同じように「杓子渡し」と称する。石川県珠洲市若山町二子の前栄太郎氏（明治三十〈一八九七〉年三月十九日生）の話では、ここでは男には「ごてを渡す」といい、女には「へらを渡す」という。若山町白滝の岡田ナミさん（明治四十五〈一九一二〉年二月二十日生）は、姑に「杓文字を渡す」といわれ、そのときにご主人の方は父親から「おら、ごておくさかい、わちゃせいやあ」といわれたそうである。奥能登の珠洲に限らず、いったいに能登には主婦権についての古い様態が偲ばれるようである。『西郊民俗』第五十二号に天野武氏が寄せられた資料には、注目すべきものがある。鹿島郡中島町町屋では「オカカがツケモンイシ（漬物石）を持ち上げられぬようになると、赤飯を炊き『これで出来んさかいにうまくやってくれ』といって嫁に世帯渡しをしたもの」といい、また中島町上畠では「シャモジワタシの作法をふんだ時代の下限は不詳であるが、トキシキ（ハレの日）でもないのに何で赤飯炊くやらと思っていたら、その日にシャモジワタスぞと言って世帯渡しをしたものと伝承しており、同西谷内でも、かつて秋あがりが豊作のとき赤飯を炊き家族全員で食べた折りにハンガイワタシをした」というのである。

天野氏の報告に認められるように、主婦権の譲渡に関しては、以前はなべて確固とした作法が存したことと思われる。主婦の交代というのは、ひとつ家の中でのごく慎ましやかな出来事には違いないが、一方には世間との係わりも生じてくる。村落共同体の桎梏のより強固であった状況の下では、なおさらにその及ぼす影響と意義は大きかった筈である。それと共に、この事象は当事者同志、女の生涯にあっては、きわめて劇的な出来事であったものと見做される。それというのも、囲炉裏端には嫁の名に価する座がなかった。同様に一部での例外を除いては、主婦の座を譲った者にもそれを迎えるに恰好の座もしくは場は用意されていなかった。そこで、五島列島のように著しく隠居制度の発達した地域では「つぼんね（隠居）に入っても、いぎゃあは渡さんね」といったように続いて堅持しようとする例も、まま存するのである。かくする程に、主婦の座は執着の残るものであったが、逆にいえば、正直それは執心に価するに違いないものであった。これは、たれの目にもひとしく確認し得る顕在化したカカ座での力倆であった。しかるに、それにも拘らず、囲炉裏端のすべては必ずしも、具象化した行為によってのみ完結するのではなかった。何故にといえば、実のところ、囲炉裏端における伝統的な力の交双、交錯は、しばしば表立った形には示されない、いわば内在的に牽引し合う有機的な関係によって落着していたからである。そして、それを最も端的に指摘し得るのは、ほかならぬ、主婦権の譲渡とそれに起因する昔話の伝承にあったのである。

四

そこでひとたび、囲炉裏のカカ座に注意を向け、ここに関与する昔話の動態を探ってみる。さすれば、このとき、炉辺における火の管理者の交替、すなわち、主婦権の譲渡という生活事象は否応なくその座に関係する昔話の伝承と深い繋りを提示してくる。この現象は容易に察知されて然るべきである。率直に表現すれば、主婦の交代とは、畢竟カカ座における伝承の変容に通じる。さらにいえば伝承基盤の直接的な変貌である。もちろん、その交代を契機にすべてが一変するというのではない。しかし、世を継ぎ歳月を経ての語りを客観的に観察するならば、カカ座での伝承は間違いなく主婦の交代に伴って、その位相を変遷させて行く。そうした宿命にあるのだといえよう。これをなおも伝承の内部徴証に求めれば、それは新たに座を譲られた者によって、本来が出自を異にする語りが、従前の場に積極的に働きかけてくる。そういった事態を改めて指摘しなければなるまい。表現はいささか穏当を欠くが、必然、そこに喚起され惹起(じゃっき)されるのは、伝承の経路を異にしたところから生じる形態上の波紋であり、破綻でもある。はからずも、新しく主婦の座を得た者の占有する語りは、大体に既存の例とは出生と伝承の過程とを別にする。それは、あたかも、たまたまひとつ家の囲炉裏を囲繞する姑と嫁とが、もとはといえば、それぞれに別箇の経歴と実家とを有している。その人間関係に相似た姿にあるといってよかろう。実家を異にした昔話が、たまさかの機縁を経て後、囲炉裏端を舞台に宿命的な交代劇を演じる。その意味で、カカ座と昔話との宿縁は、まさに女の生涯を象徴し、またそれに密着し続けていると認識しても誤りではない。おおよそ、好むと好まざるとに拘らず、カカ座に起因する昔話伝承の趨勢と要諦とは、そうした傾向にあるものである。生まれた家にあって、祖父母の篤い恩愛のもとに昔話は扶育され、享受される。娘との交渉はまずこの揺籃期に始まり、そして実家での語りは嫁入りと共に膝下を離れて行く。しかるに婚家に待ち受けているのは、重い責務の課せられた嫁としての立場であった。したがってこの時期の昔話は一応潜伏期にあると称してもさしつかえあるまい。実際主婦の座にはほど遠く、それでいて里から携えてきた語りは、披露するにもそれに相応しい場は許容されていなかった。加えて、肌合いを異にする語りの調子はともかくも、場合によっては、まったく予想もしなかった話種、話柄に逢着し、驚きを新たにするのも、実にこの時期にあったかと思われる。いうなれば、恭順さを求められ、沈黙を強いられながらも、一方では新規に話種を受容、咀嚼する。そして一段と補充、補足を重ねて、時機の到来に備えている頃である。こののち、主婦権の譲渡を経て、やがて、かつての日に享受した彼女本来の語り、いわば、実家での伝承体は甦る季節を迎える。長い忍従の後での復活である。周到な用意がなされていなければむしろ不自然であろう。ここにおいて、語りはようやく悠長、闊達に、改めてその生命力を更新させる機会に恵まれるのである。

　このように、ひとくちに昔話の伝承と称しても、カカ座での場合には一様に相応の紆余曲折が存在した。それが実情であり、実態である。主婦の座に権利を得、いやしくも一家の囲炉裏端に牢固とした位置を獲得する。その上で火を管理しつつ、なおまた自己の語りをも開陳する。それがためには、まず相当の試煉を経、しかもなおかつ、従前のものを駆逐する程の力倆を備えていなければならなかった。一方に、挫折する者、耐え切れぬ老の生じた場合には、昔話自体も命運を共にするのを余儀無しとした。それが、カカ座に係わる語りの偽らざる姿である。いうなれば、昔話の伝承とは決して簡単にして質朴な意味での踏襲や継続なのではない。それはいかにも画然としている。含まれるところのものは、実質的な相剋、葛藤、融合を経た上での取捨選択、つまりは、最終的な適者生存といった熾烈な自己主張にほかならなかった。そしてこれは、終極、カカ座での語りが炉辺の他の場処を圧して多彩であり、きわめて巧みであることと本質的に無縁ではないものと思われる。察するに、優れた語り手のカカ座に輩出する事由のひとつには、案外、語り自体に要因が内在していた。それは、カカ座での語りは常に交代を前提とするものであり、したがって脆弱なものは始終消滅する危惧を併せ内包していたという適者生存の帰着である。それがために、語りは自ずと起伏豊かに、聴き手を満足せしめ、また何よりもそれ自体が多産であるのを条件にした。換言すれば、カカ座の語りがこうした性情を帯びるのは、自己保存のための一種の本能的な語りの智慧であったと認識理解する必要があろう。そして、裡々にはそうした機能を発揚してきたのが、カカ座における伝承の特性であった。そのように考察し得るのである。

五

話種、話柄が豊富で、囲炉裏端を魅了する語りは、いったいにカカ座での例に多かった。そこでの語りはなべて情感豊かに、丁寧で、好意に満ちていた。よく聴き手の意を迎え、女性特有の繊細な配慮が随処にみられた。主婦の座の昔話が殷賑をきわめたのには、やはりそれなりの理由があってのことである。しかるにカカ座の語りは主婦の交代と共にその位相を変容せずにはいられない。それをまことひとつの厳しい宿縁とみるならば、そこでの語りは、それなりに自制力を備えていた。語りの節度を弁えていたというべきかも知れない。これを示唆するところのものは、すこぶる簡明である。すなわち、カカ座はその家に即した語りには、原則として機能しない。私はこの一事に尽きると惟っている。

対して、家の語りに積極的に関与するのは、ほかならぬ主人の座、一般に囲炉裏端にいう横座である。カカ座が本来的に譲渡・交代の座であるのとは対蹠的に、横座は常に節を枉げぬ継承の座であった。横座が継承の座であったというのは、とりもなおさず、そこが家の継承者つまりは家督相続者のための座であったということである。いま、家の継承・相続といっても、相続そのものの内容については、土地によって慣行に著しい差異がみられる。さきに挙げたところの「えんてすを譲る」や「わがよを譲る」また「ごてを渡す」の語彙「えんてす」「よ」「ごて」にしても、熊本県八代郡のそれと、高知県宿毛市の場合、さらに石川県珠洲市の例を比較するならば、おそらくは、意味する内容にまったく重ならない面の生じてくることは、まず容易に予想し得る。宮本常一は、こうした民俗社会に踏襲されてきた「相続」の内容について「先ず先祖の祭祀を相承すること、次にその家及び財産を相承すること、第三に家族及び分家の総領権をうけつぐ事(7)」の三点を指示している。たしかに、この三つの要素は慣行上の「相続」にあっては、不可欠の要因になる場合がほとんどであった。したがって、土地と処によっていささかの差異は存しても、いずれ家督の相続権は横座に収斂して行くのを常態とする。かくして、家督の相続権を保有し、かつその象徴たる横座に寄せる関心は、共通してそこに神性を認め、威儀についてもひとしく拘泥をみせるのであった。たとえば、上五島の奈摩では「横座に坐わると尻がほげる」といって誡める。ほげるは、尻の穴が大きくなるの意である。強いて譲られたり、止むを得ずして他家の横座に着かなければならない。そうしたときには、それなりに「米を買う」とか「一升買わなければ」などと弁明、弁解しなければならなかった。

横座の権威をいうのに、最も汎くみられるのは「猫・馬鹿・坊主」の諺である。これは見境もなく主人の座に坐わるのも、猫と馬鹿とでは致し方ないとする暗喩である。坊主は敬せられて、どこででも座を譲られる存在であったとみえる。瀬川清子の記したものに、何人も子供を失った後に生まれた男の子が可愛くてたまらない。そこで「寺の和尚さんにしたい、和尚さんになれば人の家さいってもシンザコ（いろりの下席）さねまらねえでも（坐らなくても）ええがら(8)」と、いって、子供を寺にやった事例がみえる。これは、実際に横座に関する諺が効力を発している処でなければ、到底理解の叶わぬ話である。横座はこれ程までに尊重された場であったが、それにはそれなりの習わしと解釈もあったとみえ、必ずしも主人が占めるのではなく、権威者の象徴とする処もあった。『越前石徹白民俗誌』の報告がそれである。「ヨコザには普通老人夫婦がすわる。世帯をヨメにゆづった老女は上席になるのである。スエザは夫婦、マタザには長男二男たちがすわる」とあるのは、注目に価しよう。広島県神石郡下では、客人にサキ座（主人の座）を譲り、自分はカミ座（主婦の座）もしくは、シモ座（汎くにいう客座）に直るのを習いとするが、客人を饗するに主人の座に招じるのは、横座そのものの権威を高めても、損う結果には決してならないと解せられよう。家の中だけで威張っている主人をいうのに「横座弁慶」の語がある。これは横座に坐わる者に共通する性情を看破しているようで鋭い。苦労の多いカカ座からの者にすれば、隣り合わせる座の主人にはさぞかし、「横座弁慶」が多かったのであろう。

たとえ、カカ座からの批判はあったにしても、家にあっての横座はやはり終始絶対的な位置にあった。当然、そこに係わる語りの位相は如実にその様態を反映するが、こと、語りの性質に関する限り、横座でのそれはカカ座での場合に比較して、余程単純明快であったと見做してよい。それはおそらく男性によって語り継がれてきた所縁にもよるのであろうが、横座の語りは、まず何よりも先代からの忠実な継承を第一義とした。もしも、カカ座での語りが、語り自体にひとつの意義と効力を認めるならば、少なくとも横座のそれは何について語るべきかに終極の目的を置いていた。また、それが今にいかに関渉してくるかに、一層の意義を見出すのが常であった。

たとえば、さきに私は、古老の占める位置こそが、家の長、及んでは一族の長、村の長として自他共に容認するところのものであると述べた。それはとりもなおさず、横座とそこに関する語りの謂いにほかならない。もちろんそうしたものは、機会を得てというよりは、やはり特定の日に語りの意義と機縁を求めて、繰り返し語り継いできたのであろうが、そのような例は由緒を誇る家と一族にあっては、しばしば見られることであった。たまたま実地に得たひとつの例は、高知県宿毛市下に散住する岡井一族にあった。すなわち、同地にあって岡井姓を名乗る一族は、俗に「おかいさん」と称する講を組織している。一族の先祖を祀る信仰講である。「おかいさん」は、春秋二回、宿毛市橋上町の本家を中心に「先祖まつり」をする。本家の裏手には岡井の先祖を祀る堂があり、講の当日一族の人々は「岡井講社家内安全守護」の護符を受け、さらにたゆうさんを招いて来て神事を執り行なう。橋上町の本家には「元祖岡井金左衛門元藤原家ノ子孫ニシテ天正時代京都ヨリ一条公ノ共附トシテ幡多郡へ進□シ幡多郡十七大区第三小区タル橋上郷野地村ニ轉任橋上郷九ヶ村ノ小里ヲ勤務ス以来子孫十一代目専蔵迄橋上郷九ヶ村ノ惣大老ヲ職続ス」と、一族の面目を施す書付が保持されている。岡井家は、中村開府五百年と共にその繁栄五百年を祝した。誇るに足る一族である。したがって春秋二回の「おかいさん」に一族の由縁を語り継いできたのは、当然の姿であり、それはまた橋上の本家の横座の使命なのであった。

横座での語りは、かくのごとくにしばしば語るべきことやものを中心に、それを明晰に説くことによって、一段と信憑性を高め伝承的真実を高めようとする傾きを示すのであった。ときには牽強附会、わが仏尊しとしても結着としては、故由、来歴を重視し、これ迄に到る過程を合理化した。そして、現在の横座に帰納させる。最終的にはそこに定着させようと試みるわけである。そのような場合には、そもそもの出処が明らかに昔話であろうとも、積極的に家の歴史や由縁の中に繰入れ、同化吸収しようとする姿勢を示した。語りに繋がる家の由縁というところに、ただならぬ出自を強調し、神性を付加してきたからである。それらはいずれも横座の語りが、その家自体の趨勢と密接に関係してきたことによって、はじめて成し得る特性であった。それ故に、横座での語りは、いったんそれが疲弊し凋落（ちょうらく）するような事態を招くならば、結果はひとり、語りの世界に落着し終えるのではなく、必定、家の名誉と運命にまでも関渉してくる。横座の語りと、家の消長とは常にして一蓮托生の運命共同体であったと認めるべきである。その意味では、横座に坐わる者にとって、そこでの語りの要諦はまさしく継承の名に価するものであった。恭順、真摯に享受し至極鄭重に相承して行く責務を負っていた。信じて語りを継承すべき義務と責任とが付帯しているのであり、併せて語りの管理・伝承権といったものを強固に保持しているのであった。昔話の伝承も横座にかかわる場合には、伝承というよりはむしろ継承といった方がより適切な表現であろうかと思われる。

横座での語りは、著しい特徴として原則的に本来が家に即した語りに機能する。これは、結局そこでの語りは本然の性格からしてそれ以外の座からの干渉を拒否し、基本的には語りの管理責任を明らかにするところのものであった。そのように理解すべきであろう。しかして、いま家督相続者としての横座の語りに、如上の性格と特性を見出すに至ったとき、宮本常一が三つに要約した慣行の「相続」の要素に加えて、他になお家にまつわる語りの管理、伝承、具体的には語りの管理・伝承権といったものを添えて然るべきであろう。私はそう考察するのである。

六

ひとつ家の囲炉裏端に位して、横座とカカ座とは相接し、そして、ひとしく相承する火の管理権、宰領権を具備していた。一方で、それらは共に家の命運を左右する相続権ならびに主婦権を所持する。そうした者の座であった。かくして、この事象は自ずからに、語りの権利を有する者のみが、囲炉裏の火の管理、制禦権をも所有し、それを司る座に直接繋がるという事由をも明らかにしてくる。それは囲炉裏を巡る深遠な民俗の論理であった。そしてそれは、管理・伝承権に相関してきたものをば、はじめて語りと位置づけ得るとする査定をも、ほぼ確実にしてくる筈である。

一言添えるに、囲炉裏端におけるそれ以外の座、つまり、客座、木尻に係わるものは、畢竟管理・伝承権を拒否してそれに拘束されない。いわば、管理・伝承の埒外にあって、自由、放縦に働く。その故をもって、明らかに語りとは認め難い性格にあった。いうなれば、融通無碍に立廻わることを許容されていたわけで、それはまさに炉辺に跳梁し、また自在に出入する〝話〟と称すべきものであった。いずれにしても、管理・伝承権のもとに囲炉裏端に統率されてきた語りは、すこぶる堅牢な家と家族構成の枠組みの中で、整然とした秩序と序列、制約と禁制とに扼（やく）されて遇されてきたという想定を一層明白にしなければならなかった。そして、家家の囲炉裏端にあって、時久しく語りとしての処遇を受けてきた昔話は、そうした形態のもとに語り継がれてきたと基本的に認めてよいと思われるのである。

註

（1）『笛吹き聟―最上の昔話―』解説。

（2）マサエ、昭和五十七（一九八二）年六月一日歿。
アサヨ、昭和五十三（一九七八）年一月六日歿。

（3）『京都府船井郡和知町昔話調査報告書』解説。

（4）坂根厳夫他編『佐賀のわらべうた』及び、田中仁吾「佐賀のわらべうた」（『佐賀の民俗』第七号）。

（5）『沖永良部島民俗誌　続』。

（6）野沢虎雄「火に関する習俗と伝承」（『民俗』第二巻一号）。

（7）『家族及び親族』（『海村生活の研究』）。

（8）「明治時代の農婦」（『村の女たち』）。

（『野村純一著作集　第一巻　昔話伝承の研究〈上〉』）

［単行本初出：『昔話伝承の研究』同朋舎出版、一九八四年刊］

最初に語る昔話

話の三番叟

昭和十一（一九三六）年十月号の雑誌『昔話研究』（第二巻第六号）には、それまでに類例のない昔話が載った。報告者は熊本県飽託郡城山村の野口正義。「採集資料・飽託郡昔話」の冒頭に「話の三番叟」と題して紹介された次の一話がそうである。

そけな、爺さんと婆さんと居らしたてつたい。爺さんな山へ柴伐りに行かした。婆さんは河に洗濯に行かした。（そるから）河の殿（河童）の出て来て「婆ひかせ（尻をひかせよ）」て言うた。婆さんの「わりや河ん中や入つとつてひかせ（火借せ）のなんので、河ん中や火ば入るんならきやーち消えちしまうたい、馬鹿んこつばかる言う」。婆さんの腹きやーち戻つて爺さんに「爺さん、爺さん、河や行たら河んとんの『ひかせ』ていはいた。そつで、わたしがしつかるおごつて来た」。そしたら爺さんの「そら、そぎやん（それはそのやうに）河んとんの言はしたなら、火持つて行かずなるみや」と言うち、炬火に火ばつけてそれをかたげて爺さんが河上の方に、婆さんは河下の方に「かはんとん火貸そ、かはんとん火かそ」。そりから河んとんの烏帽子を被つて河ん中から出て来て「ほんか、ほんか」「かはんとんひかそ、かはんとんひかそ」「ほんか、ほんか」。

河童が尻を引かせと要求してきたのを、婆の方では「火貸せ」と解いて、炬火に火をつけて川まで持って行ったというのである。終始、諧謔味の溢れた言動が快く響く。しかも、川の精霊に神聖な火を届けるということ、さらに烏帽子を被った河童が出てくるところにハレの日の名残りすら充分に感得できる。尋常の昔話ではない語り口を窺わせる佳篇とみてさしつかえなかろう。

しかし、この好個の一篇には新資料ということだけでは容易に片付かない問題が附随していた。それはまず、今までにまったく例のない話であった。加えて、報告者の野口はこの昔話の前にきわめて注目すべき註を施していたのである。すなわち「本誌（『昔話研究』）第一巻第九号に報告したものの続きであって、話者も同じ私の母（野口かめ）である。採録の時は本年の春と夏の休暇中である。最初の「話の三番叟」と云ふのは、聞き手を前にしてこれから話を始めるといふしるしにやるもので、謂はば昔話の雰囲気を作るためのものである」と。

今にして想えば、おそらくこの一文を記した報告者には、話を紹介すること自体に、すでに多少の逡巡と危惧とが含蓄されていたかと思われる。何故ならば、たとえそこにはこの話が昔話の雰囲気を作るためのものという丁寧な説明があったにしても、従来、そうした特殊な昔話があるとはまったく考えられていなかったからである。事実、実際に昔話を始めるのに先立って準備され、しかも特別な機能を果たすという昔話の存在は知られていなかった。予想もされていなかったというべきかも知れない。

もっとも、昔話を始めるのに際して、語り手が聴き手たちに厳粛な態度を求める例はすでに報告があった。前年、昭和十（一九三五）年十二月号の『昔話研究』（第一巻第八号）の「昔話懐古」に野村伝四が紹介したのがそれである。その一文によると鹿児島県、南大隅の高山町では四十年位前までは「トントあるハナシ。あったか、無かったかは知らねども、昔の事なれば無かった事もあったにして聞かねばならぬ」と、念を押して聴き手の「諾（ウン）」という返事をもらってから語り始めたというのである。さらに数年の後、早川孝太郎が『古代村落の研究』の中で、黒島では「さるむかし、ありしかなかりしか知らねども、あつたとして聞かねばならぬぞよ」と、前置きをして物語りを始めるのだと、これも同じような例を紹介している。昔話を始めるのに先立って、語り手が聴き手たちに向かって、真面目なというよりはむしろ敬虔な態度を求める例は、大隅や黒島ほどではないにしても現在でもまだ各地にその風が残存している。たとえば島根県下の隠岐島。都万村の乃木あささん（明治十七〈一八八四〉年六月生）は最初にポンと手を拍って姿勢を正してから語り始めた。これは小前のお爺さんから受け継いだものだという。同じ島の中の周吉郡中村の菊地きくさんは「とんと昔ですぞ」と言葉強く念を押して始める。これは「むかしこあったど、と断わって、ひとわたり聴き手の様子を見渡してから語ったものだ」という青森県下北郡脇野沢村川内町蠣ケ崎の伝承と共通するものである。また山形県最上郡金山町中田の片桐シギノさん（明治三十四〈一九〇一〉年三月五日生）のように、何回聴きに行ってもそのたびごとに「ずほ（嘘）むかしは語らんね。おら、ほんとのむかし語るから聴かっさい」と、こちらの態度をたしかめてから語り始めるような人がいるのである。事実、自分の語る昔話は「ほんとのむかし」だから、ぜひ真面目に聴いて欲しいと念を押された、新潟県北蒲原郡黒川村下江端の渡辺ソメさん（明治十二〈一八七九〉年十二月十五日生）のような人もあった。これらはいずれもむかしを語る場の設定と条件とを、語り手が聴き手に対して積極的に求めたもので、古くにはそれが常態であったに違いない。昔話は、本来、厳粛な場の保全を確認し得た上ではじめて語ることが許されていたのである。

しかし、それにしてもなお、野口正義の報告した昔話はこれらとは根本的に性質を異にする。何よりもそれは独立した完全な型をもつ昔話という一事をもって、資料としてはまったく別個の存在を主張するのであった。その上、特異な有機的性格を付帯して、他のすべての昔話に先行して語られるというのである。したがって、発表当時はきわめて重要な事例として注目を集めたかと思われるが、余りに唐突な報告であったがために決定的意義をもつには至らなかったようである。

もっとも何故にこの報告が確然とした位置を占めるに至らなかったのか。それには当然いくつかの理由が考えられる。この場合、当時の採訪報告の常として止むを得ぬかも知れぬが、明示されたのは、単に採集地と伝承者名のみであった。その伝承者が報告者の母であったのもここでは、資料としての客観性をあるいは割引いていたかも知れない。そしてまた、報告時はさておき、その後にもこの伝承者には創造的性格が強かったかどうか、といった類いの抜本的問題を始めとして、伝承経路、伝承状況、さらには伝承環境といった具体的な報告の裏付けが加えられなかった。傍証の用意が配慮されなかったのである。

昔話に限らず、客観的条件を満足させない孤立した資料の評価はむずかしい。それでなくとも、現実の昔話伝承の場にあって、語り手と聴き手とが、周囲からは隔絶された状況の下にいくつもの話を継承して行くとはとうてい考え難い。しかも、前例のないこうした特殊な昔話が、特定の聴き手を撰択して伝承されて行くという理由はまったく想定できないのである。いうまでもなく、類型を共にする昔話は、元来、同一伝承圏内もしくは伝承基盤を共有する周辺の伝承者によって記憶され、伝承されて行くのが常道である。それがこの場合に限っては不幸にも調査が行き届かなかったのである。そして、他の地域からの類似報告も相変らず皆無なのであった。そのために、野口の紹介したこの特異な昔話の消長は、結局、特異な故に貴重な資料となり得る資格を備えつつも、一方で孤独でしかも不安な事例としての域を脱することができなかったのである。

これは、野口正義の報告後、十二年経った昭和二十三（一九四八）年刊行の『日本昔話名彙』における扱われ方をみても同じことがいえる。『日本昔話名彙』は「昔話の魅力」の一項を設けて「果無し話」「うそ昔」「昔や剝げた」「話の三番叟」「昼むかし」の五つに分類した。それぞれに多彩な例を挙げているのだが、就中、「話の三番叟」だけは例外中の例外で、先に掲げた野口の報告例が一話そのまま示されているに過ぎない。しかもそこでは「これから話を始めるといふ印にするものので、昔話の雰囲気を作るためといふ。まだ他に例をきかぬ」（傍点野村）と、慎重な態度のもとに提示され、それでも決して看過することのできない事例であるという教唆がなされているのであった。これによっても『日本昔話名彙』編纂時までの処遇は判然としていよう。

次に、更に十年の後、昭和三十三（一九五八）年に完結をみた『日本昔話集成』ではどうであったか。ここでは『名彙』の「昔話の魅力」にほぼ該当する型式のものをば「形式譚」として分類した。「形式譚」とは「昔話の語りを興味の中心としたものと、昔話の初句ならびに結末の句とを一括」した謂いであると説明されている。そして『名彙』における「果無し話」や「昔は剝げた」などは、分類基準を異にする観点から、たとえ名称の相違はあったにしてもそのまま「形式譚」の中に包括されている。しかしひとり「話の三番叟」のみはその対象に入らなかったのである。代わって「昔話の序章」という項目の設けられたのが注意を惹く。そこでは前掲の野村伝四と早川孝太郎の報告例が共に「昔話の序章」としての位置を与えられていた。

ここにおいて野口の発表した珍しい昔話は、始終、孤立した資料のままに比較、対照するのにふさわしい何らの追加報告をも得られず、したがって適切な評価を与えられないままに、その拠るべき場所を喪失してしまったのである。いわば報告後二十二年の歳月に耐えられなかったともいえよう。「話の三番叟」とははたして、幻の昔話なのであったろうか。

河童火やろう

昭和三十五（一九六〇）年九月、山村民俗の会刊行の『あしなか』第七十輯は「桧枝岐昔話集」を特集した。編者は桧枝岐の山中で三年間の教壇生活を送っていた石川純一郎氏である。三十七篇の話を収めたこの昔話集は、題して「河童火やろう」。その冒頭を飾ったのが次の一篇であった。[1]

ざっと、むかし、あったと。
お爺さんが河原さ小屋かけて住んでいらったと。
「爺、爺、火くれろな」外で声がしたと。
「このはしゃいだ日に、火などくれられるもんでねぇ」
めてててやった（いった）と
「おお、そうだいいや」
むぜい（かわいい）声がしたと。みると、ちいせい（小さい）
むぜい子がいるかぁ
「河童火やろう」
そうやったと。そしたぁ
「いや、いや、いや………」
とやって、河ん中さはいって行ったと。いちがさけえ申した。

語り手は、福島県南会津郡桧枝岐村居平の平野三重子さん（大正八〈一九一九〉年十一月六日生）。村でのすぐれた語り手の一人ときく。

一瞥して明らかのように、この昔話の本貫は河童が火を求めにくるところにある。そこで早速思い出されるのが、ほかならぬ、かの「話の三番叟」である。報告者の石川氏によると、桧枝岐ではこの昔話を単に「河童火やろう」の話と呼び、〝むかし語り〟を始めるに際して必ず語る話とする特別の伝承は別にないそうである。採訪の折、いくつかの昔話と共に語ってもらったという。しかし、私はこの昔話はかの「話の三番叟」と同一種類のものであったと推定したい。かりに一歩を譲ったとしても、もともとこの二つの昔話は同一範疇のもの、もしくは比較、対照するのに足る類型とみることは許容されると思う。

それはまず、本来、川の精霊であるところの河童が、あえて人に火を求めに来るという特異な主題を持っている。この一点に決定的な重味を置きたい。二つの昔話は絶えて他に例をみない珍しい主題を共有しているのである。また「かはんとん火貸そ、かはんとん火かそ」と「河童火やろう」とは、方言使用によるニュアンスの差こそあれ、同一の呼びかけに間違いない。さらに「かはんとんひかそ　かはんとひかそ」「ほんかほんか」の部分と「河童火やろう」そうやったと。そしたぁ「いや、いや、いや……」とやって、河ん中さはいって行ったと。というところ。この結末は難解な収め方をしているのだが、ともかくも、共に曖昧な結果を辿りながらも、何故にかそのまま語り収める共通の場面をもっていること、などが挙げられるからである。

では逆に、最も対蹠的な語り口はどうであろうか。それは昔話の展開具合、すなわち話のすすめ方に認められる。「話の三番叟」では、河童がわざわざ烏帽子を被って現われた、とするところに、いかにも話の出自の確かさを強調するような語り口が残っている。古い、特別な日の姿を暗示するかにも思える。ところが反面、この昔話は、巧みな話術によって支えられている点も見逃してはならない。「引かそう」を「火貸そう」と受け取り、その上で河童に炬火を持って行ったとするのである。話の中でのそれは、言葉の取り違えによって生じたほほえましい失策である。しかし、ここには明らかに、言辞解釈の誤謬を媒介として話を展開させるという、一種の作意的な意図が投ぜられている。つまり昔話の中に話の技巧が凝らされているのであり、言葉の綾が弄（ろう）されているのである。かなり洗練された話術の介入を否定するわけにはいかないであろう。

これに対して「河童火やろう」の方は至極朴訥に語られている。語り始めに呼応する語り収めの句を具備しているのもよいが、何よりも全体が平明で率直な無理のない語り口をみせている。河童がのこのこと爺の住む小屋にまで出向いてきたとする設定も面白いが、対応した爺が「このはしゃいだ日に」と、叱っているのがなおよい。桧枝岐でいう「はしゃいだ日」とは、乾燥し切った日のことである。火に対しての心構えを怠ってはならない日なのである。そうしたときに、こともあろうに火を貰いにくるとは何事だ。心掛けの悪いのにもほどがある。爺が思わず叱りつけたのは、大切な火に対する安易な態度をいましめたからであろう。そうはしたもののあまりに「むぜい声」なので、ふと見遣ると来ているのは、なんと可愛い川の童子であった。そこで「河童火やろう」といった訳である。ここでは、爺に叱り飛ばされ、あわてて逃げ帰る幼い者の頑是無い姿が素晴しい。爺の小屋から水に向かって続く、砂の上の小さな足跡が思い浮かんでくる。幻想味の豊かな中にも、それでいて素朴な確固とした語り口を残している一篇である。

　こうしてみると「話の三番叟」と「河童火やろう」の語り口にはおのずからかなりの差異が生じている。昔話を語る場合の、というよりは、昔話を伝承・管理するものの態度、いわば語りの姿勢とでも称せるものにかなりの相違がみられるのである。「話の三番叟」には、笑いを期待したある種の余裕が感じられる。それに比べて「河童火やろう」は、いかにも直截で一途に語っている。これは熊本県飽託郡城山と、福島県会津郡の孤村といった距離的な隔越にのみよるのではあるまい。そこには昔話自体が耐えてきたところの、いわば環境と物理的な時間に抜き去り難い相違があったと思われる。昔話伝承過程における処遇の違いとでもいったらよいであろうか。ひとくちに昔話の伝承といっても、語り継ぎ、言い継がれてくる中で、語りの位相は常に変貌を続けているのであった。昔話はいつの場合にもそうしたものの影響を受け、それを同化しつつ語られてきている。そうした時の流れを考えた場合に、この二つの昔話における語り口の推移は、むしろごく自然にして止むを得ない結着として理解されなければなるまい。

　しかし、それにしても、私はここで改めて伝承のもつ強靭な生命力に刮目する。もしも、かつて「話の三番叟」が発表されていなかったならば「河童火やろう」は、まったく素姓の定かではない昔話、あるいは単に話の断片として孤立したことであろう。また一方、桧枝岐の一人の語り手が何かの都合でふとこの話を忘却してしまっていたならば、かの野口正義の報告は相変らず不幸なままであった筈である。ひとつ昔話の類型が二十三年の空白期間の後に、はじめて報告をみたという例は他に聞かない。それを思うと「話の三番叟」と、「河童火やろう」との邂逅は、まさに僥倖（ぎょうこう）以外の何者でもなかったといえよう。それと同時にすでに記憶の底に沈んでしまった同種の昔話が、まだ他にいくつも語られていたであろうことにも想いを馳せるのである。民俗伝承の基調として、ひとつ事象の存在確認は、とりもなおさず他の同一存在の推測を容易にする。そして必ずや類例を見出せるのだとは、常に先学の説かれるところであった。向後、この種の昔話の追報告は、どれ程の期待を抱けるものか、いささかの疑問は残るものの、悲観的材料ばかりが揃っているとは言い切れまいと思うのである。

さて、それはともかくも、ここに至って「話の三番叟」は「河童火やろう」を得たことによって、一応話の存在についての傍証は叶えられたと思う。ところが、それとは別に従来この昔話が「話の三番叟」を自称して伝承されてきた当面の意義、すなわち、報告者野口の説く「昔話の雰囲気を作る」特別な役割について「河童火やろう」は、何ひとつ有利な資料を添加してはいないのであった。したがって、ここでは再び最初に提出した疑問点に立ち帰らなければならない。

いったいに、昔話の歴史の中で、たとえば昔話を始めるのに際してある特定の話が他の話にさきがけて必ず語られる。こういった事象ははたしてあり得たであろうか。何をおいても、まず最初にはこの昔話を語るのだ。それを語らないことには、昔話を語る雰囲気とか昔話を語る場の設定がなされない。そういった類いの心意と習慣とがあって、しかも実際にそうした風は行われてきたのであろうか。これはきわめて興味のある問題である。

そこで私は、次に、最初に語られるという昔話の存在と、さらにその伝承場面における特異な機能とについての追究を試みたいと思う。

始めに語るむかし

新潟県栃尾市吹谷は、古志の山中に孤立した集落である。俗に〝吹谷百戸〟と言い習わしてきたが、現在は九十八戸。守門岳を見はるかし、その奥に嶮岨な八十里越を控える地勢とあって、そこでの冬は苛酷である。雪のある半年の間、すべては文字通り途絶えてしまう。村ではこれを〝籠る〟と称するが、一般にこの、籠っている期間が〝むかしを語る〟のに最も恰好の時である。籠りの時期は長く、しかも重い。当然〝むかし〟はひとつでも多く語られねばならないし、また長く丁寧でなければならない。なにしても相手は果てしもなく降り続く雪なのであり、無聊（ぶりょう）きわまりない暗い時間なのでもあった。吹谷には、つい最近まで、籠りの生活が余儀なくされていた。四十話クラス[2]の古老が何人もおり、伝承の度合もきわめて正確であることの裏には、こうした生活基盤があったからにほかならない。

そして、この集落にこそ、まさしく〝むかしを語る時、まず始めに語るむかし〟が、今なお確然として伝承されているのであった。吹谷では、この昔話を〝始めに語るむかし〟と呼び習わしている。語り手は、通称「松兵衛」こと、多田家。現、戸主多田尚二氏の実姉ちい女（明治四十四〈一九一一〉年三月十五日生）である。

あったってんがない。

爺さと婆さとあったってや。爺さが土間（にわ）掃いて、穂一本拾ったってや。婆さ、うち掃いて、小豆拾ったってや。爺さ、穂拾って、婆さ、小豆拾って「何にしよかいな」って、いったてや、「ぼたにしよか。かいにしよか」っていったてや。「ぼたにしよいし」って、いったってや。そいで「じゃ、ぼたにしよかない」っていって、座敷に拡げたんだと。そいで作り始めようとしたら、蜂が、ブーンて飛んできたんだし。

〽爺さまのほっぺ刺そうか　婆さまのほっぺ刺そうか
ブーン・ブーン

爺さまのほっぺ、チクーンと刺したんだって。

「痛たたた。こん畜生！」って餅をベターンて、ぶっつけたんだって。

またもう一匹。

〽爺さのほっぺ刺そうか　婆さのほっぺ刺そうか　ブーン・ブーン

婆さのほっぺ、チクーンと刺したんだって。

「痛たたた。こん畜生！」また、餅をペターンて、ぶっつけたんだって。

あんまりねばっこいんだんだが、蜂が死んでしまったって。

いっちご・さっけ。鍋ん下、ガイガイガイ。

吹谷では、こと、昔話に関する限り、ちい女の生家「松兵衛」、及びその最も近い姻戚にある、通称「次郎兵衛」こと、桜井家（現戸主桜井次三郎氏）の存在を見逃すわけにいかない。昔から吹谷は俗に〝百戸〟とはいってきたものの、実質的には、袖野の六十戸と本村の三十八戸とに分かれる。「松兵衛」「次郎兵衛」は共に本村に属し、しかも隣り合わせているのである。ひとたび本村に入って昔話を聴き歩いてみると、この二つの家はひときわ異彩を放ってくるのであった。本村のすぐれた語り手たちに訊ねてみると、昔話の伝承経路は決ってどちらかの家に辿り着いてしまうのである。もしも、仮りに「語りの家筋」とでもいえるものがあるとすれば、さしあたりこうした家をいうに違いない。今、村の古老たちの記憶によると、吹谷には〝むかし語り爺さ〟が八人いたという。かつて、〝勘蔵のむかし語り〟は周辺では誰知らぬ者のないほどに有名であった。その勘蔵に劣らぬ達者な語り手に、桜井平次がいた。「次郎兵衛」の出で、平次は昭和九（一九三四）年、八十三歳で歿した。隣りの栗山沢でも毎年の〝正月語り〟には、必ず平次に来てもらっていたそうである。

現在では、やはりその「次郎兵衛」の婆さま、桜井ヨシ媼がよく知られている。媼は明治十六（一八八三）年三月「松兵衛」の長女に生まれ「次郎兵衛」に嫁いで今日に至っている。ここに示した〝始めに語るむかし〟のちい女とは叔母・姪の関係になる。そこで、参考までに、「松兵衛」と「次郎兵衛」との、語りの系図を示すと一六六頁（『野村純一著作集　第一巻』）のごとくになる。これは、必然、〝始めに語るむかし〟の伝承経路を明示することになり、併せてこの昔話の出自を糺すことにも繋ってこよう。

こうしてみるとヨシ媼にしても、ちい女にしても、代こそ違え「松兵衛」の囲炉裏にむかしを語り、その家の火と昔話とを守り継いでいた一時期があったわけである。しかし、それはあくまでも過去の時点においてであった。媼もちい女も「松兵衛」を出て、よそに嫁して行った人である。両女の「語りの座」は、すでに「松兵衛」のものではない。残るのはただ「語りの系譜」だけである。

この、ヨシ媼とちい女に代わって、いま「松兵衛」の囲炉裏端を賑わしているのは、当主、尚二氏の妻女、フサ女（大正三〈一九一四〉年三月七日生）である。フサ女は隣りの栗山沢の「多郎七」こと、五十嵐家からの昔話を「松兵衛」に持ってきた。フサ女はやはり〝始めに語るむかし〟を、次のように語り継いでいるのである。

あったてんが。

あるどこに爺さと婆さがいたって。そうして、まあ、爺さが土間(にわ)掃いてこったは、餅米の穂一本拾ったって。婆さがうち掃いてこったは、小豆ひとつ拾ったって。そうして爺さと婆さが、「まあ、お前ぁ、餅米の穂拾ったし、おらぁ、小豆の莢拾ったんが、二人が出し合って、ぼた餅搗いて喰わねいかい」そういうたって。そして、まあ、その稲の穂剥いて、二人がぼた餅こしよいたって。そうして、いいこい、こつたいぼた餅が、たんだひとつだって。

そうして、二人が半分わけにして喰おうと思ったら、向こうの山から、でっこい蜂が、ブーン・ブーンと飛(た)ってきたって。

〽爺さんの尻っぺた刺そうか。婆さんの尻っぺた刺そうか

と、いって、こったい蜂が飛ってきたって。

そうして、こったい蜂が飛ってきて、爺さんの尻っぺたを、チクーンと刺したって。そうすると婆さが、そのこったいぼた餅をベターンと、爺さのけつにぶっつけたっての。それを二人が「あったらんや、あったらんや」と、いって、拾って喰ったって。

いっちご・さっけ。どっぺん、ぐらり。

吹谷と栗山沢とは、集落を異にするとはいえ〝勘蔵のむか

し〃の勘蔵や、「次郎兵衛」の平次が、盛んに語りに出かけているのであった。その上、相互の婚姻関係もきわめて親密である。そうした意味では間違いなく昔話の同一伝承圏内であった。「多郎七」からのフサ女が、栗山沢の〃始めに語るむかし〃を語っても、あるいは、もとを尋ねればひとつ伝承経路にとその出自を収斂して行く可能性も考えられる。しかしたとえそうあったとしても、栗山沢にも吹谷と同一目的のもとに同じ内容の話が語られていた、という事実は、この特異な昔話の存在を確認する上からは決してないがしろにはできないのである。

ところで、ここに紹介した〃始めに語るむかし〃の特徴はいったいどこにあろうか。「話の三番叟」や「河童火やろう」に比較した場合、殊に顕著なのは、まず全体的に語り口が著しく笑いを求めている点にある。最初からどことなく、妙にはずんだ調子であるが、それが話半分にして急に語りの様子が崩れ、直截に笑いの方向に走ってしまう。もともとごく短い話であるからこれは殊更際立ってくる。爺と婆とが、それぞれに拾ったものを出し合い、餅に搗こうとする。そこまではまず尋常な語り口といえよう。ところがその先で、蜂が飛び発ってくるあたりから話の内容と語り口とはにわかに一変してくる。明らかに、聴き手の笑いを意図した迎合的な面が強調されてくるのである。

さらに、語りの場に立ち合った第一印象として、特に注意を惹いたのは、この部分を契機にして、語り手の動作が急激に活潑になる点にあった。動作を添加しなくては語りにくい、というよりはむしろ語り手に動きを求める筋にと変わっているのである。蜂が飛び発ってきて、爺と婆とを刺そうとした場面での語り手は「ブーン・ブーン・チクーン」とばかりに、話の内容に適応しい挙動をみせるようになる。当然、ここに至って、周囲の聴き手たちは身体を捩って蜂の針を避けようとし、投げられた餅を避けようとする。小さなざわめきが起こり、笑いのさざ波が立って〃むかしを語る〃独特の雰囲気が生まれてくるのであった。しかも、そのときすでに、語り手の一挙手一投足はごく自然に聴き手たちの注目を集めているのである。このようにして〃始めに語るむかし〃は「語りの場」を設定するのに都合のよい、そうした効果を充分にもたらすものなのであった。もちろん、笑いの参与によって、始めて「語りの場」が整うとする現況認識や解釈は、きわめて危険である。本来それは逆であらねばならなかった。笑いの要素のまったく払拭された、最も真摯な場面の中に「語りの場」は形成されるべき筈のものであった。しかし、今日では、吹谷においてさえも、こうした大勢の下にはじめて昔話が語られるのであり、またこの昔話もそれに順応した機能を果たしつつあるのであった。

それにしても、吹谷では何故にこの昔話が始めに語られてきたのであろうか。すなわち、何によってこの短い話がその資格を得、また何によってそうした条件に叶ってきたのか、ということである。しかるに私の尋ね歩いた限りでは、同じ話を語る古老はあっても、それに関連した伝承の一切は断絶し、そして喪失してしまっているのであった。話を伝承・管理してきた当の語り手たちにとってさえも、話の拠って力ある所以や原拠についての伝承は皆無なのである。したがって、この特異な位置を占める昔話との出会いの次元において、私は、あくまでもひとつの伝承結果としての事実の認識、といった場面から再出発しなければならない。

語り合う場

そこで、この昔話の存在意義である。私は、吹谷でいう〝始めに語るむかし〟は、昔話の伝承場面、すなわち、語りの場に直接居合わせる何人かの中から、昔話を語り始める者を指示する。そうした特別な機能をもって、伝承せられてきたもの、と推したい。殊にこの昔話の終末近く、語り手が活潑な動作を示すあたりから、語り手への指摘にと直接繋がりを有するとみるのである。これを昔話の筋の展開に即して述べるならば、蜂が爺を刺そうか、婆を刺そうかと飛びまわる。その結果、チクーンと刺す仕種をみせ、次いで餅を投げる動作に及ぶ。これによって、その場に踞座（きょざ）する何人かの者の中から、やがて語るべき特定の者の選択が可能であったろうと判断するのである。蜂の針の赴く先が、漸次、昔話を語る順序を指示する結果になる。想像を逞（たくま）しくするならば、まず、爺と婆との二人が蜂の針を受ける。さらにその中のどちらかの者に餅が投げつけられて最終的決定をみるに至る。その場に参与する幾人かの者の中から二人を選び、そこから次に二者択一といった手続きを経て、語り手に動作の終焉をみるわけである。蜂の行動は、元来、しばしば神性を付与され、神意の示現となって登場するものであった。こうした有機的な連繫動作をもたらすことが、何よりも〝始めに語るむかし〟に特殊な位置を与えてきたのであり、この昔話が最初に語るのに適応しいものとして遇されてきた。そう考えたいのである。

しかるにこうした想定を可能にするためには、当然ひとつ語りの場に、何人かの〝むかしを語る者〟もしくは〝語ることのできる者〟の参加が前提になってくる。いわばそれは、何らかの意味において、同格の者、対等の者同士によって、はじめて設定され形成される語りの場とでもいえようか。

通常、昔話の伝承場面となると、赫々と燃え盛る囲炉裏の火を囲んで、一人の老爺とか老媼とかが語り手になる。それを取りまく何人かの幼い者たちが、相槌を打ちながら話を聴き続ける。こうした場面が想定されるのであった。これによるならば、語り手は終始一貫して語りの位置を保持し、一方的に語り続ける。聴く側の者は興の乗るままにそれを享受し続ける在りようになるわけである。けれども、語りの場とは、決してそのような画一的なものでもなければ、ましてや一面的な様相のもとに継承されて行くのでもなかった。事実家々の囲炉裏を中心に何代にも亙って静謐（せいひつ）に語り継がれる昔話にあってさえも、語りはその内容と場面とを刻々と変貌し、流動しているのが、昔話伝承の実態なのであった。これは吹谷の「松兵衛」と「次郎兵衛」、さらに栗山沢の「多郎七」の例からしてもすでに明らかである。「多郎七」の娘が「松兵衛」に嫁ぐというのは、とりもなおさず昔話が嫁いで行く結果をも招来するのであった。家々の昔話とは、常にそうした変相と、出自を異にする話同士の葛藤を貪婪（どうらん）に包容しつつ、しかもなお、語りの場そのものを揺るがせにすることはなかったのである。

　しかし、その間の事情はどうあろうとも、家々に語られる昔話は、主として家の長たる者から、より若い者に向って語られる。原則的にはあくまでも、語り継ぐという結果と態度とを期待するわけで、大局としてこの伝承形態は墨守されるのである。

　昔話の伝承には、こうした家々の語りの場に並列して、もうひとつ、集落とか村とかの共同体を基盤としたところの語りの場があった。臼田甚五郎先生は、世の物語に男物語と女物語の系列を想定された。(3) そしてこれを経（たていと）と緯（よこいと）とに譬えられたが、昔話の伝承の場合にも同じことがいえる。家々の語りの場をば経（たていと）に譬えるならば、家を離れたこの伝承形態は緯（よこいと）にも準えようか。それはともかくも、語り合うという形式をとる機会が多かったのである。もちろん、そうした場にあっても、当然、いくらかの老若の差、上手・下手の差、さらにはより豊かに語れる者とそうではない者とがいた筈である。したがって必然、語り手の育成も併せ考えられ、一応語り継ぐ結果も配慮されようが、いずれにしても、根本の主旨は依然語り合う点にあった。互いに語り合う。ほぼ同等の者、対等に語ることのできる老同士が寄り合って語る。こうした昔話の伝承形態があったのである。

　吹谷では、最近までそうした形が子供たちの世界にあって、より具体的に残存していた。仲間の「もりやど」で〝語りっこ〟をしたのである。「次郎兵衛」には、山古志から来ていた「おんなご」（子守）がいて、そうした折での殊に印象に残る語り上手だったといわれている。一月十四日の「こどし」の晩に、子供たちは鳥追いの「えきん堂」の中で〝むかし〟を語り合ったという。小正月の夜はいうまでもなく、常民の間では重要なハレの日であった。この日に語り合いの場をもった事実は見逃すことができない。吹谷ではこの日が、あたかも「作付け」の予祝儀礼の日に当っており、大人たちも輪になって〝むかしを語り合った〟というのである。これと同じ例は岩船郡荒川町下鍛冶屋や北蒲原郡黒川村塩谷さらには古志郡山古志村の池谷にもみられる。そのほかにむかしを語り合った日としては、秋の収穫の時。これを秋餅と称しているがその日とか、村の若い衆の出し合い祝いの「かくせつ」の日などが挙げられる。『松兵衛』の年傭いの若い衆に木ノ間庄松という大層な語り手がいて、常に人気を集めていたというのである。吹谷を越後平野に下った宮内地方にも同じ風がまだ残っていた。水沢謙一氏の報告[4]によると「昔話の語られる日は正月、年取、秋餅、庚申の晩などで、また昔話そのものの中に出てくるフシビにも、やはり、正月、年取り、秋餅、庚申、盆、節句などがあって、これらの日に語られたものらしい」また「秋餅などには、昔話の語り手を呼んできき、百物語りをしたとか、藁仕事や糸とりなどの夜なべにも大人同士で語り合った」というのである。能田多代子の郷里、青森県三戸郡五戸町では「昔話の催される日は、年の暮の大掃除の夜であった[5]」ということである。

私は、吹谷の〝始めに語るむかし〟は、こうした時に、必要欠くべからざるものとして存在してきたと見倣すわけである。そうした場面と、この特異な昔話との結びつきを予想させるような資料を、実はもうひとつ提示することができる。

山形県最上郡金山町板橋には、次の話が〝始めのむかし〟もしくは〝むかしの王〟などと称されつつ伝承されている。語り手は新田外吉氏（明治三十〈一八九七〉年八月十七日生）である。

むかし、あったけど。

むかし爺と婆んばといたけど。その子供一人できだど。その時今度ぁ、いぐねごとは見ず、いぐねごとは言わず、いぐねごとは聴かず、と、そうして、いいことばっかり聴ぐごとにしたけど。

ほしたら、爺も婆んばも、とても運が良ぐ暮らして、その子供が日本一の左甚五郎になったんだど。ほして、みんな気持ちがいいさげ、日光さ猿三匹を奉っでいるんだど。猿ぐれえありがてえものはないがら、みんな気持ち良ぐ暮らさんねばなんねど。どんぺからっこ・ねっけど。

破損の目立つ、脱落の著しい語り口である。おそらく、この昔話は子宝に恵まれない老夫妻が、日頃信心する庚申様に願を掛け、ようやくにして叶えられる。その子が大層出世を遂げた。実は、あの左甚五郎がそうなのだ。という具合に合理化した結末に至る筋であったろうと察せられる。

大勢は庚申の功徳を猿に関連しつつ説く内容であったに相違なく、背後にある庚申信仰が濃厚に窺える。最上郡金山町一帯は庚申信仰の大変に盛んな処で、集落の老人たちは庚申の夜になると集まって夜語りをする歴史が長かった。わけても新田氏の家は、何代も前から庚申様を篤く信仰してきたという。「話は庚申さまの夜にしよう」と、その夜を楽しみにしている地方は数多くみられるが、金山町ではそこで必ず昔話が語られた。庚申の集いの場で、最初にその功徳を説く話が語られた事例は注意を必要としよう。何故ならば、それによって語りの場が設定されるならば、この種の昔話は、案外庚申以外の寄り合いの場での存在も予想し得る。そしてそれはそれぞれの信仰に直接間接の関連をもちつつ、こうした昔話の形のもとに存在していたとも思われるからである。

それにしても、特定の日に村々の大人たちが寄り合って昔話を語る。こうした形態はまだ古老たちの記憶の中に生きている。それはかつての日の彼等の佳き思い出であり、また生命溢るる日の記録なのであった。たとえば、秋田県雄勝郡皆瀬村小安の佐藤とよのさん（明治十三〈一八八〇〉年三月十九日生）は、若い頃、昔話を語り合って、どちらか数多く語るか、どちらが長く語るかと競ったそうである。宮城県玉造郡岩出山町葛岡、梅林寺の佐々木賢光氏は六十年程前に「これも知っているか。あれもどうか」といった具合に昔話を出し合い、争うようなことをしたそうである。山形県最上郡真室川町安楽城では、正月十五日の夜、村の古老の処に集まって昔話を聴いたり、語り合ったりしていた。新潟県岩船郡荒川町は「夜籠り」の盛んな土地であるが、下鍛冶屋や大津では二十三日の「地蔵さまの日」を「何でも語ってよい日」といって、村の女の人ばかりが地蔵堂に集まってその場で昔話を語り合った。中でも下鍛冶屋は「夜籠り」に熱心で、八月二十四日の夜を「八幡さまの日」といい、二十四・五・六の三日間に亙って語り続けた。しかも毎月二十三日は「夜籠りの日」と称して、村の地蔵さまに寄り合い、語り明かしたというのである。性質をやや異にはするが、岡山県真庭郡川上村や八束村では「庚申さんが話を好む」といって、その夜、処の大年寄が子供たちを集めて昔話を聴かせたそうである。ここには明治三十四、五（一九〇一、二）年頃まで若衆講があったが、そこに若い者が集まると「佐治谷話」をしたというのである。[6]「佐治谷話」とは「愚村話」である。つまり笑話、「佐治谷話」はもともと大人相手の話なのであった。しかし、それ以前、古くにはやはり「佐治谷話」のごとき笑話ではなく、尋常の昔話が若衆講の際に語られていたに違いない。若衆講で昔話が語られるとする根底には、かつては一人前に昔話を語ることができなくては、成人としては認め難い、そういったような心意があったのかも知れない。

茨城県久慈郡里美村では「阿寺持方話」が居合わせる何人かの者たちによって、一区切りずつ語り進められて行くようなことがあった。「阿寺持方話」も「愚村話」で笑話である。これを筋の展開に即して少しずつ語り継いで行くわけで、里美村ではこの語り口を、「だんだん話」と称している。もとは「だんだん語り」であったのに違いないが、いずれにしても、こうした語り方は、大人同士の寄り合う場、要するに、聴き手がいつでも語り手に代わり得る条件を備えていてこそ、はじめて可能な事態なのであった。

語りの場の設定

　昔話は、その場に居合わせる者たちによって、互いに語り合われた。少くとも、対等に語り合い、また同じようにして聴くことのできる者によって管理されていた。これは元来がそうした者のみを対象にして伝承されるものであった。そうした暗示に連なるであろう。具体的にいえば、昔話は単に子供相手のものではなくして、大人を対象にして荘重に語るべき性質のものであったのである。語る者に対して、一方聴く側の者が、確かにそれを間違いなく聴いている、ということを如実に示す証しに相槌があるが、各地でその相槌を厳しく要求しているのもそこに原因があったのである。会津の桧枝岐では、語り終ったところで、聴き手たちが「ご苦労でやした。おもしろうござった」とか「かたじけのうござった」と、挨拶を述べるそうである。(7) 鄭重なねぎらいの言葉からは、昔話を聴くというよりは、むしろ拝聴するとか、承るとした謹厳な響きが伝わってくるようではないか。昔話が大人の間にあって管理されてきたと同時に、看過し得ないものに、村の大人たちが、特定の日、すなわちハレの日に集って語ってきたという伝承があった。節供過ぎての昔話を「節供過ぎのむかし」(8) と称して忌む処がある。このようにあえてハレの日に語る、とする根底には、ケの日、つまり平常の日にはむやみやたらに語ってはならないのだ、とする禁忌があったに相違ない。

　昔話には、たしかにその出自の正しさを示すような、そうした禁忌伝承が残存している。もっとも、語る日についての限定をやかましくいうのは、比較的古い感覚の残っている土地でないとちょっと望めそうにない。ところが、同じ語りの禁忌でも、昼、日中に昔話をしてはならないとする伝承は、いまだに汎い範囲に亙って記憶されている。特別な日にのみ許されて語ることを伝える感覚が、比較的に早く薄らいでしまったのに対して、語る刻限についての伝承は、かなり遅くまでやかましい拘束力を残してきたらしいのである。たとえば、

○昼にむかし語るとねずみが笑って着物こ齧る（青森県下北郡脇野沢村蛸田）
○昼間むかし語るとねずみが小便かける（青森県西津軽郡鰺ヶ沢町）
○昼間むかしこすればねずみが小便たれる（岩手県九戸郡軽米町）
○明かるい時むかしを語るとねずみに笑われる（岩手県九戸郡九戸村長興寺）
○昼むかしを語ると鬼が笑う（岩手県九戸郡九戸村）
○昼にむかしとんと語っと、梁の上のお姫様こに小便ひっかけられる（山形県最上郡最上町本城）
○昼むかし語ってはならない。ねずみに齧られる（宮城県玉

造郡鳴子町鬼首）

○昼間むかしはねずみに小便かけられる（山形県上山市阿弥陀地）

○昼間むかし語って聴かせるとねずみが小便ひっかける（新潟県岩船郡荒川町、その他）

などがそうである。白昼、昔話を語るとねずみに報復される、とする類いの禁忌が圧倒的に多い。「夜モノ」として忌まれるねずみから制約されるとするのは注意を要しよう。そのほか

○むかしは夜さ語るもんだ（岡山県真庭郡中和村一ノ茅）

○昼むかしは語るな。忙しくてかなわん（島根県穏地郡都万村都万）

と、端的に表現しているもの、さらに

○莫迦の昼むかし（島根県海士郡海士村崎）

○権兵衛の昼むかし（島根県穏地郡都万村都万）

○万兵衛の昼むかし（島根県穏地郡都万村都万）

のごとき例もみられる。村内の人々から嘲笑や憐憫を集めていた「権兵衛」や「万兵衛」であったからこそ、あたり憚らず、昼に昔話をしたのであって、常人には許されるべき性質ではなかったのである。昼に語る昔話を厭うのは、畢竟、昼だからにならぬ。つまりそれはもともと夜にこそ語られるものであった、という婉曲な禁忌にほかならない。もちろん禁忌は、本来制約されるべき筈のものがやがて守られぬ状態に至ってはじめて必要になるわけである。昔話伝承に付帯するこうした禁忌も、大人同士が互いに強く誡め合い、夜語ることを厳しく管理している間には、ほとんど生ずる余地もなかったことであろう。

昔話の本然は夜語りの系譜に位置するのであった。それには当然、火が大きな役割を果たしてくる。火のない処での昔話は考え難い。暗闇の中に燃え盛る火は、灯としての実存的なものであると同時に、神聖な時の、神聖な場での象徴的な存在でもあった。それはまた語りの象徴としての存在でさえあったのである。「話の三番叟」と「河童火やろう」の話で、水の精霊である河童が、わざわざ火を求めにやって来たのも、おそらくは語りの場を設けるがための火を欲したのであろう。それが「話の三番叟」に「最初に語る昔話」としての資格と位置を与えたに違いあるまい。いったいに、常民の間では他家に火を貰いに行くというのは耐え難い屈辱であった。囲炉裏に燃え続ける火は、常に家の中心であり、一切の生活を取仕切るものであった。万が一にも火種を絶やすような不始末があれば、それは家刀自の恥であり、またひいてはその家全体の不名誉であった。失態を隣近所に触れ歩く結果になるのである。囲炉裏と火に対する厳しい禁忌伝承が数多く残っている理由はいつにそこに存する。

客人神の来臨を語る昔話「大歳の火」で、火種を絶やした嫁が思案に余って戸外に佇み、通り掛りの人の提燈の火を貰うのと交換に死人を預る仕儀になる。この昔話は、年越の夜

に見も識らぬ死人を預るという迷惑も厭わぬくらい、火種が大切でしかも得難いものであった歴史を示唆している。隣人相互の葛藤を主題にした「隣の爺」型の諸話でもそうである。意地の悪い老婆が幸せを得た隣家の様子をば再三窺いにやってくる。そのときの口実は必ず「火こたもれ」であった。語り手は暗い部屋の中に赫々と燃える火を凝視しながら「火こたもれ」という。一種独特の抑揚をつけて語るこの部分は、常に忘れ難い響きを残すところであった。囲炉裏の火は大切なものであった。その火あってこそ昔話を語る場も整うのである。夜語りとは、一面、火を祀る語りとしての性格をも併せもつともいえようか。

かくして、いかにも煩雑な資料を示し続けてきたが、これらによって、昔話伝承の場、すなわち昔話を語る場の設定条件だけは、一応復元し得たように思われる。つまりそれは、ハレの日の、しかも夜に限って村内の大人たちが赤く燃え続ける火を中心にひと処に寄り集う。これによって、はじめて語りの場を形成する要因と絶対条件が満足されるのであった。そこで次に必要になるものは、何をおいてもまず、これからの状況は、今までのものとは本質的、根本的に異なる。そういった事態を明示する言葉である。発言である。同時にそれは、誓言とも誓詞ともいえる性質を備えていて然るべき筈であった。しかも当然それは参与しただれしもが等しく納得し得る者によってなされなければならぬ。これについて能田多代子には「先づ、大人の上手な人から始まったり、廻り番をやったりしている」(9)と述べた一節があるが、察するにこれは余程、形が崩れてからの姿になろう。おそらく以前には、囲炉裏の横座に位する者、したがって、村の最古老とか、家の、それも本家筋の長老とか、その日の語りの場の提供者とかが適格者なのであったろう。古くに充分推測し得るのは、村々の信仰面における依憑であった巫女的性格の所有者がその任に当ることがあった。そうした人たちが口を開き、荘重に語りの宣告をしたに違いない。

かつての日、人々は人の発する言葉には凄まじくも強靭にして神聖な力が秘められており、畏怖すべき威力が籠められていると信じていた。語りの誓言の重みが思い遣られる次第である。そして、この語りの誓言が、ほかならぬ「最初に語る昔話」であった。これによって、語りの場の幕は切って落され、その座に集うすべての人々の間に語りの場の設けられた事実が確認される。やがて、吹谷での〝始めに語るむかし〟は、そのまま次に語る者の指示にと繋りをもって行く。少くとも、吹谷の特殊な昔話は、このような場面の展開の中でその技能を果たし、条件を満たしつつ伝承されてきたのではないかと思われるのである。しかしてその時、昔話はいったいにどのような形態を保ちつつ、次々に語り継がれて行ったのであろうか。具体的な連繋方法である。実際の伝承場面に立ち会えば、容易に首肯し得ることであるが、一人が語り終るとそれに続いて語り続けるというのは、実はそう簡単にできるものではなかった。特に、周囲の人々を魅了していた語り上手のあとでは、ついつい気の重くなるのが人情である。交代しつつ順番に語るのには、やはりそれなりに受け継ぎ易い契機が欲しいのである。したがってその際どのように語りの場を途切らすことなく、しかも順番を譲り渡して行ったのかは、すこぶる興味深い問題なのであった。ところでこれにひとつの示唆を与えてくれたのが、宮城県玉造郡鳴子町鬼首、川東での語り収めで、ここでは「これでひとつ決ったね」と、言い終るのであった。すると次の者が続いて語り始めるのである。これに一層具体的な指示を与えてくれたのが、青森県下北郡脇野沢村川内町での伝承である。この土地では昔話の結びを

○ぽかん

○ぽかん、ひとつ貸したずもなぁ。

○ちんぷんかん、ひとつ貸したずもなぁ。

というのであった。このようにして昔話の語りの座は、順次譲り送られて行ったのである。

さて、これまでに私は、吹谷の〝始めに語るむかし〟が、大人によって対等に語られる場にあってこそ、その特異な力を発揮した。そういった推定から出発し、主として村とか集落とかのいわば共同体における伝承資料を示してきた。しかし家々の囲炉裏端にあっても、最初に語るべき昔話は同じ働きをし、同じような位置を占めていたに違いない。それは、いついかなる場にあっても欠くことのできないものであった。そのようにみてさしつかえないかと思う。今でこそ、最初に語る昔話は、新潟県栃尾市の吹谷、栗山沢とか、山形県最上郡金山町の板橋といった山深い土地に限ってのみ伝承されている。吹谷や板橋にこうした形態が残存してきたのは、これらの土地がごく最近まで比較的好条件のもとに昔話を遇してきたからなのであろう。「話の三番叟」や「河童火やろう」を伝えてきた土地もおそらくはそうであったことと思われる。けれども、ひと昔前まではどこにでもそうした種類と形式の昔話があったに相違ない。必ずしも同一種類の話ではなくともその土地土地の語りの場や、また条件に叶った形態のもとに存在していた筈である。[10]

「最初に語られる昔話」とは、結局、語りの場の設定のために用意されるべき性質のものであった。今日たしかに、この種の昔話の存在は確認し難くなっている。しかしそれでもなお、いざ昔話を語るとなると、語り手たちが「では語るか」とばかりに、そこで畏まるか、また何らかの型で一種の身構えに近いものを感じとらせる。そうした語りへの静粛、無言の姿勢によっても、まだ語りの場を神聖視する心意はそのまま偲ぶことができるといえよう。

註

（1）後『河童火やろう―福島昔話―』（昭和四十三〈一九六八〉年刊、東出版）に収載。

（2）水沢謙一編『栃尾郷昔ばなし集』（栃尾市教育研究会刊）九頁。

（3）「源氏物語の称号」（『國學院雑誌』第六十七巻第五号）

（4）『昔あったてんがな』（長岡史蹟保存会刊）、後『越後宮内昔話集』（「全国昔話資料集成」22）

（5）『手っきり姉さま』（未來社刊）参照。

（6）『なんと昔があったげな』（岡山民話の会刊）参照。

（7）石川純一郎前掲書。（石川純一郎編『あしなか』第七十輯「桧枝岐昔話集」一九六〇年九月、山村民俗の会刊）

（8）水沢謙一編『いきがポーンとさけた』（未來杜刊）八頁参照。

（9）『手っきり姉さま』（未來社刊）七頁参照。

（10）富山県東砺波郡利賀村では「無言較べ」をば「最初に語る昔話」にしている事実が判明した。報告者は薄井有三君である。同君の調査によると、利賀村坂上の野原よし媼（明治四十五〈一九一二〉年生）は、「この話は一番最初に語った」といって、次のように伝えるという。なお同媼はこれを「牡丹餅三つ」と称している。

爺と婆とおったと。隣から牡丹餅が三つ来たと。そして爺ちゃんが、

「二つ食べるんじゃ」

っちゅうーね。婆さんは、

「自分が二つ食べる」

言うて、二人で喧嘩しとったやと。そうしたらねぇ、爺さんが、

「明日の朝まで先に喋った者に一つ。後まで喋らんとった者に二つやるがぁにしる」

して、約束して、そって夜寝たがやと。

そしたらねぇ、夜中になんか泥棒が家へ入ってねぇ。そうてお座敷へ入って、ウズミサマ（仏壇）ガタガタガタと、ウズミサマを盗んでく盗っ人が入って、そうて盗み出いたら、お婆さんが、

「爺さん、爺さん。泥棒がウズミサマ担いで行く」

っちゅうて、喋ったと。そしても爺ちゃん黙ーって寝とったと。そうしたらあんた、明日の朝になったらねぇ、爺ちゃんね、

「婆ちゃん夕べ先に喋ったさかいに、牡丹餅ひとーつ。爺さんふたーつ」

っちゅうて、そうして婆さんに牡丹餅一つしかやらんと、爺さんが二つ食べた言うて。

なお、同村坂上の半倉タカ、半倉八千代媼も共にこの話を記憶しており、かつ、子供から話を求められると「隣から牡丹餅三つもらった」といって、それから昔話を語り始めるのだという。その土地柄、説教師の布教活動の盛んな処であったので、いずれ、そうした面からの影響かと推察される。見逃し難い事実として補塡しておきたい。

（『野村純一著作集　第一巻　昔話伝承の研究〈上〉』）

［単行本初出：『昔話伝承の研究』同朋舎出版、一九八四年刊］

第二部

語り手・話し手と口承世界の諸相

囲炉裏端のストーリーテラー

一　はじめに

現今、身近かになお私共が確認し得る昔話は、いったい、いつの頃からそれに似つかわしい語りの形式や形態、あるいはそれに伴う秩序、仕儀を整えてきたのであろうか。日本の昔話は、具体的にはいったい、いかなる経緯、経歴を辿った上で今日現在、誰しもがようやくこれを認知、受諾し、かつまた意図して踏襲、継承して行くような姿かたちを用意するに至ったのであろうか。要するにそれは、いったい、何処からやって来たのかということである。しかるにいったん事に臨んで改めて問い掛けるとなると、正直言って、ごくなんでもないようなこの間の在りようがよく判らない。ほとんど見えて来ない。わけても、ひとたびはここに落着するまでの実質的な時の経過、いうなれば昔話とその語りの歴史ともなると、最早これはまったく不分明である。だいいち、積極的にそれを説くのに適切な材料が見当たらない。思えば、一見不思議な事態のようであるが、これは偽りのない事実である。

何故にそうなのか。詮索すれば、そこでの理由や原因はいくらも存しよう。ただし、差し当たっていえば、大要は次のようではなかったのだろうか。すなわち、囲炉裏端に寄ったり炬燵に入って昔話を語るなどといった営みは、それでなくとも日常ごく卑近にして、しかも至極簡便な仕業であった。それがため殊更取り立ててその素姓、来歴を尋ねたり、あるいはまたそこでの意味内容についてあえて質そうとしたり、事改めて詮議したりしようとする姿勢や目的意識に欠けていた。つまりは、この種の営為はあまりに深く日常性に埋没していた。それがために、ついうかうかとその本態を見過ごしてきた。常住坐臥、日頃身辺を囲繞（いにょう）する何気無い習わしについては、大方の場合がそうである。昔話に関してもおそらくそれは同じように言えるのではなかろうか。さらに重ねて幸か不幸か、いったいにこれにかかわる振舞は、久しく老幼婦女子の間に扶育、助長されてきた。結果としてそれは常に表立った成人社会からは、ひと区切り置いた処で保全、維持されていた。きわめて凡庸平俗な習いであって、遂に生産性には程遠いものであった。二次的、副次的な存在であった。これがために決定的に重要視される場面を得る暇がなかった。顧みても、わが国の昔話はこれまで、ほとんど適切、的確な評価の対象に据えられる機会に恵まれなかった。もっとも、そうした傾向は依然として今日に及んでいて、これへの理解と認識は相変わらず低迷しているとしても、決して過言でない。

加えて、これはそもそもが昔話そのものを取り巻く本然的な性質と情況ながら、ひとたび、これの伝承、受容、享受に当たっては、ひとえに言葉を唯一無二の手段にしてきた。当然の在りようである。すなわち、それは元来が無文字社会における口頭の伝承であった。それからして、文字文化との折衝や交渉はもともと限られており、遡って仮りにあったにしても、それはたまさかの機会が多かった。予期せぬ場合、不意の事態が多かった。その結果、今にしていうならば、そこでの記録や叙述には、えてして不用意な報告や内容が目立った。はなはだしきは好事家による興味本位の文章や、舞文曲筆の類いとて実際に少なくはなかったのである。畢竟するに信頼すべき文献資料に事欠くといった始末である。もっとも、そうは言うものの傍からすれば、昔話やその語りの歴史を閲するに、ここに至るまでの事情や経緯を文献に徴しようとするのは、実はそのこと自体がすでにして自家撞着の弊なしとはしない。自立した方法と手立ては独自に別途求めるべきであるとする批判も生じてこよう。それは充分承知している。しかし、その一方で、現に存する材料にまったく目を瞑ってしまうのは、決して諾われる姿勢や態度ではあるまい。要はかかって、そこでの必然性、あるいは蓋然性にあると見做さなければならない。それがあって、ここではまず、囲炉裏端のストーリーテラーと称される存在は、少なくとも実質いつの頃から確認し得るのか。そしてそれは現実、現行の諸事例、事態にはたしてどのように連動、対応し、かつ照合するのが叶えられるのか。まずはその辺りから尋ねてみたいと思う。

二　「あとうがたり」のこと

さてその場合、先駆けて注意を留めたいのは次に掲げる菅江真澄の一文である。真澄の文章は、たとえそれが辺陬の地にみえる事例であったにしても、はたまたそれが、たまたま出会ったごく小さな出来事のひとつに過ぎなかったにしても、そのいずれを問わず、これらがいずれも、彼自身の矚目の事象、かけがえのない体験のひとつであったとする一事をもって、さらにはまた他にあまり類いのない丁寧な記録であったとする事実をもって、ひとえに重い位置を主張してくるのであった。具体的には、いまからおよそ二百年前の天明八（一七八八）年、仙台領胆沢郡徳岡の村上家に正月を迎えた彼は、その九日の条を次のように記していた。『かすむこまがた』の一節である。

九日　雪はこぼすがごとくふりていと寒ければ、男女童ども埋火のもとに集(ツド)ひて、あとうがたりせり。また草子(サウシ)に牛の画(カタ)あるを、こは某(ナニ)なるぞ、牛子(ベコ)といへば、いな牛(ウシ)なりとあらがひ、また是(コハ)なに、猿(サル)といへば、ましなりと。論(ツリゴト)すなと家老女(トジ)のいへば止(ヤミ)ぬ。つりごととは論(アゲツラフ)ことの方言なり。
また某々(ナゾナゾ)かくるを聞て、
　うなゐ子が稚(ヲサナ)心の春浅みいひとけがたき庭のしら雪
をやみなう雪ふれり。

さきに記して私は、囲炉裏端に寄ったり炬燵に入って昔話を語り合うといった営みは、日常ごく卑近にして、しかも至極簡便な仕業であると言い、かつまたそれは日頃身辺を囲繞する何気無い習わしのひとつに過ぎないと述べた。しかして、その在りようはたしてどうであろうか。菅江真澄の右の記述に拠る限り、どうやらそれは二百年前から今日まであまり変わっていないと認めることはできまいか。それというのも真澄の文章には、雪に籠められて蟄居する子供の屈託した気分がよく出ている。言語遊戯に厭いてしまった幼い者同士が、相手の答えをあげつらっては、お互いに行き場の無い心持ちを発散させようとしている。挙句の果ては傍らの家人に咎められて小言を頂戴する仕儀に相成る。そのような有様に余儀無く家の中で遊ぶ子供たちの心情と、閉ざされた日の家居の情景が活写されていると思われるからである。

ところで、この小文の後半にみえる「某々(ナゾナゾ)かくる」は、「謎掛け」で、もちろん「謎々」の謂いであろう。もっとも、ひょっとするとここでは「謎(なんぞ)」もしくは「謎立て」が本来の呼称であったかも知れない。理由は、今日現在もこの地方ではいったいにこれを促して「謎立(だて)しよ」と言い、提する側の者がまず「謎よっと」と発語する。これに対して受ける側、つまり解くに廻った側は、すかさず「おっとう」といって応じる。これが常態であるからにほかならない。したがって、この部分に問題はほとんどない。ただし、それに先行してみえる「あとうがたり」の一条には、どうやら相応の注意が必要のようである。

もっとも、そうはいってもここに真澄の記す「あとうがたり」は、はっきりいって、これだけではその内容は判らない。しかし、これは元来が「あどがたり」と同じ意かと察せられる。つまりは、向かい合う者からの相槌を不可欠の条件にした口語りを謂うのであろう。それからするならば、ここでの「あとうがたり」は、まず、「むかしむかし」を語ること、要するにいまに私共のいうところの昔話を指しているに違いない。何故ならば、これまでにも汎く識られているように、わが国に行われる昔話はその慣行、もしくは様式の一環として、それが語られるに際しては他に「問い口(ぐず)」の称が存するようにそこでの相槌をやかましく求めてきたからである。参考までにいま、その一端を示せば、「うん」「おう」「おっとう」、あるいは「げい」「げん」、「はぁ」「はぁーはぁー」「はぁーと」「らん」「ぼぉー」「はぁーれ」「はぁーれや」「はい、はい」、さらには「さす」「さそ」「さーそ」「さぁーす」「さぁーんすけ」といった具合に、土地と処によってそこでの在りようはまことに多彩である。この中、「おう」「おっとう」の語義についてはすでに説かれている。いうなれば「おお尊(とうと)」に直接間接連なる語彙であろう。一方「さす」「さそ」「さぁーそ」系は、いずれ「さ、候」の転訛、変貌の一類であろうとの見当はつく。元はといえば「左様でございます」「承って間違いありません」といった態の恭順、恐懼(きょうく)の意を表する語の筈である。

いずれにしても現今、これの実態は地域によって著しい変容、変化を遂げており、おそらくはそこに至るまでの物理的な条件も決して一様ではなかったであろうと察せられる。それというのも、土地と処によっては、実はそこに介在する事情や状況によって、用いられる相槌の言葉それ自体にすでに微細な区別が存したというからである。具体的には、たとえばこの間の消息について、新潟県岩船郡『朝日村の民俗』は、次のように報じている。参考までに紹介してみる。

> 昔話を聞く者は、常にアイコト(相槌)をとらねばならぬものであった。原小須戸の渋谷チヨ女は、「むがし聞くならサンスケ(サンツケとも聞こえる)とれ」といわれ、黙って聞いていると、「黙ってねえで、サンスケとれちゃ」と、いわれたものという。そして、もとは話のあいまに「サンスケ」と相槌を入れたというし、早稲田の富樫ミツ女は、もとは「ナンツケ」といったものと話している。現在はそれらは行なわれていず、次のように変っている。「ハーア、ハーア」(早稲田)、「ウン、ウン」(北大平)、「ウンイエ、イエ」(高根)、大須戸中山トメ女は、目上の者の語りを聞くときは、「ヘーイ」、同僚同志の場合は「イーイ」であるという。また、「イイ、ほんとに」、「ほんとだがあ」、哀れな話であれば、「あいや、可哀いそうになあ」話の内容によって「あれあれ、憎くたらしなあ」ともなる(大須戸中山イノ女)。

こういった具合である。資料を補うのに努めた結果、やや煩わしくなったかも知れない。しかし、その一方、昔話を語るに当たっては、そこでの相槌は常に必須の条件であり、かつまたそれは伝承上の際立った特性のひとつであった。そういった事実がこうした材料によってようやく明らかになってきたかと思われる。

それからして翻っていうに、真澄がさきに記した「あとうがたり」は、まずもって言語そのものの様態を指していたと理解して差し支えない筈である。ただしこの際、余計な一言を付け加えるならば、もともと三河出身の菅江真澄にとって、この日、この折りに耳にした相槌の言葉は、たとえそれが「おう」であったにしても、はたまた「おっとう」であったにしても、それははなはだしく奇異な響きをもって強く彼の耳を打ったに違いない。それは想像に難くない。したがって、旅人真澄はおそらくはその場での印象を記してこれに「あとうがたり」の称を与えたのではなかったろうか。何故これに拘泥するかというに、それはすでにややくどい言い廻わしになろうが、この「あとうがたり」の一語は、きっと彼の方から迎えに行った表現であった。真澄の側から用意して掬《すく》い上げた言葉であった。そう思われるからである。推測するに、それは現にその地に行われていた昔話に向けての呼称、いうなれば土着の表現とは無縁のものであっただろう。いつにそういった思惑を差し挟むからにほかならない。しかし、断るまでもなく、この種の瀬踏みと判断は今後の予期せぬ混乱と誤解を避ける上からも、いっそ早いうちにしておいた方が無難であろう。

三　真澄の記録

想うに、幼い者同士の「あとうがたり」とそこでの内容に著しい興味を覚えたためであろうか。これを契機にして、このあと続けて真澄はその地方に行われる物語や語り物をしきりに記している。具体的には『清悦物語』に目を通したり、また、琵琶法師が奥浄瑠璃を語る場に直接居合わせてそれを筆に留めている。しかして、その中での圧巻はなんといっても続く二月二十一日の夜の出来事を叙した次の一文であろう。やや長くなるが必要上そこでの全容を示してみたい。

けふは時正也。近隣《チカドナリ》の翁の訪来《トヒキ》て、都は花の真盛《マサカリ》ならむ、一とせ京都《ミヤコ》の春にあひて、嵐の山の花をきのふけふ見し事あり、何事も花のみやこ也とて去ぬ。数多《アマタ》杵《ギネ》てふものして餅搗《モチツキ》ざわめきわたりぬ。けふも祝ふ事あり。日暮《ヒクレ》れば某都《ナニイチ》某都《クレイチ》とて両人《フタリ》相やどりせし盲瞽法師《メシヒノホフシ》、三絃《サミセム》あなぐりいでてひきたつれば、童どもさし出て、浄瑠璃《ゾウルリ》なぢよにすべい、それやめて、むかし〳〵語れといへば、何むかしがよからむといふに、いろりのはしに在りて家室《イヘトジ》のいふ、琵琶に磨碓《スルス》でも語らねか。さらば語り申さふ、聞たまへや。「むかし〳〵、どつとむかしの大《オホ》むかし、ある家に美人《ヨキ》ひとり娘《ムスメ》が有《アツ》たとさ。そのうつくしき女《ムスメ》ほしさに、琵琶《ビハ》法師此家《ヤ》に泊りて其母にいふやう、わが家には大牛の臥《ネタ》ほど黄金《カネ》持たり。その娘をわれにたうべ、一生の栄花見せんといへば母の云やう、さあらば、やよ、おもしろく琵琶ひき、八島にてもあくたまにても、よもすがらかたり給へ。明なば、むすめに米《ヨネ》おはせて法師にまゐらせんといふを聞て、いとよき事とよろこび、夜ひと夜いもねず、四緒《ヨツノヲ》もきれ撥面《バチメム》もさけよと語り明て、いざ娘を給へ、つれ行むといふ。先《マツ》ものまゐれ、娘に髪結《カミユハ》せ化荘《ケハヒ》（粧）させんとて、磨碓《スルス》をこもづゝみとして負せ、琵琶法師の手を引かせて大橋を渡る。娘は、あまり負たる俵の重(オモ)くさふらふ也。しばらく休らはせ給へと、休らひていふやう、いかにわがおやのさだめ給ふとも、目もなき人の妻となり、世にながらへて、うざねはかん（うきめ見んといへる事也）よりは今死なんとて、負ひ来つる台磨碓(シタスルス)をほかしこめば、淵(フチ)の音高う聞えたり。女は岩蔭(イハカゲ)にかくれて息(イキ)もつかずして居たり。かの琵琶法師ひとりごととして云やう、あはれ夫婦(ウバオチ)とならむよき女(ムスメ)也と聞て、からうじて貰(モラ)ひ来りしものをとて、声をあげてよゝとなき、われもともにと、その大淵に飛込(コミ)て身はふちに沈(シツ)み、琵琶と磨臼(スルス)はうき流て、しがらみにかゝりたり。それをもて琵琶と磨臼の諺(タトヘ)あり。とつひんはらり」と語りぬ。

天明八年の頃、東北地方にあって昔話はいったいどのような場面でもって、また、いかなる雰囲気のもとに語られていたのか。そしてその内容はどうであったのか。それらを知る上で右の一文はきわめて有効であり、かつ、重要である。当時の昔話伝承の場の生成と設定の状況を窺う上で、これはかけがえのない資料であると認められる。

　すなわち、その夜、村上家ではいましもそれが目的で奥浄瑠璃を語ろうとした座頭に対して、頑是無い子供たちが「むかしむかし語れ」と言って、頻りに牽制している。さきに訴えたように「あとうがたり」の称は用いていない。こうした催促の言葉によって、端的にこの地における「昔話」の具体的な呼称は「むかし」であったのが判る。併せてそれは「語る」ものとして待遇されていたのが確認し得る。しかも奥浄瑠璃を語ろうとする座頭に向かって、言い合わせたようにして傍から積極的に求めるのであるから、村上家の子供たちは村々を行き来する座頭が一方で「むかし」を上手に語るといった事実を経験的に知っていたわけである。そこで、ひとたび要求された座頭の側は「何むかしがよからむ」といって、きちんとこれに対応していた。種類のいくつもある「昔話」を仕分けて、話に直接登場する主人公になぞらえて「蛇むかし」とか「猿むかし」、さらに「鬼むかし」などと言うのは、この地方では今もそのまま認められる習いにあった。「蛇聟入」や「蛇女房」はいずれも「蛇むかし」であり、「猿聟入」や「猿と蟇の餅泥棒」、また「勝々山」はなべて「猿むかし」に一括されるのがそれである。参考までにいえば「犬こむかし」は「花咲爺」「雁取爺」の類である。ついでこの場面では囲炉裏端の家刀自が子供たちの声に荷担して「琵琶と磨碓(すりうす)」の名を挙げていた。さきに掲げた家老女の例に対照的なのも面白い。この話は彼等の得意とするもののひとつであったに違いない。それからして、徳岡の村上家は、おそらくはこの種の人々の村内に常に頼りとする所であり、したがって座頭たちは随時こうした話をもって一夜の笑いを供し、それによってその家の主人の厚意に応えるといった赴きにあったかと考えられる。それはそれとして、話は更に瑣事にわたるが、次に注文に応じた語り手がそこでちょっと構えて「さらば語り申さふ、聞きたまへや」という具合にきちんと言葉を改めている様子にぜひとも注意を促したい。言葉を改めたというのは、必定、姿勢を直したということである。傍から見ても、語り手はここで、しゃんとした恰好に居住いを正したのが確かめられた筈である。

さて、村上家の囲炉裏端に訪れた昔話の担い手は、「むかし、むかし」と前置きし、次に「どっとむかしの大むかし」といって語り始めた。そして最後にこれを「とっひんはらり」と結んで、話全体を収めていた。現今行われる「とっぴん」「とっぴんぱらり」にそのまま通じる句である。整って完結した内容と共に、昔話伝承の形式が間断なく記し留められており、加えてこの話に機縁して「琵琶と磨臼」の俚諺（りげん）の由来までが説かれていた。

それにつけても、独立した内容からすれば、目の不自由な座頭たちが滑稽窮まりない失敗譚の主人公に己れとまったく同じ境遇の者を据え、それによってようやく周囲の人々からの笑いを入手する。たとえ、身過ぎ世過ぎの手段であったとはいえ、これはいかにも救い難い構図のひとつであった。話の中にみえる「目もなき人の妻となり」の「妻」は、これはきっと「め」と読むのであろう。「め」の懸詞であったのが察せられる。余計な一言を加えるようだが、こうした洒落はそこに居る村上家の子供たちにはたしてどこまで通じたのであろうか。もっとも、あまり自信のある発言ではないが、こうした状況を瞥見すると、少なくとも昔話の伝承とか享受に関する限り、わが国では大人と子供との区別なく、ひとつ囲炉裏を囲んで話に打ち興じていたようである。つまりは殊更選んで子供向けの話とか、子供たちにふさわしい内容の話というのはあまり用意されなかったようである。未発達であったとしてもよかろう。したがって、これを評して子供の世界に対する特別な配慮に欠けていたとか、姿勢に不足があったとするのは、あくまでも今日現在の理想や理念にもとづいて言えるのであって、かつての日の村々における実態はおよそそれには程遠い姿であったと見ることができよう。それはともかくも、本来は琵琶や三味線を伴っての語り物を表芸とする座頭たちが、いわば彼等の裏芸ともいえる昔話を語ることによって、その家の人々の機嫌を取り結ぶ。まこと悲しい在りようながらも、同時にこれはほとんど避けて通るわけには行かない現実そのものであった。これを要するに、この国に流布する笑い話に座頭の登場する例は数多いが、それらの話の運搬者はまずもって、こうした立場の人々であったからである。その意味ではここには村々における笑話の担い手、就中（なかんずく）、囲炉裏端にみえるその種の具体的なストーリーテラーの姿が直截に報告されているのであった。

かくして、昔話伝承の場面を記した材料としては、菅江真澄の右の一節はその最も古い記録である。そして、その最も精密な記述である。したがって、すでに欠かすわけにいかぬ第一級の資料として評価、位置づけ得るのであるが、それではここに盛られているような中味は、今日現在なお実際に確認し得るかどうか。つまり、翻っても少しこれを言えば、この種の囲炉裏端のストーリーテラーたちは、はたして他に見出すのが可能か、どうか。そして、もしもそれが叶えられるならば、それはいったい、いかなる姿を留めているのだろうか。そういった態の発議である。もちろんそうはいうものの、二百年前のそれとまったく同一、同様の事態や事例をいまに求めるのは、これは最早ほとんど望み得まい。そこで、その点は充分わきまえつつも、それでもなおこれを一層補綴（ほてつ）、補完し得る例を次に示してみたい。

四　佐渡のモンサクセンセイ

その際、選んでここに紹介するのは、佐渡は畑野町多田の長島タミ女（大正四〈一九一五〉年二月二十五日生）の場合である。も少し精確にいえば、昔話の語り手の一人として、今日のタミ女を扶育、涵養してきたところの、かつての日のそこでの在りようである。情況である。そこで具体的な経緯を言う前に、手続きとしてまず、すでにテープに収録した同女の話についてちょっと報告しておく。総数は約三十話。「蛇聟入・苧環（おだまき）型」「同・水乞型」「狐女房」「瓜子織姫」「地蔵浄土」、そして「法事の使い」「絲合図」「団子聟」「屁ひり嫁」「茗荷女房」「和尚お代り」「焼餅和尚」（二話）、その他「豆こ話」「人参怖い」「おむすび間違い」「手仕事」がそれである。以上は昨年八月一日までに聴き終えた。そして、その後さらに「雀孝行」「猿聟入」「おっかなくておかしくて悲しい話」「愚か息子」「りんの歌」、また「長助さんの息子と半助さんの娘」「長い名の子」「果てなし話」、その他「佐渡の三助」をはじめとする伝説の類い数話を収録した。このように作業は依然継続中であるが、今後なお相当数の採録が叶えられると予測している。ところで、このタミ女の他に現在、畑野町下では岩井六蔵（明治三十六〈一九〇三〉年六月二日生）、城腰ハル（明治四十四〈一九一一〉年一月三日生）、羽二生善一（大正七〈一九一八〉年一月二十四日生）といった方々が有力な語り手として注目される。殊に岩井翁はすでに五十余話を数える力倆の持主である。

遡って確認するにこうした人々は幼い頃にいずれも自分の家の祖父や祖母、あるいは祖母の姉に当たる人から昔話を聴き、久しくそれを耳嚢（みみぶくろ）に温めてきているのであった。祖父母から孫たちへといった、いわば典型的な昔話伝承の姿である。しかるに、そうした中にあって、実はこの長島タミ女一人が著しくこの間の事情を異にしていた。異色の伝承経路にあったのである。タミ女からの話を綜合すると、おおよそそれは次のようになる。

さきに記したように、長島タミ女は大正四（一九一五）年二月二十五日生である。新潟県佐渡郡畑野町多田在住。旧松ヶ崎村である。出生地は隣りする赤泊村の山田。旧姓平野。この家は屋号を〝でいら〟といった。〝平〟の意である。タミ女の父は筆吉。周囲からは〝でいらのとっつあん〟と呼ばれて親しまれた。薬草の知識があったからである。母はツギ。父方の祖父は利平次。祖母はジツ。ジツは松ヶ崎の〝紋助〟から嫁していた。幼い日のタミ女にいくつかの昔話を語ってくれた。さて、実家の〝でいら〟では、父筆吉と母ツギの間に一四人の子供がいた。上からいうと、長女ハツ、長男博、次男二八(にはち)、三男五一、次女カム、三女十三(なみ)、四男豊、四女タミの順である。数えて、タミは八番目の子であった。〝でいら〟は旧家である。この家は現在、次男の二八が継いでおり、整った佇いをみせている。しかし、タミの育ち盛りの頃は疲弊していた。一四人の子どもたちに祖父母を擁していれば、当然の事態であろう。同女の言によれば、米、味噌には始終不自由していた。そのためにカテメシが普通であった。大根メシ、菜メシ、芋のメシがそうである。それでもなお事欠くようになるとメキレソバになった。これはその色具合、ならびに姿恰好からして泥鰌(どじょう)にすこぶる似ていた。そこで通常、これを称して〝どじょう〟といった。現在のタミ女の記憶からすると、かつての日の〝でいら〟での印象は、まず、この〝どじょう〟。ついで〝モンサクセンセイ〟の昔話ということになるそうである。

それというのも、すでに述べたように長島タミ女の記憶する昔話とその伝承の経緯は、他の人々とはちょっと趣きを別にしていた。具体的には、盲目の人、山田の〝モンサクセンセイ〟から聴き覚えたというのである。ところで、この〝モンサクセンセイ〟は本名を高田嘉門といった。〝モンサク〟は高田の屋号である。したがって、人々は他に呼んで、この人のことを〝カモンセンセイ〟といった。文字に通じていたからである。しかるに、嘉門は中年以後、目を煩い、失明して三味線を習得した。音曲の面にも格別の才があったとみえる。佐渡はいったいに芸事の盛んな処である。これは今日でも変わらない。それがあってであろうか。〝モンサク〟の嘉門は音曲をもって生業の一助にするようになった。門付けをして歩いたともいう。ただし、タミ女の記憶に残る〝モンサクセンセイ〟は、ほとんど山田の周辺に限っていたという。はたしてそれで生活が叶えられたのであろうか。はなはだ疑問に思うところである。けれども、それはそれとして、秋の収穫も済んで田畑の仕事の一段落した頃になると〝モンサクセンセイ〟は、毎年必ず山田の子供たちの前に姿を現わした。すなわち、彼は三味線を背に負い、片手に杖を突きながら、一軒一軒の家を訪ねて歩いた。そして通常、一軒の家に三晩あるいは四晩泊まっては、また次の家に移って行った。そしてその間、それぞれの家では、夜になると家人を相手に三味線を引き、一方、子供に向かっては「むかしばなしを聴かせるから、みんな集って来いや」と声を掛けて、夜遅くまで楽しませてくれたという。〝モンサクセンセイ〟が「むがしあったとさ」と前置きすると囲炉裏端のタミ女たちは声を揃えて「さーそ」といって相槌を打った。これを土地では「さーそを継ぐ」といい、怠って黙っていると高田嘉門は「しっかり、さーそを継いで！」といって催促したそうである。もっとも、そうかといって、その場に居合わせた子供のすべてがすべて、一様に昔話に興味を寄せていたとは限るまい。中には聴き流すばかりで、ほとんど記憶に無いと述懐する者も決して珍しいわけではない。ただし、その際、私共が共通していまに見出すのは、良い語り手という人は、いずれも過去に良い聴き手、すなわち熱心な享受者であったとする事実である。つまり、昔話に強い興味と関心を抱いていた。そうした経歴を有していたとする事実である。たとえば、これをタミ女に即していうならば、幼い日の彼女は当の〝モンサクセンセイ〟が、〝でいら〟に来るのが待ち切れず、出向いてまず隣家の囲炉裏端に聴きに行き、自分の処でさんざん堪能した挙句、次に彼を裏の家に送って行って、そこで重ねて仲間に入れてもらった。それ程面白かった。好きだったというのである。なお、現在畑野町丸山に在住する語り手、稲葉マツエ媼（明治三十四〈一九〇一〉年一月二十七日生）も、その同じ仲間の一人であったそうである。

なお、羽茂本郷には、かつての〝モンサクセンセイ〟に同じく音曲をよくし、かつ、昔話の語り手として有力な藤井軾三翁（明治三十一〈一八九八〉年三月二十三日生）が健在である。しかも軾三翁は〝モンサクセンセイ〟を遙かに凌駕して広く世間を渡り歩いた。異色の存在である。しかして、翁についてはすでに『新潟県の昔話と語り手』（新潟県教育委員会編）に記した。重複は避けたい。

五　その系譜

こうしてみると、小佐渡はその海岸部近くの村々にあって、羽茂名産の柿がすっかり熟す頃、いや、煩瑣なそこでの皮剝き作業も一区切りがついた頃、ひと安堵した人々の家を巡っては、盲目の男が背に三味線を負い、手に杖を携えて赤泊村の山道を歩いていた姿が鮮明に浮かび上がってくるようである。そしてその人は、囲炉裏端に憩う家人を相手にひとときの娯しみを提供し、共に自前の濁酒に舌つづみを打ったのであろう。そして彼はまた、その場に居合わせた幼子たちに向けては、得意の昔話を披露して、これまたかけがえのない喜びを与えてやっていた。六十年前の〝でいら〟の夜を懐しむタミ女の言葉からは、たのしかった日の憶い出がようやく再構築、再復元し得たように私には思えた。そしてそのとき、佐渡は赤泊の山村にあって実際に認められたこうした昔話の在りようは、とりも直さず、かの菅江真澄の記述にそのまま重なってくるのではなかったであろうか。すなわち、二百年前の胆沢は徳岡の村上家に訪れてきた琵琶法師が、もしも囲炉裏端のストーリーテラーであったならば、佐渡は山田の〝モンサクセンセイ〟こと、高田嘉門も、それはほとんどこれに変わるところはない。彼もまた炉辺のそれであった筈である。かくして、ようやくここに私共の周辺には家々の囲炉裏端に巡ってくる芸能の人、併せて伝統的なストーリーテラーとする構図の一端が確実に入手し得ると考えられるのである。

（『野村純一著作集　第四巻　昔話の語りと語り手』）

［単行本初出：『ストーリーテリング』弘文堂、一九八五年刊］

語り手・伝承者——「モノガタリ」に向けて

はじめに

傍題にもとづいて、モノガタリ、わけてもここでは早物語の語り手、もしくはそれの伝承者の周辺について述べてみたい。もっとも、早物語に向けて、これまでにも私は何回か書いてきた。しかし、いつもなかなか思うように行かない。物語自体の性格やそれの位置付け、あるいは、そこでの直接的な機能や効用に関しても、相変らずいまひとつはっきりしない。原因の一端はおそらく、物語そのものの消息や動向を追尋するのあまり、その間、これの担い手たち本来の在りように、格別目を向ける暇が無かったからではないか。おおよそ、そのように自省するに至った。そうこうするうちに、今回、たまたま「語り手・伝承者」とする標題を与えられた。これを機会に改めて年来の課題に向き合ってみたいと思っている。従前からの経緯もあって、止むなく旧稿の記述に重なる箇所の生じるのは予め断わっておきたい。

一

思えば、久しく村々の、そしてしかもそこでの家々の囲炉裏端にあって、個々の場にいう〝モノガタリ〟とは、いったいいかなる中身にあったのか。炉辺の年寄たちに取沙汰され、かつ、通常いわれてきた〝モノガタリ〟とは、いつにいかなる対象にあったのか。そして実質それらは、そもそもがどのような位置を占めていたのか。また、それと共に一方で〝モノガタリ〟の担い手たちは、もともとその場に何を期待され、かつ、望まれていたのか。具体的には彼等は赴くさきざきに何をもたらし、併せてひとたびは何を充塡、充足させなければならなかったのであろうか。

いったいに、こうした態の発問や疑義は、遡っては、やがて〝モノガタリ〟そのものの原義のみならず、客観的にはそこでの実態や、あるいはそれらの経緯を追認する上からも、決してないがしろにはし難い内容を擁しているかと考えられる。そしてこのことは、偏(ひとえ)にわが国の常民の間に行われてきた文芸の一斑、たとえば、文字に直接かかわりを有しなかったであろうひとびとの、そこでの殊更な文芸意識を質すという観点からも、相応に必要な詮索であろう。そう思われるからである。そして、これは一面、常民にとっての〝モノガタリ〟とは、はたして何であったのかとする、至極質樸な発議に必ずや繋って行くものと考えられる。

情況としては、大局、それがあって、というよりはむしろ、そうした事態を踏まえた上で、ここではとりあえず〝モノガタリ〟の表記に依存した。「物語以前」の意を含めた心持ちである。本稿での試みは大要、常民の文芸、いうなれば、無文字社会を基盤にした口頭伝承の世界からの物語論へのアプローチでありたいと思っている。

在地に認められるひとつの例として、鹿児島県囎唹郡有明町蓮原では、次のような一篇を「モノガタリ」としていた。

木戸を通る小座頭が　焼餅ひとつ蹴ぃ出したんや　蹴ぃ出した足は喰じ　口が打っ嚙んだ　打っ嚙んだ口には詰らないで　喉に打っ詰った　打っ詰った喉は叩かないで　背中を打っ叩いた　打っ叩いた背中は泣かないで　目がひん泣た

伝承者は西山太吉翁（明治二十三〈一八九〇〉年三月四日生）である。翁はこの土地での昔話の有力な語り手の一人として知られていた。ただし太吉翁は、土地でいう〝むかし語り〟とこれとは常に峻別して、右の例に向けては、はっきりと〝モノガタリ〟の名称をもってしていた。そして、この手の伝承に関しての決定的特徴は、これらは常に早口で一気に語り終える点にある、いかなる場合にもひと呼吸置いたりしたのでは、それは最早〝モノガタリ〟を語ったの謂にはならないのだと、そのように説明していた。翁自身の言葉からすると、このとき〝モノガタリ〟はすでに格別の処遇を要求していたという位置付けになる。ちなみに、太吉翁の記憶によると、この一篇は若い頃、というのは、その地がまだ南諸縣郡蓬原村と呼ばれていて、家の数が七、八軒しかなかった頃に、村の〝多兵衛爺さん〟から教えてもらったという。しかし、今になっては私共には詳細は最早判らない。

そうした経緯はともかくも、鹿児島は大隅半島の有明町の一隅で西山太吉翁が〝モノガタリ〟の名のもとに開陳してくれたこれの正体は、それではいったい何であったのだろうか。たとえば、ひとたび語るに際しては、別条、殊に心掛けて「ひと呼吸置いたり」することなく、「常に早口で一気に語り終える」のが、口に上せる者の条件である、という具合に太吉翁は説いた。伝承者、あるいはそれの直接的な担い手を自負する者にとっては、不回避、不可欠の心得であったのである。それと共に、客観的にいって、そこに認められる筋書とか構成、さらには引続いて繰り広げられる内容は、どうであったのだろうか。もっとも、改めてこれを問う段になると、有体にいってそこでの中身は最初から仕舞いまで、ほとんど無意味な言葉遊びに始終していた。実際には、巷間汎くに行われる口遊び唄の中の、いわば尻取り唄の一類と見做されるものであった。そう抑えるのが叶えられよう。それがために内容は取り立てて云々するまでもないような印象にあった。仮りに、そこでの語り手が、ひときわ巧みに、しかも滑稽な仕種や表情のもとにひとたびこれを舌頭に上せたならば、結果として、それはそれで充分に面白く、かつ、おかしい。したがって、その場の気分や情景としては、もちろんこれだけで相応に完結した〝モノガタリ〟世界の雰囲気に到達するのが可能であると思われた。

ただし、その際、一方で格別の注意を留めたいのは、実はそこでの微妙な文言の配しようにあった。意図的な言辞の弄し方にあった。それというのはほかでもない。それは一篇の構成は何故か随処に物事のごく平常、平板な在りようを説かずして、いったんは事態を取り違えてすこぶる異常の風を訴え、つぎに急いでこれを修整、修復した上で、改めて筋を進行させていたからである。具体的には「足は喰じ」「口には詰らない」「喉は叩かない」「背中は泣かない」とする、ちぐはぐな在りようを訴える文言がそれぞれにそうである。そしてその挙句、最終的には「目がひん泣た」として、ようやく一件落着、無事語り納めている点にあった。

これからして察するに、ここでの〝モノガタリ〟の中身は、どうやらことごとくちぐはぐな状況を訴えることで、いったんは異を唱え、その後、やがてこれを矯正、是正しつつ、それでいてなお一方的にすべてを繰り延べて行くという仕様にあったようである。したがって、たとえこれらが悉く「意図的な言辞の弄し方」であったとしても、それはあくまでも、この場での修辞法、もしくは手段のひとつに過ぎず、勢い、あたかも蹈鞴を踏むかのようにして言い立てるその際の文言、つまり、きわめて特異な言語活動の裏には、何か特別な意図と目的が潜在していると見做さなければなるまい。いうなれば、ここに言挙げされる在地の〝モノガタリ〟とは、そもそもがそれ程に見逃し難い特徴を擁していたと認められるのであった。

それがあって、ここではさらに、右に見立てた条件と状況を手懸りに、これをさらに補綴し得る材料に目を向けて行きたいと思っている。

二

物事の実際の在りよう、というよりはむしろ、個々の人間の身体的な状況に関して、何故かいったんは取り違えて異常な有様を述べてみる。続いて慌しくこれを修整、修復し、その上で最後はそこでの顚末を恙無く語り納める。このような順序、手立てのもとに西山太吉翁が語り伝えていたのと、ほぼ同一の内容にあると認められる例が、その後、沖縄から報告された。有馬英子・遠藤庄治編『日本の民話　九州㈡　沖縄』所収「ザンのユングトゥ」がそれである。

むかしの笑い話ですけど、崎枝の浜にザンという生き物が上がったので、この四箇からその話を聞いて、聞いた耳は行かないで、足で行って、行った足では取らないで、手が取って、取った手では食べないで、口が食べて、それを食べたもんで怒って、たたかれたのは腰をたたかれて、たたいた背中は泣かないで、口が泣いたという笑い話です。

語り手は沖縄県石垣市大川の前盛タマ女（明治三十七〈一九〇四〉年生）である。これには「注」がついていて、「ユングトゥ――〝読み言〟か。リズムのある口調で語る話」とある。ただしここにみる限り「リズムのある口調」の中身の実態は判らない。太吉翁のいう「ひと呼吸置いたり」することなく「早口で一気に語り終える」習いと、直接重なってくるのか、どうか、それも保証の限りではない。しかし、右に認められる「聞いた耳は行かない」「行った足では取らない」「取った手は食べない」「たたいた背中は泣かない」、そして最後に「口が泣いた」とする、このちぐはぐな言い立てというか、そこでの独特な言い廻わしとそれの終焉に関しては、明らかにさきの〝モノガタリ〟と同列の趣意、趣向にあった。それどころか、そこでの情況を説くに当っては、わざわざ求めて身体上に突然惹起した、まこと奇妙な錯乱、もしくは混迷を述べているところなど、両者はすでに間違いなく、同一、特定の記号にもとづいて通じ合っていたと判断し得るのであった。もっとも「ユングトゥ」の語義に向ける解釈は、正直言って現在なお定まらない。しかしここでの内容からすれば、宮良安彦氏の説く「ユム事」がとりあえずはこれに近いようである。それからして、いま、沖縄は遥かに遠く石垣島在住の前盛タマ女が、右の例をして「むかしの笑い話ですけど」と前置きをし、遂には再び丁寧に「笑い話です」と言い添えているにもかかわらず、この一篇の素姓はやはり、それは単なる「笑い話」であったのではない。察するにおそらく、その場その場で周囲からの笑いを誘発し、さらに一層それを助長する長詞型の「ユングトゥー」そのものであろうと、思われるのであった。

もっとも、そうはいうものの、この種の伝承資料の発掘は、これからは那辺をどう見廻しても、そう簡単には叶えられそうにない。ましてや同一事例の発見と、直接照合可能な材料との邂逅は、余程の僥倖に恵まれない限り、容易に望めそうにない。それが現実である。何故ならば、打ち明けた話、それぞれの土地における個々の担い手たちは、今日、これの本来何たるかについてはあまり弁(こた)えておらず、伴って、それに向けての理解や認識も、手元を離れて最早久しくなっていたからである。それがあってこの間、点綴する伝承の実態は、大枠、厳しく一篇を律する条件であった筈の、つまりは「ひと呼吸置いたり」することなく、「常に早口で一気に語り終える」といった仕来りや作法さえその多くが衰退し、かつ欠落していたのが趨勢であった。この結果、これらはしばしば意表を衝いた面白おかしい文言と、そこでの意外な顛末だけがひとり哄笑の手立てとなって、昔日の面影を留めるに過ぎなかったのである。成り行きとしてはそれが現状であった。このような事情からみて、すでに扱う資料にあっては、きちんとした形式や内容を整えているものに限るわけには、とてもいかない。とりあえずは、これを覚悟した上で、幾分心許無い材料の場合も枉(ま)げてこれを登庸するようにした。いうなれば、木にも草にも心を置いてという仕儀になった。以下、大きな齟齬(そご)の生じないように充分心して行くつもりである。

さて、その上で昔話集所収の材料を提示したい。一見、やや取り留めのないような話である。どうであろうか。

小春日和になあ、縁先で昔、将棋ぅ指しょうた。将棋ぅ指しょったら、将棋ばかり熱中してな、きせるで煙草を吸うんですけどな、煙草の吸いがらが膝の上へ落ちて、燃ようるんが分からんのですん。

「やれ、熱(あち)い、ちい」言うて、うろたようる。そうしたら向こうひらの親父もまた、「熱い、ちい」言うのを見りゃあ、雁皿(がん首を)ぁくわえとった。あの火の付(ち)いた所を。

「こんなあ、あんごう(あほう)が、あがあな風(ふう)ばあ、将棋ばあ乗して、なにぅしょうるんなら」言うて、近所のお婆さんが見よったいうて。ほしたらそのお婆さん、その将棋さしばあ見ょうたもんじゃけん、御飯を座敷の上へ取りょうた。はんぼうへ入れんこうに。そうしたら、へえつ(それを)ぅ魚屋が来てな、

「こんなお婆さん、なにぅしょうるんけえのう。御飯を座敷ぃ取りょうるが、ええ馬鹿な婆あじゃあのう」思ようたら、魚屋ぁそれればあ見よったら、猫が籠の魚ぁくわえて、逃げた。せえつぅ床屋が見ゅうた。

「こんな魚屋、なにぁ見ゅうるんなら。魚を盗らりょうるが」思うて見ょうたら、床屋が、ちい(つい)剃刀を滑らかぁた。お客の顎を切り落てえて、下へ落ちたら、踵(きびし)まで切って、

「こりゃあ、いけん」言うて、医者ぁ呼んだ。医者が、さあうろたえて、顎と踵ぅ付け迷うて、なんじゃそうな、顎へあかぎれが切れて、踵ぃ口ひげが生え出した。

稲田和子他編『備後の昔話』（「日本の昔話」18）に拠った。題して「馬鹿揃い」とある。語り手は、広島県神石郡豊松村川東の石川久夫（明治四十〈一九〇七〉年四月二十四日生）である。

『日本昔話大成』では「三尺草鞋」（三九三）として分類されている。笑話のひとつである。ちなみに現在それの「昔話の型」には、次のように整理されている。

(a) ある男が煙草が燃えるのに気づかない。裁縫している女房がそれを見ていて袖口を縫ってしまう。下女が飯を櫃のそとにあける。

(b) 嫁が居眠りするのが気になって、下男がそれを見ていて長い草鞋をつくる。

筋書きとしては、それぞれが順繰りの失敗を見咎めて、順順に相手を嘲笑するといった形態をとる。展開からすれば、いつまでも完結をみるに至らない。果てしなく続行し得る機能を擁していると評することができる。その意味では「果なし話」、あるいは連鎖譚の一類と見立てるのも、決して不可能ではない。ただし、右の例に限ってすれば、その後の話の伸展はいかにも意想外で、しかもすこぶる唐突に閉じられていた。具体的には「お客の顎を切り落てえて、下へ落ちたら、踵まで切って」以下がそうである。すなわち、そこでは粗忽な医者の手違いによって、患者への手当がちぐはぐになる。その結果、あろうことか、身体上に突然思い掛けない錯誤の生じた事態を訴えていた。もっとも、実際にはまったく惹起するわけのない情況を面白半分に述べていたのである。それからして、これにもとづいて周囲からの笑いを期待するというのは、結局前出西山太吉翁、ならびに前盛タマ女の場合と、基本的にはほとんど変わるところはなかった。ただ、そこに用意された笑いの仕掛け、あるいは趣向として他に類を求めるならば、差し当っては『醒睡笑』の「謂へば謂はるる物の由来」（巻之二）の「栃目になるということ」が、それに当ろう。

こうした状況の下に、改めて右の事例を検証するに、独立した昔話の一篇として、話の首尾に著しい破綻の生じているのは最早否めない。それというのも内部徴証にもとづいて、再度これを指摘すれば、前段と後段とは明らかにそれぞれの構造、あるいはそこでの装置や機能が格段に異なっているとする事実に逢著するからである。それでは、いったい何故木に竹を接いだような、こうした在りようが生じたのであろうか。予想や予測にもとづいて、殊更云々するのは好ましい話ではない。しかし、少くとも、いま考えられるのは、すでに云ったように、ここでの終末部は、もともと「三尺草鞋」とはまったく別に、他に独立して在った筈である。そして、これがたまたま好尚の機を得て、誰かの賢しらのもとに添加、付帯されたのであろうとする見通しである。もっとも、こうした推察を積極的に裏付けるには、なお心許無いにしても、差し当って指摘し得る内訳は、まず、現行の昔話の類いに、この手の語り口を擁する例はついぞ認め難いとする事実がひとつ。加うるにもひとつ。奇想天外、そしていかにも人の意表を衝く右一段の構成は、遡って、かなり古い文献の中にほぼ同様の趣旨を見出すのが叶えられるからにほかならない。参考までに示すに『狂言　丼礑（どぶかっちり）』の次の場面がそれである。

> シテやい。汝にいつぞは言はう〳〵と思うてゐた。そなたもいつがいつまでも、小歌や早物語でも済むまい程に、平家をちと稽古したならばよからう。菊市これは私の方より内内願ひまするところに、仰せ出だされてござる。御指南をなされて下されうならば、忝けなう存じまする。シテそれならば幸ひ邊りに人もゐぬさうな。そちが稽古の為に、一句語つて聞かさうぞ。菊市それは忝けなう存じまする。承りませう。（シテ平家）「そも〳〵一の谷の合戦敗れしかば、われも〳〵と高名せんと駈け廻る程に、跟（きびす）を切られてにじるもあり、頤（おとがひ）をはつられてかかゆる者もあり。入り乱れたる合戦なれば、跟を取つて頤につけ、頤を取つて跟につくる程に、生（は）えうず事と跟に髭が生え、順に皸（あかがり）が二三百ほかり〳〵と切れにけり。」菊市やんや〳〵〳〵。さてもさてもこれは承り事でござりまする。シテいざ行かう。さあ〳〵来い〳〵。菊市畏まつてござる。シテ世間に平家を語る衆もあれども上手が無いものぢや程に、随分精を出だいて稽古するやうにせい。菊市何がさて随分精を出しませう程に、御指南を頼み上げまする。

これによって、昔話集所収「馬鹿揃い」の後段こと、つまりここでの話題は、それの中身が右文献の一場面にそのまま重なって行くのが明らかになった。材料として相互に照合に耐え得るとする見立てである。しかも、それだけではない。右の資料にもとづいてする限り、「シテ」と「菊市」との遣り取りからも見られるように、混迷を極める戦いの場にあって、それぞれの身体上に派生したちぐはぐな情況、すなわち、まこと奇妙な錯乱を述べるこの筋書は、そもそもがひとり「平家を語る」がために「随分精を出だいて稽古」するべき材料、もしくはそこでの叩き台の一種であるのが判ってきた。もちろんそうはいっても、「平家」そのもの、あるいはそれの一斑であったとするのでは決してない。ただし、ひとたびは「そも〳〵一の谷の合戦敗れしかば」と言い起こすその一言に示されるように、これは「平家」とはまったく無縁であったのではない。即かず離れず、本来は「平家」であって、しかも実態は然にあらず、そこでの帰趨は「平家」のもじり、戯れの「平家」、もしくは「似非平家」とでも称されそうな、そうした独白の位置と存在にあることが、ここに明らかになってきたのである。

三

こうして『狂言　丼礑』からは、騒擾の場を舞台にして、各個の身体上に生じた突拍子も無い取り違えを述べた、特異な笑いのあるのが確認された。これを思えば、前出「馬鹿揃い」の一節はおそらく、文献記載のこの材料が意図して野に持ち出され、その上で転用、仮借されて現行の笑い話の一端に添加されるに至った。おおよそは、そのように理解し、かつ解釈するのが叶えられよう。物理的な時空からしても、あえてその逆を慮る必要はまずあるまい。客観的に評すれば、これはまことにコンパクトな〝笑いの借用〟といった仕様である。そして、それはまた取りも直さず、その間この部分、あるいはこの場面が文献の中から別条遊離、独立し、もしくは完結した一篇の構図として独り歩きをする、そうしたことが充分可能であるとする事実を主張する仕儀に相成った。取り外しの上、交換可能、しかもすこぶる軽便にして、持ち運び自由の特異な笑いの小筐であったのである。そこで、これらを勘案すれば、その場における笑いの仕掛け、ならびにそこでの在りように再度注意を向けるのも、強ち(あながち)無駄ではないように思われる。

では、実際に『井礑』のこの場面からは具体的に何が読み取れ、かつ、何が見えてくるのだろうか。もちろん、独立したこの種の作品の常として、幾分かの誇張は最早余儀無しとすべきであろう。しかし、仮りにその点を割引くにしても、さきに登場した二人の遣り取りからは、その間すでにいくつかの事情が引き出せるようである。たとえば、冒頭「シテ」は「菊市」に向かって、早速説教染みた口調で「いつがいつまでも、小歌や早物語でも済むまい」、心掛けて「平家」を「稽古したならばよかろう」と諭していた。この一言から二人の身分関係や立場は当然推察し得る。いずれにしても、もしも恰好の指南役に恵まれなかったり、また、殊更本人が怠けているような場合には、いつまで経っても、それでは小歌や早物語を囃す域に留っていて、晴れて「平家」を語る日の来るのは、一向に訪れない。こうした事情を窺わせるのであった。紛れもなく「平家」と早物語の関係を示唆する文言である。そしてそれは事実、遡っては『経覚私要鈔』に直接認められる例が最も古い。同書文明三(一四七一)年正月十四日の条にみえるのが、そうである。

巳下刻盲目参賀十五人去年人数尫弱之間突鼻故歟、奉行繼舜法橋(付衣)参奉行了力者一人(着直垂召具了)稲花申之器用者在之平家一句可語由仰之間一句語之其後給暇了有能者可申之由仰之間早物語申之一興

ついで、同四(一四七二)年正月十日の条にみえる。

座頭十八人来稲花語之後平家拝早物語為之、有其興者也修理木守来、莚敷之下部一人(着直垂召置了)奉行繼舜法橋(付衣)由次之酒肴修理目代沙汰之三連下行云々

右の記事に共にみえる「稲花」に向けては、後日改めて触れる。おそらくは『諸国風俗問状答』の中、「出羽国秋田領風俗問状答」の「正月十一日　鏡ひらきの事」の条に認められる「桜は咲て七チ日に云々」の例と直接かかわってくるかと思われる。ただし、ここではこれ以上は言わない。閑話不提。次、参考までに続いて『言継卿記』から文禄元（一五九二）年八月十三日、及び十五日の記事を示したい。

　城俊ヨリ入夜月ヲ可詠之由有之間罷向、茶有之、城任早物語四五ホト語之、亥刻ニ帰宅了、

さらに

　座頭福仁来了、岸根新九郎申合同道了、則西御方ヘツレテ」罷向、内々承ニ依テ也、種々芸也、上ルリ・平家・小哥・シヤヒセン　早物語、其外逸興共有之、晩景予所マテ帰了、則宿サセ了、

とある。これからは、月を愛でつつ茶を嗜み、また浄瑠璃、小歌、三味線といった具合に音曲を娯しんだ席にあって、それと共に早物語も同じように覚翫（かくがん）された。そうした風のはなやいだ雰囲気がそのまま伝わってくるようである。もっとも、こうしてみると『経覚私要鈔』所収の記事と、『言継卿記』のそれとでは、そこに認められる物語それ自体の在りように、すでに大きな懸隔の生じているのは、どうやら否めない事実のようである。

それというのも、前者の例は共に記事が正月に限られている。年改まったので座頭たちは参賀のために参上し、その上で荘重に「平家」を弾じた。次に転じて場の座興、要は息抜きの意味で早物語を披露したのである。いうなれば粛然と襟を正したであろう「平家」の後、いっときの寛ぎ（くつろ）といった趣向であった筈である。これによっても、早物語本来の性格とそこでの位置付けは容易に推察し得る。すなわち、「平家」とこの物語との関係は、元来が表裏を成していた。表芸に対する裏芸といった構図とその案配であろうか。両者は互いに牽制し合って、それぞれの領域を犯すことはまずなかった。何故ならば、大枠、彼等盲目の職掌集団は、まずは何を措いても正月礼に参上し、そこで改めて千秋万歳の寿詞を披露し、あるいは呪詞を述べ、さらには一曲「平家」を奏するのが例年の欠かせない習い、いわば儀礼のひとつであったからである。正月の行事、いうなれば、小正月を中心とする慣行の一端として、巡り来る年毎の春の言触れとして行われていたからであろう。したがって、それに付随して、もしくはそれと対を成して求められる物語とは、そもそもが初春の笑いをもたらす、つまりはその場に不可欠の「一興」として、確実にそこ

に在ったと考えられるのであった。

しかるに、後者になると事情は若干異なっているようである。少くとも、そこではすでに他の囃子物と同列にこの物語が持て囃されていた。それらと対等に、しかも並列してこれが処遇され、かつ行われていた。「上ルリ・平家・小哥・シヤヒセン」、そして早物語といった具合で、いずれもいずれも「種々芸」のひとつに数え立てられていたと、見做し得るからである。それからして、右の記録からは早物語自体の占める位置とかその機能と性格、加えてそれの変容変遷振りが垣間見えるようで面白い。

次に時代は余程下るが、これに関してはいかにも見過せない資料をもひとつ提示したい。

十日　あさいして、日たけて起たり。けふは、此江刺ノ郡黒石（水沢市）ノ行道の家に在りて人々（と＝脱）歌よみあそび、あすなん胆沢にいなんなンどいへるに、とみなる事とてふみもて来れば、こを見つゝ、常雄は皈リ去キ。よべよりこゝに、めくらほふしども来宿りたるをよび出れば、南部閉井（伊）ノ郡ノ浦人、宮古の藤原（宮古市藤畑カ）といふ処といへり。語りさふらへといへば紙張の三絃とうだし、こわつくりして、尼公物語とて、佐藤庄司が家に弁慶・義経・偽山臥となりてやどりし事を語り、をへぬれば小盲人出て手をはたとうちて、それ、ものがたり語りさふらふ。「黄金砂まじりの山の薯蕷、七駄片馬ずつしりどつさりと曳込だるものがたり」また「ごんが河原の猫の向面、さるのむかつら」「鉈とられ物語り」「しろこのもち、くろこのもち」などかたりくれたり。

『菅江真澄全集』第一巻所収、「はしわのわかば」に拠った。天明六（一七八六）年五月の記事である。ここにみえる真澄の記録は、早物語の動向や、またその頃の消息を知る上ですこぶる貴重である。鄙の地におけるこれの伝承の場面を活写している点からも、他にかけがえのない資料である。紙張の三絃に合わせて盲目の法師たちの語ったのは、奥浄瑠璃であろう。わけても注意すべきはその折、これが終ると同時に「小盲人出て手をはたとうちて、それ、ものがたり語りさふらふ」とする条にあった。『井礑』の例を提示したところで、早物語に携る者の立場や身分についてはちょっと触れたが、ここでもそれはほとんど変わっていなかった。少くとも、かの「菊市」をこの場の「小盲人」に置き換えるのは、充分可能であった筈である。しかもこの場合、小盲人は直接披露するに当っては、まず「手をはた」と打った上で、「それ、ものがたり語りさふらふ」という具合に、きちんと口上を述べていた。思えば、そもそもこれはいったい何であろうか。従前の文献資料からは、残念にもそこのところは一向に明らかになっていない。

しかし、右の一条から察するに、この種の物語には、どうやらそれ相応の伝承形式があったようである。〝モノガタリ〟の様式であろう。そしてそれにはいま「それ、ものがたり語りさふらふ」の一句が、そのまま該当していたようである。もっとも、真澄は右に記した「黄金砂まじりの山の薯蕷」「ごんが河原の猫の向面」については、別条『鄙廼曲』に紹介しているが、この形式に関しては別段何も伝えていなかった。画竜点睛を欠くの想いである。

そこでこの際、これに事寄せて少々言えば、いったいに口承文芸、わけても口頭の言語伝承にあって、そこでの形式や形態は基本的に無視し得ぬ要件のひとつであった。それはしばしば不可欠の条件ですらあった。何故ならば口頭伝承の常として、この種の伝承形式の有無は、そのままこれが他の分野や仲間とは、そこでの素姓や分際を異にするといった指標や目安になる。あるいは翻って、これが直接己が身分や立場を強力に主張する枠組になって、自ずからその身を維持し、確保する身元保証、いわば一種の通行手形の役割を果していたからである。これを思えば、早物語がその発端に「それ、ものがたり語りさふらふ」とする文言を備えていたのは、取りも直さず、自立したそこでの存在を強く訴えるわけで、それこそは何者にも代え難い、その場での記述であった。ただし、ここになお、無い物ねだりの一言を添えるなら、これらは果してそのとき「ひと呼吸置いたり」することなく「早口で一気に語り終える」ような情況の下にあったのか、どうか。いささか気掛りな真澄の筆致ではあったのである。

四

以上、行きつ戻りつ、左見右見した結果、ここに至ってどうやら何かが少し見えてきたような気がする。否、ひょっとすると、実際にはそうでないのかも知れない。しかし、これまでの経過からして、ここには少なくとも大要次の如き事実関係が浮かび上ってきたといえるのではなかろうか。すなわち、

一、かつての日に村々には、いずれ一類と目し得る格別の言語活動が行われていた。それはしばしば〝モノガタリ〟の名のもとに伝えられ、遇されていた。

一、〝モノガタリ〟を語るには「ひと呼吸置いたり」することなく、「早口で一気に語り終える」のが心得であり、かつその場での条件であった。

一、ところが、これを早口で一気呵成(かせい)に語るには、きわめて困難でしかも支障を来たすような文言が随処に用意されていた。つまりは、容易に為し難い言語活動が要求されていた。

一、しかもこの〝モノガタリ〟の内容は、現実にはあり得ない奇想天外な筋書きを擁していた。わけても、個々の

身体上に突然惹起した、ちぐはぐで奇妙な錯乱とか混迷を述べて、周囲からの笑いを期待することがままあった。

一、ところで〝モノガタリ〟を語るに際しては、実質独自の伝承形式があったようである。殊に発語の一句「それ、ものがたり語りさふらふ」は注目に価する。

一、加えて、右の内容と直接照合の叶えられる趣意、趣向は、古く文献の中に見出し得る。しかもそこでこれを語るのは、「平家」を語る者に重なっていた。

一、なお、その場に「早物語」の字句が認められる。さらに遡って『経覚私要鈔』には、「平家」を語る場面で同じく、「早物語」を披露する記事がある。文献上、「早物語」の表記の確認し得る初出の記録である。

これらが、ここに至るまでのおおよその道程であった。日暮れて道遠しの感、いささか免れ難い。しかし、これからしてみるに、現今各地から報告の寄せられる、この種の〝モノガタリ〟それぞれの素姓や来歴は、これらがなべて文献に垣間見える「早物語」に直接間接かかわりを有している、そういったひとつの見通しを立てられるようになったかと思われる。それがあって、も少し踏み込んでこれをいうならば、ひとたびは「平家」を弾ずる者、すなわち、元来が早物語に携わるそれ。転じてなお、早口で一気呵成に〝モノガタリ〟を伝える者、あるいはそれを伝習し、かつ、語る者といった態の構図が一応入手し得るように思われる。さすれば、かの西山太吉翁の一篇が、あえて「小座頭」を主人公にして展べられるのも、おそらくはこうした事柄とまったく無縁ではなかったのであろう。そしてまた、洋上遥か石垣島は前盛タマ女の語る「ユングトゥ」も、いずれはこれの支配するところであったのかも知れない。

しかしそれにしても、この程度の内容と事実関係の補佐と確認で稿を終えたのでは、依然、屋上屋を架するに過ぎないの思いはいささか止み難い。たとえば、さきに一度私は「ここには少なくとも大要次の如き事実関係が云々」と記した。しかしそれはやはり少々安易な物言いであって、事、〝モノガタリ〟に関しては相変らず、「各地に潜在するそれぞれのプログラムを繋ぐ可能性が残っている」ぐらいに言い換えた方がより適切であったのかも知れない。振り返ってみれば、だいいち、在地に行われるそれぞれの〝モノガタリ〟は、これが早物語の末裔の一端、あるいは係累の一部であったとするのはともかくも、かの『丼礑』にあって「シテ」の披露した、「そも〳〵一の谷の合戦敗れしかば」の一節は、はたしてそれが「早物語」そのものであったのか、どうか。保証は相変らずなんとも仕様が無かったからである。

しかし、それにもかかわらず、この一篇の内容は明らかに「個々の身体上に突然惹起した、ちぐはぐでまこと奇妙な錯乱とか混迷」を述べ立てている。帰趨としては、それによって期待し得る周囲からの笑いを予定し、なお、それを助長するといった機能から、紛れもなく、その後に一段と盛行をみるに至る在地の〝モノガタリ〟と規を一にするものであった。その意味では、すでに早物語そのものであったと評しても、さほど勇み足にはならなかった筈である。それというのもたとえば、現今、それの最も顕著な例として、次の如き内容のものが〝モノガタリ〟の名のもとにしばしば伝承されているからである。山形県最上部真室川町安楽城での事例である。

　ソーレ物語り語り候　語ればもっての物語り　一反畑に瓜作り　二反畑に花が咲き　三反畑に　大瓜ゴロゴロ　ゴロッとなったの物語り　ところが隣の裸（はんだか）野郎が来て　裸（ひっ）懐（ところ）で　ヒットコ　ヒットコに椀（もえ）で行ったの物語　座頭（ざど）に見つけられ　唖（おっち）に声掛げられ　手無しに摑（し）められ　足無しに追（ぼ）われ　棒で縛れや　縄で叩げ　ジャホエ　ジャホエと追（ぼ）ったの物語り　ところで　家（え）の前（めえ）の垣柴を潜るとて　踵（あぐど）のわり筋から甲（ぶんぬ）どこまで　蚯蚓（めめず）のようだ棘を　ベロベロ　ベッツリと刺した物語り　こう臼で掘っても抜げない　杵（けつきぎ）で掘っても抜げない　ところで　ゆわの牛蒡（ごんぼ）畑の雑魚（ざっこ）　海のふぐだち　焼いでといでつけたれば　昨日（きんな）の今時分　ベロベロ　ベッツリと抜げだの物語り

　語り手は馬喰の小松慶三郎翁（明治二十九〈一八九六〉年十二月十七日生）であった。翁はこれを「かっちゃま物語」だと私に説いた。土地の言葉にいう「かっちゃま」は「逆さ」の意である。思うに、一篇を貫くちぐはぐな事態をして、そのようにいうのに違いない。それにつけても、客観的には冒頭まず「ソーレ物語り語り候」という具合に、きちんと形式を踏んで語り起こしている点。次、内容的には、突然惹起した、ちぐはぐで異常な情況を飽くことなく訴え続けている点。そして、それにもかかわらず、最終的には「ベロベロ　ベッツリと抜げだの物語り」といったように、平穏無事な事態にこれを語り納めている点。つまりは、秩序をちゃんと回復している点。更には〝モノガタリ〟の主人公には座頭が登庸、比定されている点。

　こうしてみると、形式、内容共にそのどれをもってしても、それらはここに至るまでに検証してきた材料のひとつひとつを充分補綴、補完し得るのであった。事例としては、すでに申し分のないものであると思われる。それだけではない。このとき、小松慶三郎翁は実際に「ひと呼吸置いたり」することなく、「早口で一気呵成に」これを「語り終え」るといった業を鮮やかに披露してくれたからである。それはまさに舌疾の至芸とも称し得る振舞いそのものであった。これからして、右一篇とそれを巡るそこでの在りようは、在地の〝モノガタリ〟、就中（なかんずく）、早物語とその伝承の実態を示す好個の例であろうと思われるのである。しかも、こうした有様は、何も右の一例に限られたわけではない。今日現在、それなりになお追認の叶えられるものであった。たとえば、先年私共は岩手県下閉伊郡川井村小国で、大仁田在住の中仁沢ヒデ女（明治三十八〈一九〇五〉年一月二十九日生）から次の一篇を採集した。同女の旧姓は岩舘。出生地は巣金屋敷。母親はフク。その父親は長之助といった。ヒデ女の祖父である。この人から教えられたそうである。

ソセン物語　語りけり候　向いの山に火がついて　座頭が見つけ　きかず（聾）が聴きつけ　おっち（啞）が呼ばわり　足ぽう（跛）はあなめ籠などを足に掛け　スッテンコロリン　ヤッコロリンと馳せければ　蚯蚓の棘をブッラドンと踏ん刺して　臼をもって掘っても抜けず　杵をもって掘っても抜けず　鴉の下羽などをもって　ヒラリ　ヒラリと撫でければ　おといの昼の頃　天竺の七日町八日町に出てきて　ブッツラドンと抜けける　これもてんぽうの物語　語りけり

ちなみにヒデ女の説明によると、土地ではこうした類いを称して、すべて〝モノガタリ〟という。わけても、右の一篇には格別「ソセンモノガタリ」の名があって、そう呼んできたそうである。ところで、この稿はもともと、鹿児島は大隅半島の語り手西山太吉翁の〝モノガタリ〟から説きはじめた。一方で、それに向き合う薩摩半島の川辺町下からは「せせんせんのものがたり、語るもってのものがたり、むかしのことならあったることでもなかったることでもあったることにして聞かねばならぬ」（傍点野村）といった報告があって（有馬英子編『手無し娘』「解説」所収）、久しく類例を求めているところであった。「ソセン」「せせんせん」の原義は依然不明だが、これらもあるいは、なお何処かに潜在する〝モノガタリ〟のプログラムによって、いずれ互いに呼応しているのかも知れない。やがてはきちんとそれの繋がる日を期待してとりあえずはここでの筆を擱きたい。

（『野村純一著作集　第四巻　昔話の語りと語り手』）
［単行本初出：『日本民俗研究大系　第1巻　方法論』
國學院大學、一九九一年刊］

話とその位相

一

〝話〟は〝語り〟の歴史やその位相に比較して、そこでの在りようは余程新しいと見做されるものの、それでも〝話〟はいったいに汎く大勢の人々から期待を寄せられ、また、実際にはその都度おおよそ忠実にそれに応えて歓待されてきた。しかし、それでいながらそれは〝歌〟や〝語り〟の存在に比べてつねに不遇な扱いにあった。たとえば『京都府の民謡』には、

唄はよいもの仕事ができる話や悪いもの手を止める
ほんにそういの仕事ができる　話や悪いもの手を止める

といった具合に囃された例がみえる。そしてこれは『口丹波歌謡集』にも

歌はよいもの仕事が出来て　話悪いもの手が止まる
唄はよいもの話は邪魔　邪魔な話は歌となる
歌は好いもの上にも下にも　仕事するにも遊ぶにも　歌うて精を出せ元気でまかせ

といったようにある。また『若生子村の生活圏と民俗』には、地搗き歌で

歌を歌うては仕事をなされ　歌は仕事のなぐさめや
歌は歌われ話はおかれ　話や仕事の邪魔になる

と歌っていた。こうしてみると、これらはいずれも直接仕事の場にあって、歌の効用、効果を積極的に賞揚、賞讃し、対するに一方そこでの話を厳しく退けて忌避する。こういったところに共通の姿勢が存する。しかしてここでの立場と心情とは、何もこれが歌を伴う作業の場面であるから、したがって、ほとんど一方的にそれを擁立するという偏った性格のものではない。むしろ、その場に居合わせる人々が素朴な共感のもとに一様にこれに荷担し、かつ、率直に納得しうる機能

をば、すでに歌自体のなかに認めていたと理解されるべきであろう。事実、このたび島根県鹿足郡六日市町に昔話を聴き、併せて田植歌をたずねる機会があったが、その土地では「農神様は色好みの神様」とする伝承が根強い。集まっていただいた老人たちから得られた田植歌には、たとえば、

父親(とつさ)の前の捏ね棒はなあにを捏ねる捏ね棒か　われらおとどい四、五人を捏ねくり出した捏ね棒じゃ

蓬摘みと蒜摘みと大谷小谷で行き会うて　昼事やつたか知らんのう　わしらは見いたが言わざつた

山口の庄屋の嬶は三味線ボボを持たれた　立ちやビンビン坐わればビンビン　まこと三味線ボボやれ

といったように、色事を歌い込んだたぐいのものが多かった。六日市での田植えは古くから午後に行なう習いにあった。また、そこでの田歌にも定まった順序はなかったという。ずいぶんと解放された雰囲気にあったようである。しかし、それでも歌をうたって田を植えるのと〝ぐずぐず話〟のときとではよほど能率が違う。短く歌えば、それに応じて手も早くなるといって、当然のことながらここでも歌を強調するのであった。ちなみに、ここにいうぐずぐず話とは、一般に世間話だが今は田植時の小言話の謂で「家の嫁はどうの、どこそこの娘はどうの」といった内容であるという。ただし、これにも「五月の田植面の話は上に持ってあがらない」とする不文律が存したそうである。

　話はこのようにしてつねに人々からの関心を惹き、その上でその在りようを咎(とが)められ、また謗(そし)られる存在にあった。しかるに、その実、一方で具体的にこれの行なわれる内容については、ほとんど言及されずにきてしまったかの感が深い。具体的には各地に窺える〝話〟の種類とこれへの呼称については、依然不分明の処が多い。これはすなわち、従来が話を軽視し、ほとんど蔑(ないがしろ)にしてきたがために、不用意にもすべてこれを一括して処理し、その実態を精確に知る余地の存しなかったのが原因とみられる。その意味では、民俗語彙としての〝話〟の様態も注目されなくてはならないはずである。それからするならば、いま触れてきた色に関しても話の世界で汎く各地にいわれるのは、色話・つや話・おとし話・げさく話・大話・さらには具体的な行為を示す、よばい話といった呼称で、多くはその場に居合せた人々の笑いを喚起するところにひとつの特性が認められるのであった。しかしてその他にも類推される例をいおう。

　たとえば戦前、青森県で三日に一度ずつ発行されていた地方新聞に『奥南新報』がある。ここに連載されていた「村の

話」の昭和四（一九二九）年十月四日号は、愚か聟・愚か嫁の話を続けて紹介したあとに「これまでの話は主に階上村赤保内あたりのものです。まだまだ、あるらしいのですが『からくちこ』でとても子供には話せないといってききません」と、記している。この「からくちこ」は、いうまでもなく子供たちには具合の悪い内容のものであろう。[1] しかし一方の子供たちにとってのそれは、秘められた大人の世界を垣間見ることから、すこぶる興味のそそられるところであった。その有様を福岡県築上郡に育った田村善次郎は「今日はヒカルかといった調子でやっていたもので、そういう時に用事のある客がきたりすると、何処かで今日もヒカリをしている筈だからと探しに出され、村中を歩いて探しあてたものの、大人たちのスバク話（馬鹿話）につい聞耳をたてて用事の方は忘れてしまうという事がよくあった」（『早川孝太郎全集』月報3所収）と、回顧している。なお、豊前の地でいうヒカリは、多く若者たちの間で行なわれる一種の共同飲食であるが、ここでのスバク話と、さきに掲げた「からくちこ」とは、必ずやその中味において重なる面が多多存するかと察せられる。さて、秋田県大曲市ではこの種の話を、ばすこき話という。子供や生真面目な人には相応しくない内容の話を称する。これにほぼ近い意に用いているのに、山形県は最上郡や庄内でのてんぽ話がある。てんぽをいうとも使う。てんぽは古い言葉であろうが、ここでの意味は話す者もそれを受け取る側の者も、内容に関してはすでに互いが了承しているとする前提のもとに行なわれる。すなわち事実と紛わしく、人を陥れるような虚偽、嘘偽りの場合は別に、ずほとか、ずほ話といい、元来がこれとは峻別している。それからすれば、置賜地方でのてくつ話やへらへら話、さらには茨城県下でのちくぬき話、だんだん話も、おおよそはこうしたたぐいのものとみられよう。中国筋では山陽・山陰を問わず今もげなげなげな話が盛行している。「げなげな話はなかば嘘」「げなげな話は嘘じゃげな」などと言い言い、なおいっそうこれを楽しむ風情にある。島根県下でも「げなげな話は人から聴いた話のことや」として、話し手は直接その内容に伴うところの最終的な責任は回避し、聴き手の方もあらかじめそれを承知してこれに応えるわけである。したがって、熊本県下で「話ホンナシ」としながら十分にそれを娯しむのと同じ趣きにある。そういえば、佐賀県下でのふうけ話も同様で、諺にも「ふうけても佐賀もん、無かもん食ひはしけ子のせんしよう」という。いったいに、こうした話の位相は昔話の周辺からも、ようまつ話・だだけ話・おどけ話・じなくそ話・やちくそ話・だらず話といった具合にそれぞれ多彩な報告がなされている。

しかし、だんだん話というのは、普通には話をするときのその様式、形態をいい、また、近江での百一などというと、百に一つしかまともな内容のない場合をいう。つまりは、ごくたあいのない話の代名詞だとする。このようにして、実は

〝話〟はその呼称ひとつにしても、それの伝達形式や様態から称される場合と、他に内容を直截に反映していうもの、さらには木小屋（けごや）話といった具合に、その持て囃される場所からくるものなど、それらが併行・併存して用いられているのが現状である。いずれは、これの分析整理と吟味とがなされなければならない。

二

ところで、その一方〝話〟には早くから比較的安定した話柄や型、あるいは主題を整えて行なわれてきたものがあった。それの代表的な例が、薩摩の侏儒（しゅじゅ）どん、肥後の彦市、豊前の吉五、唐津の勘右衛門、豊後の吉四六（きっちょむ）、宮崎の半ぴ、土佐の泰作、備後の彦八、能登の三右衛門、置賜の伊作、佐兵次、または遠く江差の繁次郎といったように、おおよそそれぞれの土地に特定の主人公を創造・設定し、そのうえでさらにこれを実在の人物に模して伝えてきた話の場合である。これらは多く、今日では彦市話とか、吉四六話、あるいは泰作話といった名のもとに親しまれ、人口に膾炙（かいしゃ）した挙句〝話の主人公〟というよりは、むしろ特定のその人に纏（まつ）わる話といった勢いにある。赴くところ、土地土地ではこれにいっそうの現実味を付与すべく、実際の人物と見做してなかには菩提寺の過去帳に該当者を指摘し、戒名を授けて墓標を喧伝したりするが、結果として話はあくまでも話の領域を出ることはない。

しかし、それはそれとしても、この種の話柄で殊に注意すべきは、総じてこれら、話の主人公たちは、地域ごとにその土地独自の言葉を得てその性格を伝えられ、結果的にはこれによって生活者としての印象を一段と高めて言われてきたとする事実である。たとえば、八代周辺に行なわれる彦市は、智慧者であると共に、人々からは「とっぱ」をいう男だとされている。この地にいうとっぱとは、悪口のことで「とっぱつく」という具合に用いられる。同時にこれは、とっぱ話・とっぱ歌・とっぱ踊りなどのようにも使用されるが、いずれも相手の哄笑を買う場面に通じる。そこで、彦市はとっぱだから機転のきく、素早い、賢い者でありながらも、しばしば人の意表に出る。したがって、すべてに気を許すわけにはいかない、ということになるわけである。今も計画どおりに事が運んで、してやったりというときに思わずも「彦市でけたぞ」とか「できたぞ、彦市」と快哉するのは、実にこれにほかならない。さて、この彦市に比較するに、豊前の中津吉五は話のなかでもなお一段と要心された人物のようである。福岡県築上郡椎田町からは、寒田（さわだ）話で知られた寒村に入るが、この辺りの人々は「彦九里・小倉九里・宇佐八里」を言い習わして、ここは山間ながらもどの向きに歩いても一日で至るのを強調する。そして「西の喰い倒れ、東の着倒れ」と批評するが、この場合、西は小倉をいい、東は中津を指すのだそうである。そのうえ「椎田鴉(からす)に八屋(はちや)鳶、小岩井地蔵に目を抜かれ中津吉五にだまされた」と、囃してこれをたいそう警戒する。椎田鴉とは商売上手を、八屋鳶とはつねに人の反対をいう人だそうである。加えて「鳶はほいと、ほろ下がり、百姓は一生鍬かたげ」といって笑うが、いずれ、椎田鴉にしても八屋鳶にしても、これはみな「すってんや」だといってきめ付ける。「すってんや」とは、嘘をいう人のことで、吉五どんのような男だとするのである。この土地では、ぺてんに掛けるのを「すってんとる」というが、うまい話でもって人を騙すのを「吉五を馬に乗せたごっいう」と称する。こうなると、中津吉五は逸速く話の世界を通り抜けて、すでに世間的にも評判な人間として、十分に独自の人物造型を果たしているかのようである。

中津吉五を「すってんや」とすれば、土佐は中村の泰作は「てんくろ」である。周辺、農山村の人々にとって、中村からやってくる泰作なる男は、魚売りとか薬などを売り歩く人、または小間物・乾物の行商、さらには材木商・馬喰といったように多彩な印象を与えているが、ここに共通した理解にあるのは、彼を追っかけ商売、すなわち仲介業とする点である。それからしても当然、泰作は「てんくろ」「てんくろー」であるとする。つまり、口先上手で人を巧みに騙す者である。これは朴訥な村人にとっては、自分たちとはまったく異なる才覚を有し、話巧みに世間を上手に渡り歩く者という認識、評価であろう。ただこの際、泰作話で特別に興味を惹くのは話のなかで、しばしば泰作が身近な素材をこなして即興の歌を詠み、その才が称揚されるところである。これにはおそらく、背後に話の運搬者の趣向が反映しているのであろうが、たとえば、すでに示したように四国は宿毛市橋上町の有田薫翁の話に

　泰作さんがねぇ、相変らず貧乏で年の暮れだっちいうのに、ろくに餅も搗けん。少しばかりの餅を搗いて寝ておった。ところが、ねずみがえらく騒ぐけんねぇ、おくさんが「今晩はねずみがゴトックのぅ」といったら

　奉作が一斗に足らん餅搗くにねずみが五斗つくはずがない

と、いうのがある。ところで、この歌は他の話の中に

　改田屋が一斗に足らぬ餅をつく　ねずみがごとつくはずはあるまい

とみえる。また、森脇太一編の島根県邑智郡『桜江町の民俗』の「まじない」の項に「ねずみがごとごとする時。この吉松でさえ、餅を二斗しか搗かんのに、われが五斗つく」というのがある。思うにこの話には、たとえば『宇治拾遺物語』の

「藤六事」のように、特定の文言を軸にした伝承が存したのかも知れない。

さて、それはともかくもひとたび話の世界に好個の話題を投じる主人公たちは、これまでに知られてきたそのほとんどは西日本の地にあった。これには、当然、なんらかの隠れた因由が存しようが、今日まで特に明らかになっていない。しかしてここに一人、東日本というよりは、むしろ遠く北海を舞台とする処に、江差の繁次郎がいて、一際異色の存在として注意を集める。私が初めて繁次郎の話を耳にしたのは、昭和四十（一九六五）年の八月であった。下北半島に昔話を聴き歩いた折、海辺の脇野沢町あたりでは頻りにこれを取沙汰する。佐井村の柳田秀造翁（明治三十〈一八九七〉年生）の語った繁次郎は、「下北地方昔話集」（『伝承文芸』第五号）に三話紹介されている。いま、手元の資料をもとに表記を若干改めて示すならば、これは

　むがす、江差の繁次郎が童(わらす)だとぎ、町さ行(え)って遊んで、跣(はんだし)で町歩ってきで、婆、一所懸命なって拭いだ綺麗だ座敷さ、汚ねえ足であがったって。婆、

「繁次郎や、繁次郎や、うなあ、汚ねえ足で、婆、今、せっかく拭いて綺麗畳にした座敷さ、どうすればこの足跡(あど)付けで。うなあ、足洗え」

って。

「わあえ、そんなら盥さ、水汲んで来てけろ」

って。ほして、その婆さまが足盥さ、水汲んで来たと。繁次郎は童(わらす)だもんだ、こだ、一所懸命なって、腰掛げで足洗っていだいいが、童のこっただから、もう盥さひっくり返して水まげでしまった。

「いや、いや、繁次郎や、繁次郎や、うなあ、そごさ水まがしてしまて、どんだばそら、海みてえになってしまった」

って、婆、いったて。したら、江差の繁次郎、頓智あえぐて、そごにある草履持って
「ばば鰈(かれい)、ほら！」

って、いったって。それで、ねえずじや。


といった調子である。下北半島の佐井や大間では北海道を指呼の間に望む。流れの速い津軽海峡を隔てながらも、実質、両者の交流は頻繁である。したがって、江差の繁次郎はこの土地の漁民にとっては、きわめて身近な存在であった。ただ、下北に広まる繁次郎話で、いまでも幾分物足りなく思うのは、実はそこでの人物像がやや不鮮明なところにある。つまりは、これをどこの人間と特定し、下北の地に直接、どうかかわるのか。その具体性に欠けるということである。ところで、話の繁次郎は、端的に江差を名乗ることから、そのままに道内の人物と印象されやすい。しかるに、これは繁次郎話の動向からして一概にそうとは言い切れず、青森や秋田の海辺に行な

われる話柄では、時期を限って松前の鰊場に雇われるヤン衆という具合に見立てている。[2] 実際、繁次郎話は、南部の海岸にも一部伝えられて、彼の出自をそこに主張する場合もある。これに対して秋田県側では、男鹿半島を中心に繁次郎話が点在している。その例はすでに今村義孝・泰子編『秋田むがしこ』第二集に「茂二郎とんち話」として、五例が報告されているが、編者は註を設けてこれに「茂二郎頓智話は海辺で語られるものである。茂二郎はまた江差の茂二郎といわれる。その分布は秋田県より北上して青森県、さらには北海道西岸地域に及ぶとされる。ここでは地域は異なるが、便宜上、話を統一し、この項におさめた」と述べている。次にもひとつ、柳田秀造翁の話を示すが、これは

　繁次郎は頓智がえぐて、頓智がえぐて、隣りの家で餅搗いだきゃあ、喰いだくて喰いだくて、どうもこうもならねえし、こだ、屋根の上さあがって、マッチ持ってで、自分の着でるはんちゃから綿取って、それさ火つけるにっか。その火つけるも、人の来るの待ぢっているんだど。人は通って来たど見るど、繁次郎はマッチでその綿さ火つけるんだど。見だ人は、たまげで、

「繁次郎、繁次郎！　うな、その綿さ火つけだら、屋根あ燃えで、隣りも何もかも火事が出んべえにあ」

って、いったきや
「隣りで餅搗きしても、おらえの家だけよごさねじゃ」

って、いったど。いや、隣りでそれ聞いだところで、

「繁次郎、餅喰しえるすけに、あの火だけはつけんなや」

って。

「へえば、わ、火つけねえじゃ」

って、餅貰って来て、繁次郎が喰ったって。

　それで、ねえずじや。


と、いうものである。隣家からの餅を貰えそうにないと、そこで、火をつけるとする設定は話の筋としてもすこぶる荒っぽい。しかし、これは繁次郎には重ねて語られる話柄で、佐々木達司編『西北のむがしコ』には「隣のモチをもらった話」として、

　繁次郎が相変らず、お腹をすかしてねていると、隣家で餅をつく音が聞えてきました。ぺったん、ぺったんという音を聞いていると、あの真白なお餅、それにほっぺたの落ちそうな甘いあんこ、こう思っただけでもよだれがたれそうです。隣どうしのことだもの、今に餅をまわしにくるだろうと思って、待っていました。

　今つき終ったころだな、今ごろちぎってまるめているだろうな。あんこは多いかな、もう重箱に入れて持ってきそうなものだな、と一人で考えて待っていましたが、いつま

で待っても持ってきそうもありません。

「なんぼ気のきかない連中だバ。仕方ない、一つ食うにいってくるがナ」

と、一人でブツブツいいながら、起きてでかけました。

　隣へいっていくら待っても、お餅をだしてくれません。そこで大きなあくびをして立ち上り、

「ああ、おもしろぐね。え（家）サいって火でもつけるがナ」

と、ひとりごとをいいました。

　それを聞いた、その家の親父は、

「何ズ話だバ、繁次郎ァな（汝）いまえ（家）サ火つけるてしたんでネナ、ばがだごとしなじヤ」

と、いいますと、

「なあに、わ（我）のえ（家）サ、わ（我）火つけるもんだネ。な（汝）何、関係あれバ」

と、繁次郎はいいます。その家の親父は、

「な（汝）のえ（家）だバのまごや（苦小屋）だハデ焼げでも、ええバテおらえ（家）サすぐ火つぐベネナ」

と、怒っていいますと、繁次郎は、

「なしておら家の火、なえ（汝家）サくれバ。なえ（汝家）でついだ餅、おら家さこねもの」

と、いいました。そこで、その家の親父もあきれて餅を食べさせたということです。とっちばれ。


というように紹介されている。津軽には諺に「津軽の手長、南部の火つけ」「津軽の手長、秋田の火（し）つけ、南部の人（ふと）殺し」などという物騒な例がある。繁次郎を頓智の人、智恵者としながらも、同時にこうした荒い行為者とするところが、お国柄ともいえようか。それとも、繁次郎はすでにして、季節を定めて松前の鰊場に渡るという男たちの気性を直截（ちょくさい）に反映し、定着させていたのかもしれない。さすれば、彼が北海のヤン衆の一人であったというその一事をもってしても、早くに他の土地の話の主人公たちとは、まったく別個の人物像を完成させていたとしても、なんの不思議もなかったわけである。

三

　ところで、この国に行われる話の中には、こうしたもののほかに、ほとんどその素姓・来歴を異にし、しかも内容的には殊更求めて「てんぽ」をいう。それによって周囲の人々の笑いと注目を積極的に期待した例があった。たとえば、稲田和子・高田雅之・新宅全美編『備後の昔話』（「日本の昔話」18）には「馬鹿揃い」と題する話が収められている。広島県神石郡豊松村からの報告である。将棋に夢中になっている男が煙草の吸殻を頻りに膝の上に落している。相手は相手で火の点いた煙管の雁首を口に銜（くわ）えて熱がっている。一方で二人のこ

の有様に目を奪われた老婆が御櫃に入れるべき飯を座敷に盛り上げている。次にその老婆の動きに見蕩れた魚屋は、籠の中の魚を猫に狙われているのに気付かない。そういった順送りの笑いを主題にした内容で、これは「三尺草鞋」と称される昔話であった。ところが、ここでの話はこの先、さらに、

魚やぁそればあ見ょうたら、猫が籠の魚ぁくわえて、逃げた。せえつぅ床屋が見ゅうた。
「こんな魚屋、なにぅ見ゅうるんなら。魚を盗らりょうるが」思うて見ょうたら、床屋が、ちぃ剃刀を滑らかぁた。お客の顎を切り落てえて、下へ落ちたら、踵まで切って、
「こりゃあ、いけん」言うて、医者ぁ呼んだ。医者が、さあうろたえて、顎と踵ぅ付け迷うて、なんじゃそうな、顎へあかぎれが切れて、踵ぃ口ひげが生え出した。

といったように展開し、終極はきわめて意想外な様相を呈していた。いうまでもなく一篇の独立した昔話の構成、展開からしてその結末が「医者が、さあうろたえて、顎と踵ぅ付け迷うて、なんじゃそうな、顎へあかぎれが切れて、踵ぃ口ひげが生え出した」というのは、およそ不自然にしてまったく坐わりの悪い収め方であった。客観的にいえば笑いが独走し、勢い、話の首尾に大きな破綻が生じているということになろう。思いがけない顚末であった。そこでいま予想しうる最も有力な原因としては、もともと右の一条は昔話そのものの筋書きとは別に存在し、これがたまたま機会を得て添加、付帯されたのであろうとする見通しである。そしてそれは証するに何よりも現行の類話にはこうした語り口は他に認め難いとするのが、まず一点。ついで加うるに奇想天外、またとないこの哄笑の結構は赴くにやがては狂言「丼礑」にみえる、

そも／＼一の谷の合戦敗れしかば、われも／＼と高名せんと馳け廻る程に、跟を切られてにじるもあり、頤をはつられてかかゆる者もあり。入り乱れたる合戦なれば、跟を取つて頤につけ、頤を取つて跟につくる程に、生えうず事と跟に髭が生え、順に輝が二三百ほかり／＼と切れにけり。(3)

といった一節に必ずや重なり合う趣向にあると見做されるからであった。もっともそれでは現今、備北の地に伝えられるこうした語り口が、果して側からの知識を導いての話者の創意によるのか、それとも時を経て語り継がれてきたものかとなると、そこのところはいささか判然としない。しかし、それにも拘らず、ここに至ってなお私共が強く惹かれるのは、夙く源平合戦の消息をば、ひとたびはこの上もない滑稽な様態に揶揄、戯画化し、さらにこれを早物語といった独自の座頭芸に仕立て上げた。そうした遠い日の笑いの材料が今日依然としてなお絶えることなく、汎く話の世界に潜んでいたとい

う事実である。そして必条それはまた、平家をそのまま捩（もじ）ることによって仕掛けられた哄笑の風が、何故にかくも深く話の中に流れ来たったのかとする発問をも併せて引き出してくるのであった。

ところで、もともと平家を語る座頭たちの欠かせない裏芸のひとつに早物語があり、就中、そこでの滑稽な合戦の仕儀と笑いがいかに人々の歓心を買ってきたものか。そしてその後もくどい程に長く、この種の笑いが話の一趣向として広く一般に受け入れられていたものか。これは石井研堂の校訂になる『萬物滑稽合戦記』（明治三十四〈一九〇一〉年刊）を窺えば、この間の状況についてはもはや明らかである。しかして、一方でそれは現在なお、「てんぽ」をいうとか、さらには「ほろあちえ」といった言葉のもとに実際に伝えられている。これもまた紛れもない事実であった。たとえば、山形県飽海都遊佐町吉出の斉藤藤恵媼（明治三十八〈一九〇五〉年二月十二日生）は「ほろぁちぇ」と言いつつ「納豆のむかし」を次のように語る。

〽ソーレ物語り　語り候　糠冷（びや）しに三日半日昼寝して　むっくらやあと起き上り　蒔絵の小皿に乗せられて塩（しょ）かぶとをぶっかぶり　喉の細道　ののらと通ったの物語り

いうまでもなく、これは早物語である。藤恵媼はいま、これを称して「ほろぁちぇ」といい、その「ほろぁちぇ」とは、「その場限り」とか、「いい加減」の意味で、「あの人はほろぁちぇ人だ」などという具合に使うそうである。それはともかく、すこぶる虚構性の強い早物語の一部が時を経て〝話〟の中に用いられているのは、もとはといえば〝話〟そのものがそもそも〝てんぽ〟であり、かつ〝ほろぁちぇ〟ことに無関係ではなかったからであろう。そういえば、こうした例は何も東北地方に限らず、遠く九州の地にも及んで、それが昔話のひとつとして伝えられていた事実に逢著したことがある。佐賀県唐津市玄海町牟形の寺田一二氏（明治三十六〈一九〇三〉年五月二十八日生）の「酒餅論」がそうだろう。最後に紹介しておきたい。

むかしのむかし　そのむかし　とんとむかしあったのよ　餅がぼっぽっ歩んで来ると　右手の松原に四斗樽が　ちょっと　松の根元に坐っておったそうです　ところが　餅がそれを眺めまして　ああ　君は可哀相なもんだ　いわゆる昔でいうのなら　罪人同様に荒縄で縛られ　松の根元に首結い付けられた　その工合の様は何事かと　こう　餅がいったそうです　ところが酒が腹ぁかいて　人のことばかりいっても君はどうだ　君は女子が如きに桶に入れられ　揉まれて　その上に　蒸籠という品物に入れられて蒸され　臼に入れられ杵で搗かれ　その上　多くの女の痩腕に煽（あお）がれ

て　捩切られた　その様は何事か　こう　酒がいったそうです　そこでお互いにどっちも腹ぁかいて　果合いのようなことをやる　それを眺めて餅の一族は　一月名乗るが正月団子　二月名乗るが初午団子　三月名乗るが節供団子　四月名乗るがお釈迦の団子　五月名乗るが鯉幟の団子　六月名乗るが祇園団子　七月名乗るが七夕団子と　八月名乗るが　当世流行のゆうびん餅からせい餅まで　餅の一族に入りましたそうです　さて　その一族を勢揃いさせて　また酒の大将焼酎洗いの介は　われこそは酒の一族を集まねばならないと思いまして　一月名乗るが正月酒　二月名乗るが初午酒　三月名乗るが節供酒　四月名乗るがお釈迦の酒五月名乗るが鯉の酒　六月名乗るが祇園酒　七月名乗るが七夕酒　というように勢揃いをしまして　お互いに果合いの準備を整えて　それから餅の外郎は鉄柱櫓に這い上がりぽおっと脹れて　大音声にばあと呼ばぁりましたそうですしかし　酒の大将焼酎洗いの介は　二間三尺　大身の槍を栗毛の馬に打ち跨って　やあやあ者共　近くば寄りて目にも見よ　遠くば寄りて音にも聞け　という大音声に　三年前に味噌桶の底に昼寝をいたした　赤い大根辛味の介が目を醒し　薄刃包丁小脇に抱え込み　鎌の平刃二本を引連れて　真名板櫓に馳せ上がり　やあやあおのおの方　その物音は何事ならんと目を醒せば　お互い果合いとは何事ぞ　お互いに餅は用ゆる　酒は栄ゆる世の譬　果合いとは何事かお互いに和合は如何なるかと赤い大根辛味の介が叫べば　餅の外郎は　うん　赤い大根辛味の介のいうとおり　餅はもっとも用ゆるの習い酒は栄ゆるの習いという　その仲裁の声を聞き　餅の外郎は　如何なるぞと　焼酎洗いの介に声掛くれば　成程　君かくいうことならば　僕も収むると辛味の介が仲裁により　それがもともと　その仲裁に傾いて仲裁酒を飲み　これから先は　酒は栄ゆる　餅は用ゆる世の譬　お互いに和合して　長らく末長く手を握って行こうではないかと　話たそうです

註

(1)　岩手県二戸郡浄法寺町でも現にこれの行われているのを確認した。『浄法寺町昔話集』には七話報告した。他に花部英雄「カラクチ話考」(『浄法寺町昔話集』収録)。常光徹「世間話の担い手——佐藤基三と佐々木時次郎」(野村純一編『昔話の語り手』所収)。

(2)　花部英雄・新田寿弘編『江差の繁次郎話』(「青森県昔話記録1」)。花部英雄「繁次郎話考——青森県を中心に——」(『口承文芸研究』第五号)、同「繁次郎話の語り手」(『昔話の語り手』所収)。

(3)　日本古典全書『狂言集』(中)による。

(『野村純一著作集　第二巻　昔話伝承の研究〈下〉』)

[単行本初出：『昔話伝承の研究』同朋舎出版、一九八四年刊]

昔話と伽

トゥギ　古くは、重病人があればその家に親類・縁故・近隣の者が集まって、病人の魂が幽霊にさそい出され抜き取られないように、夜中病人を取り囲んで見守る風習があった。また、死者があると、夜は人たちが集まって死者のまわりに座り、幽霊に霊を持ち去られぬよう見守り、交代で起きていた。(1)

一

昭和十一（一九三六）年五月十四日。郷里喜界島発、夕方奄美大島名瀬着。憲兵分駐所を訪い、沖永良部島採集旅行の諒解を求む。

十五日。大島支庁を訪い、支庁長並に藤村社会主事より和泊、知名両校長先生への紹介状を頂く。夕方名瀬港発。

十六日。午後四時沖永良部島和泊着。上陸直ちに和泊校長玉江末駒先生をお訪ねし、源旅館に投宿。

『おきのえらぶ昔話』(2)に収められる島での岩倉市郎の「採集日誌」は、このようにして始められている。卓越した聴耳の持主であり、また喜界島阿伝の出身であった岩倉は、島における採集といった親近感も手伝ってか、当初は相応の余裕をもって沖永良部に渡ったかのようである。しかし、三日後には早くも「喜界島語と沖永良部語は非常に近似していると言われるが、音韻には相当の隔りがあり、最初は随分悩まされた」といった具合に率直な感懐を記していて、そこでの採集活動は予期していたよりも容易でないことを訴えていた。事実、その後の彼の「日誌」は正味半月の間、これといっためぼしい収穫のあった様子を伝えていない。しかるに月が変わるとあたかも事情は一変したかのように岩倉は、

六月一日。有川氏の計いで、知名村具志検（ママ）部落の差司窪盛氏（五十六歳）の御話を伺う事になる。氏は近在に聞えた昔話の名人で、頼まれて病家悔家のお伽をする事もあるという。大なる期待を以って、再び小米の谷口旅館に移る。

と記し、続いて

三日。午後、差司氏は有川氏に伴われてやって来られた。一見純朴そのものの如く、対談する言葉もおどおどと口籠って聞取れない位で、話の名人という印象など聊も与えられない。処が試みに語られた「猫の面」の話は、冒頭から結末まで静かに整然と一糸乱れぬ言葉と音律に綴られ、一座を悉く魅倒してしまった。驚歎すべき話術である。しかし又何とこの島の方言の表現力の素晴しい事だろう。これを完全に写す事は勿論不可能であるが、出来る限りに於て甲式（ママ）記録を残さねばならないと決意する。

所謂昔話の気分構成に必要な条件は出来る丈話者の希望に従う事にし、いよいよ明日より氏の話の尽きるまでこの宿で語って貰う事になる。

と記して、ようやく優れた語り手に邂逅し得たよろこびと緊張を抑制のきいた筆致で伝えていた。彼はこのあと、四、五、六、八日というように続けざまに差司氏から二十数話の昔話を聴き出している。内容は今日私共が『おきのえらぶ昔話』でいずれも確認の叶えられるものであるが、そこでの在りようは当時にあって唯一人、速記法を駆使して話を記録することのできた岩倉ならではの水際立った採集ぶりである。ところで彼の「採集日誌」はなお

九日。雨。差司氏の話十話。「姉と弟」の話は第一日の「猫の面」の話と共に、氏の最も好むもので、病家悔家ではよくこれを語ったという。

十日。差司氏の話十四話。氏は最初昔話は七十余話知っていると言われたが、今日迄に五十三話を語って、これで終りだと言われる。

――差司氏は無理に依頼されて、四度程病家悔家で昔話のお伽をした事があるという。この島では古くより昔話を伽に語る慣習があって、専門の話者という者なく、親類中に昔話の話し手のない時他人に依頼する事があった。奄美大島では十八夜、二十三夜の月待の夜に昔話が語られているが、南の島々の昔話はこうした機会に発達し保存されて来たのであろう。

差司氏の話は主として氏が十二三の頃、小米部落の池地老人（十八年前七十九歳で死去）から語り承いだもので、池地老人は若い頃和泊部落の土持家に奉公していて、同家の主人から聞伝えたものという。尚この老人は晩年ユタ（占い祈禱を行う者）になられたという。

といった事情を記し、さらに

十五日。豪雨の中を和泊港発喜界島に向う。

といった一条をもって、一ヶ月に及ぶ沖永良部での採集記録

のすべてを終えている。岩倉市郎の「採集日誌」にみえる右の幾条かは、差司窪盛という一人の語り手との出会いから、やがて対応に至るまでの状況、ならびにそこでの有様が的確に伝えられていて興味深い。就中、その語り手が「近在に聞えた昔話の名人で、頼まれて病家悔家のお伽をする」といった聞込みを得た日の一節、そして差司氏自身の口から実際これまでに「無理に依頼されて、四度程病家悔家で昔話のお伽をした」といった言葉を得、さらに沖永良部島には「古くより昔話を伽に語る慣習」があったとする事実を追認して行くところは、最早埋没しようとしていた過去の民俗を漸層的に復元、追究しようとする調査者の姿が鮮明に示されていて、客観的にはそれ自体がすでに好個の記録として完結しているかのような趣きを呈している。

それはともかくも、かつて岩倉市郎が沖永良部においてこのように「大なる期待を以って」迎え、そして耳を欹てて記した島での慣習、すなわち、昔話の名人が「頼まれて病家悔家のお伽をする」とか、さらにはまた「昔話を伽に語る」といった風の報告は、その当時、周囲にいかなる刺戟をもたらし、またいかなる反応を得たであろうか。当の岩倉自身はこの習わしに余程興味と関心を抱いたとみえる。実際に彼はその翌年、つまり昭和十二（一九三七）年四月に上下両甑島に昔話の採集を試みているが、その折にも上甑島中甑の野口八次氏（当時五十六歳）から「葬礼の時、お通夜に夜通し『昔』を語った」とする談話を得て、これを記し留めていた。[3] ところが顧みて判断する限り、ひとたび岩倉市郎が遭遇、発掘し、そして著しく執着、拘泥したかにみられる如上の資料は、その後の昔話研究の上では何故か然程用いられず、それがために適切な位置を保証されるいとまもないまま遂に今日に及んだかの感が深い。理由の一斑は、おそらくはそれまでに知られるわが国の昔話伝承の実態から推して、これらはあまりにも掛離れた位相、消長にあった。少なくとも、それはほとんど予期し難い不意の事例であった。こういった事情に加えて、不幸にも同じような例はその後も他の地域から追認の報告がなかった。そういった状勢も手伝って、結局はしばらくはいずれも島でのいかにも異風、異様の慣行として知られるといった域を出なかったかの印象が強い。

こうして、沖永良部における岩倉市郎の報告資料は、刮目に価する内容を備えながらも久しく孤立し、ややもすればひとり逼塞さえしかねないままに一冊の昔話集に収められる、その「採集日誌」の中に在った。

二

当座の目的と手段はどこまでも昔話を語る点にある。それでいて、同時に直接間接それが土地でいうところの「伽」もしくは「お伽」の語にかかわりをもってくる。どこかに潜在しつつも、それでいて現実には容易に重なりそうにない「昔話」と「伽」の二つの言葉が、島では躊躇なくひとつ場面を共有し、しかも機会を共にして用いられていた。岩倉市郎が沖永良部でたまたま逢着したこの例に、やがていくつかの類縁資料が見出され、伴って「昔話」と「伽」の問題が改めて注意を喚起してきたのはつい最近のことである。具体的には荒木博之氏の報告が早い[4]。

〔その一〕

子息の勝露氏は正統的な昔話の話者とはいい難いが座談にすぐれた人であった。通夜の晩など決って話を語るのはこの勝露氏であるらしく「通夜」といえば勝露さんが何かを語るという暗黙の諒解が参加者の中に今でもあるのである。多くは思い出話、世間話の如きものであるようだが、嘗ては恐らく昔話を語っていたのではないかという期待が私の方にあって、聞いていく中にやはり通夜に語った昔話があったことがわかった。その話　とはこうである。

(『甑島の昔話』「昔話研究資料叢書」5)

荒木氏の一文は、岩倉の採集作業から三十年の後、再び同島に話を聴き歩いて岩倉の『甑島昔話集』収載の話者の一人、石原次郎氏の子息に会った折の印象を記したものである。ゆくりなくもかつての日の野口八次氏の談話をそのまま追認、補強する資料になっている。なおこの際に確認された甑島での「通夜に語った昔話」とは、「三人兄弟」譚である。昔話伝承の在りように強い関心が向けられるようになって、このあと、島嶼(とうしょ)部からは見逃せない報告が続けて得られるようになってきた。それは、たとえば次の如くである。

〔その二〕

昔話の語られる時期は一年中何時というきまりはなく、何時でも語られたようだ。天城町松原の福実義翁の話では、昔は二十歳前後の男女青年が「夜遊び」といって「遊び家」に集って遊んだり、話したりするものでそこで友達などからいろいろな話を聞いたとのことであった。このことについては金見の元田永里翁も同じような経験を話しておられたが、また、病人の伽に親戚知己相寄って遅くまで語ったものだという。病人の中には自分も聞きたいと思う人もあり、話が病気を忘れるよすがにもなるので。病人の方でうるさいと思えば、気分が勝れないから止めてくれとか、明日にしてくれなどと申し入れをすればよいとのことだった。徳之島町山の迫田メチョ媼も病人の伽が昔話のよい場であったことを指摘しておられたが、その外にユナブィ(夜業)の時やお月待ちの伽を挙げておられた—中略—また、伊仙町上面縄の栄伊島翁の話では、上面縄ではカンジョリガナシ(月祭り)は家庭の人だけで祭ったので、この時には別に昔話は行なわれなかったが、病人の伽にはよく語ったとの事だった。[5]

〔その三〕

昔話の語られる場としては、一般に長わずらいの病人のとぎ、昔の芭蕉の苧(お)うみとか、いもをつくろったりする夜なべのとぎ、また、二十八夜様の上るのが一番鶏の歌うころだったので、絶好の話の場であった。沖永良部では人が死んだ時は夜とぎといって女は夜中の零時まで、男は翌朝の六時まで交代してお通夜をするので、そんな時にもよく語ったという。宇検村の屋鈍(やどん)でも人の死んだ時のとぎには西古見(にしこみ)の平瀬福円氏通称五郎爺(ふしゅ)をわざわざ頼んできて昔話を語ってもらったものだという。話す場所は病人のとぎとか夜なべの時はおのずから場所もきまるわけだが、人の四、五人集まる所なら人の家でも集会所でも浜でもどこでもよかった。[6]

〔その四〕

芭蕉の苧(お)うみをしたり、藁仕事や、甘蔗をつくろったりするヲゥナビ（夜なべ）のトゥギ（伽）、二十三夜待ち、二十八夜待ちなどいい話の場であった―中略―その他に長わずらいの病人の看護の席や、死者のお通夜の伽なども絶好な話の場であった。宇検村屋鈍でも通夜の伽などには昔話がはずんだと語っていた。[7]

〔その五〕

金沢敦子氏の報告によれば、美津島町吹崎(ふくざき)では、夜伽(よとぎ)の席で昔話を語る例があった、という。この村では、告別式のあとも初七日まで夜伽を続ける習慣があり、『夜伽話』という。集まった子どもたちが「昔話して聞かせんで」と頼むと、物識りの年寄りが相手をしてやる。葬家なので「和尚と小僧」のような昔話が多いが、故人が高齢で遺族に対して遠慮のいらないときには、怪談などをして、ねだった子どもたちの肝を冷やす。現在も行われている。[8]

〔その六〕

海部郡宍喰町の船津部落の僧都谷(そうずだに)では「お通夜(つや)」といって、田のしつけ（植付のかかり）、泥おとし（植付けのあと）、かしきとり（肥料にする草刈りのはじめ）、とり入れなどや、病人が出たときに若宮権現を祭り、通夜堂に集まってゆるり式の茶をわかし、お重(じゅう)を交換してたるたけ話をしたといいます。話は世間話、うわさ話、昔話など自由気までした。[9]

〔その七〕

夜伽の時昔話をしたというのである（対馬美津島町吹崎(ふくざき)。同豊玉町小綱でもやはりだいたい同じことを言っている）。すなわち、人が死ぬと葬式の前夜、夜伽（通夜）をする。この晩は、親戚や村の人が、「夜伽に行く」と言って不幸のあった家に集まるが、死人が若死にの時は別として、年寄りが死んだ時は、仏様を拝んだ後は盛大な酒盛り同然の賑いになる。この時は子どももいるので、「じゃん、昔話聞かせんでえ」とねだられて、昔話を知っている者が話す。大人も時間つぶしにいっしょに聞く。葬式の日も野送りした後、和尚が仕上げの経を読んでから、年寄りがいれば昔話が語られる。葬式がすみ、ひと七日が来るまでほ（ママ）毎晩親戚の者が、「仏様が淋しかろう」というので夜伽に集まるので、この時も昔話が語られる。「和尚と小僧」などの話をよく聞いたという[10]。

さらに沖縄地方での昔話の採集調査が進むにつれて、ここからも同じような習わしをいう報告がみられる。たとえば、沖縄本島の読谷村の場合、

〔その八〕

楚辺の照屋牛五郎翁（明治三十一・十二・四生）によれば、昔話は、ユートキ（夜伽）や葬式で親類、縁者が大勢集まる時に、ふんだんに聞くことができたと言われる[11]。

〔その九〕

新垣カマ媼が葬式の場、伊波蒲戸（明治二十七）翁が父親が酒を飲んでいる時、新垣新光翁が友達の集まりの場、上地正太郎翁が十三歳の頃、父親の営む砂糖屋の手伝いをしながら、そこで働くおじさんや妻の父親などから聞いた[12]。

また、宮古島の場合、

〔その十〕

城辺町西中の秀れた話者なる佐久田金太郎翁（明治四十・十・十二生）によると、人が亡くなった四十九日の間は、毎晩、その家に集って、寂しさを慰めるために話をし合うものであった。が、その折にアーグ（唄）は歌ってはならなかったし、笑話もしてはならなかったという。石垣市川平の喜舎場兼次郎翁（明治三十七・一・十三生）によれば、先祖の霊をお迎えするシャンミの焼香の晩は、昔は夜の十一時から十二時頃におこなったものであり、親族一同が集って焼香をした後、かならず亡くなった人の功績談、失敗譚、先祖にまつわるもろもろの話が語られ、昔話の類も出されたものの由である。竹富町黒島の高那真牛翁（明治二十四・七・十五生）によれば、法事（焼香）の晩には、親族の者が集って、親孝行譚や教訓話の類が次々と語り出されたという[13]。

なお、先般刊行をみた福田晃・岩瀬博・遠藤庄治編『沖縄の昔話』（「日本の昔話」30）には「人が亡くなった夜伽の折の

昔語りは、奄美諸島でもしばしば耳にすることであるが、この方面では、さらに四十九日の間、遺族を慰める意味を含めて、毎晩、ンキャン話が演じられたという例も知られる。あるいはまた、先祖の霊をお迎えするシャンミの焼香の晩も、チティ話が盛んに語られるときであったという」そういった一節がある。以上、ここに挙げた例は、ほとんどが昔話集に収められた「解説」の一部である。それがために前後に重複が生じ、また叙述そのものにも自ずから精粗、多少の別がある。伝える内容にもいまひとつ明白でない箇所が存しており、事実、中には間接採集の情報に基いてなされた文章も含まれている。しかしそうした制約や条件を勘案しても、なおかつこれらの擁する事象にはいずれも従来知るところのなかった中味が盛られていた。話題にせずにはいられまい。

三

繰返すようになるが、沖永良部ではじめて差司窪盛氏の在りようを耳にした岩倉市郎は「氏は近在に聞えた昔話の名人で、頼まれて病家悔家のお伽をする事もある」と記し、ついで、差司氏は「無理に依頼されて、四度程病家悔家で昔話のお伽をした事があるという。この島では古くより昔話を伽に語る慣習があって、専門の話者という者なく、親類中に昔話の話し手のない時他人に依頼する事があった」と記していた。

そこでとりあえず、岩倉の記述をもとに、いま一度その後の資料を検索、対照してみるに内容的に当面これと軌を一にし、しかもさらに一層それを補うと認められるのは「通夜の晩など決って話を語るのはこの勝露氏であるらしく『通夜』といえば勝露さんが何かを語るという暗黙の諒解が参加者の中に今でもある」とする〔その一〕の例。また「宇検村の屋鈍でも人の死んだ時のとぎには西古見の平瀬福円氏通称五郎爺をわざわざ頼んできて昔話を語ってもらった」とする〔その三〕の例。さらには「美津島町吹崎では、夜伽の席で昔話を語る例があった、という。この村では、告別式のあとも初七日まで夜伽を続ける習慣があり、『夜伽話』という。集まった子どもたちが『昔話して聞かせんで』と頼むと、物識りの年寄りが相手をしてやる」とする〔その五〕の例である。甑島、奄美大島、そして対馬といった具合に何故か島嶼部から類縁資料が報告され、加えて田畑英勝の解説には「沖永良部では人が死んだ時は夜とぎといって女は夜中の零時まで、男は翌朝の六時まで交代してお通夜をするので、そんな時にもよく語った」〔その三〕とする一節があって、岩倉の記事はここにようやく動かし難い位置を確保してきたかと思われる。

そこで、改めてここでの資料が直接抱え込んでいた事実を抽出するに、岩倉の報告をはじめとして、これらはいずれも「伽」「夜伽」または「通夜」と称する場、場面、もしくはその機会に昔話が語られ、かつ、そこに機能した有様をいっている。ただし、その際に用いられる「伽」「夜伽」の語は、いうまでもなく民俗語彙としてのそれである。したがって、それぞれに別の事情や習いを包含しており、土着性を強く帯びているわけで、状況は必ずしも単純、同質ではない。具体的には仮りにこれを如上の資料に即してみても「病家悔家のお伽をする」「昔話のお伽をした」「昔話を伽に語る」「病人の伽」「お月待ちの伽」「病人のとぎ」「夜とぎといって―中略―お通夜をする」「ヲウナビ（夜なべ）のトウギ（伽）」「死者のお通夜の伽」「夜伽に行く」「夜伽に集まる」「人が亡くなった夜伽の折」といったように言葉の用いられ方にはかなりの幅がみられる。これからして「伽」の語は、局面を限って抽出、検索したこの場合にあっても、とても一律、同等には対応し切れない性質を帯びている。しかし、そうした状況を承知の上でなおこれを要約すれば、「伽」にはまず、人の寄り集うこと、つまりひとつ処にいくたりかの人が参じて、特定の場や場面を構成すること。これを基本的な認識として、ついで死者の出た際のそれ、すなわち通夜がいわれる。「葬礼の時、お通夜に夜通し『昔』を語った」という例もここに含まれよう。加えてひとつ、「病家悔家のお伽をする」とか「昔話を伽に語る」「病人のとぎをする」とする言い方があって、この場合には少なくとも、ひとたび人が寄った上でさらにそこでの行為・行動、またはそこでの目的や内容と見做されることを含む例が認められる。しかしそうはいっても「昔話を伽に語る」とか「昔話を伽にする」といった場合にも、それとも昔話を伽という場、つまり選んで伽の場面でするのか、それとも昔話を語ることが、即、伽に通じるのか、これだけではいささか判別しにくい内容にある。いうなれば、こうした場面での「伽」は、具体的にどこまでが場の構成、つまり局面であり、また、どこからがそこでの目的もしくは内容になっているのか、この辺りがいまひとつ判然としないのである。

もっとも、判り難いといえば、翻って沖永良部では昔話の名人が「頼まれて病家悔家のお伽をする」「病家悔家ではよくこれを語った」、そして「四度程病家悔家で昔話のお伽をした」と記した岩倉市郎の一文にも早くに疑義を挟む余地はあった。客観的には島での昔話と「伽」とのかかわりを知る上で、実際にはもっとそこのところをきちんと確かめておく必要があった。それというのも、岩倉はそのときに何故か「病家悔家」といった具合に一括して述べている。格別字義にかかずらう意志はないが「病家」はともかくも「悔家」はどうも馴染のない表現である。悔み事の生じた家、死者のある家、つまり「喪家」の謂であろうか。しかして「病家」と「悔家」すなわち「喪家」とはもともと別の意の筈である。一緒にはなるまい。同列、同等の扱いにあるのはいかにも不自然である。それにも拘らず「昔話の伽をする」ということで岩倉は重ねてこれをいっていた。不注意であったとは思えない。そうだとすれば、ここにはやはり何か両者に共通するものが潜在、潜伏してそのまま認識されていたと理解されるべきであろう。

考えられるのは、島の昔話の名人が病者のいる家に招かれて、病の床にいる人の傍でいっとき昔話を語る。こういったことと、一方で同じ人が喪家に赴いて、たとえば「お通夜に夜通し『昔』を語って」の例の如くに、ここでも死者の枕頭、あるいはその周辺に参じて夜を徹して昔話を語る。現象的には一見はなはだしく性格、場面を別にする二つの有様が、古くからの習いとして島ではあまり異質の仕業だとは思われていなかった、というよりはむしろ共通してそこに存すると見做されるものの方をいったん強く認識し、それにもとづいて内容的には同一同様の仕儀仕様にあると受取られていたのではなかろうか、ということである。改めて問うのも妙な話だが、そもそも昔話の名人が「病家悔家で昔話のお伽をした」という場合、そこでの昔話は実質「病家悔家」のいわば、何に向ってそれぞれ機能し、同時に人々はいったいそれに何を期待したのであろうか。その辺りをも少し問うてみたい。

四

とりわけ細部の言辞にこだわるつもりはない。しかして、島の昔話の名人が「病家悔家」に赴くにあたって、岩倉市郎の報告はこうした折に「差司氏は無理に依頼されて」昔話を語ったと記していた。そう言うからには当然一方に「無理に依頼する」側の者があった筈である。長煩いの病人があったり、不幸にしてたまたま誰かが歿くなったときに沖永良部の「病家悔家」では習いとして無理に頼んでまでも特定の語り手に来てもらい、その上で「昔話を伽に語って」もらったり「昔話の伽」をしてもらった。そしてこの風は何も差司窪盛氏ひとりに限らず、奄美大島にも「宇検村の屋鈍でも人の死んだ時のとぎには西古見の平瀬福円氏通称五郎爺をわざわざ頼んできて昔話を語ってもらった」〔その三〕とする例があって、すでに確実な位置を主張していた。一方「病家」におけるそれをいう田畑英勝には「病人の伽に親戚知己相寄って遅くまで語ったものだという。病人の中にも自分も聞きたいと思う人もあり、話が病気を忘れるよすがにもなるので。病人の方でうるさいと思えば、気分が勝れないから止めてくれとか、明日にしてくれなどと申し入れをすればよいとのことだった」〔その二〕とする一節があった。もともと短い文章の一部であるので、場の機微に触れるのは容易に為し難い。それでもこの一文からは、従来ほとんど知る機会のなかったそこでの情景とか雰囲気が垣間見られるようで貴重である。これによると、病者の傍に何人かの者が集って特別の座を形成し、そこで昔話を語る。それが余程当人の耳元近くであるのか、それとも声高であったのであろう、時には病人が「うるさいと思う」こともあり、また事実煩わしく感じるのであろう。そこで、そういった場合には病者自身が「気分が勝れないから止めてくれとか、明日にしてくれなどと申し入れをすればよい」というのであった。取りようによっては、当人にはずい分迷惑で気の毒な話である。しかして察するに、これは殊更特異で極端な状況を伝えているのではなく、おそらくは「昔話の伽」とか「昔話を伽に語る」といった場ではしばしばみられる姿を示しているのであろう。それからすれば、実際に病人の傍で「昔話の伽をする」というのは、いったいに「話が病気を忘れるよすがに」〔その二〕とか「長わずらいの病人の看護の席」〔その四〕といったような平穏無事な説明には程遠く、それはむしろ病者自身の希望や心持からはかなり離れたところで独自の意図と目的のもとに行われたに相違ない。つまりは病人の心持には密着していなかったのである。それでなければ、その場に及んでどうして病人自身が改めて自己の心情を直接訴えるような、そうした不意の事態が生じるであろうか。こうしてみると、島の「病家」で「昔話を伽に語る」とか「昔話の伽」をするというのは、どうやら病者自身の気持や意向とは別に、家人あるいはその周囲の人々の強い要請によって「親類中に昔話の話し手のない時に他人に依頼する事があり」それがために差司氏の言の如くに、昔話の名人はまさしく他から「無理に依頼され」て出掛けて行く、といったことになるようであった。そして、それがもしも島での古くからの習いであるとするならば、「悔家」にあってのそれも然程大きな差異はなかったかと思われる。ただ、こちらの場合は、そのときになって本人自体が「気分が勝れないから止めてくれとか、明日にしてくれ」などと具体的な申し入れをしなかったまでのことである。

かくして、早くに岩倉市郎によってなされた報告、つまり沖永良部「島では古くより昔話を伽に語る慣習があって」、昔話の名人が頼まれて「病家悔家で昔話のお伽を」するといった内容は、そこでの実態がおおよそみえてきた。ややあからさまにいえば、これは「病家」での当事者、すなわち病者自身の意志や意向にあまりかかわりなく、ひょっとするとその意に逆らってまでも、その近辺に人が寄って座を為し、その上で積極的に昔話を語り継ぐ。そうした勢いにあったようである。これを要するに、その機会に語られる昔話はそもそもが病人自身に向ってなされる性質のものではなく、いわんやそれによって病人にひとときの気散じとか安らぎをもたらすといった安穏な性質にあるのではなく、それはむしろ他に別途定まった目的があり、それ自体が一貫して堅固な意志を擁している。いうなればすなわち、病者を病者たらしめている素姓の知れぬもの、つまりは病床の周囲に跳梁跋扈（ちょうりょうばっこ）、潜伏、潜在して病人を苦痛、苦患に陥れ、長らく疲労困憊（こんぱい）させていると見做される、そうした危うい相手に対して積極的に仕向けられる。実はこれこそが島でいう「伽」であり、「伽」の機能そのものであったと思われるのである。そして、これはおそらく、死者の枕頭にあってもほとんど同様の意にあったかと解される。ただしそこにのぞんで差司窪盛氏は何故に好んで「猫の面」の昔話を語り、また甑島の石原勝露氏は選んで何故「三人兄弟」譚を「通夜に語った昔話」にしていたのか。話の内容を閲してもいまは一向に明らかにならない。ひとつの課題にしておきたい。

註

（1）栄喜久元『奄美大島与論島の民俗語彙と昔話』「葬送」の項。
（2）昭和三十（一九五五）年四月刊、古今書院版に拠った。以下同じ。
（3）『鹿児島県甑島昔話集』（「日本昔話記録」11）に拠った。以下同じ。
（4）『甑島の昔話』（「昔話研究資料叢書」5）。
（5）田畑英勝『徳之島の昔話』。
（6）田畑英勝『奄美諸島の昔話』（「日本の昔話」7）。
（7）田畑英勝『奄美大島昔話集』（「全国昔話資料集成」15）。
（8）宮本正興・山中耕作『対馬の昔話』（「日本の昔話」24）。
（9）稲田浩二『日本の民話　四国』。
（10）『日本昔話通観』第二十四巻。
（11）福田晃『沖縄地方の民間文芸』。
（12）読谷村教育委員会『伊良皆の民話』（「読谷村民話資料集」1）。
（13）註（11）に同じ。

（『野村純一著作集　第二巻　昔話伝承の研究〈下〉』）
［単行本初出：『昔話伝承の研究』同朋舎出版、一九八四年刊］

昔話と説教

話は植物の種とは違って、風に乗ってひとり遠くに運ばれて行くことはない。また、人の衣服や動物のからだに付着して、思いがけぬ処にその生活圏を拡げて行くようなこともない。したがって、話にはたとえ現に行われるその在りようにもとづいて、一応、個個の見取図や鳥瞰図といったものが得られても、それにはすでに動・植物の分布図や棲息図とは異った理由や原因が内在、潜伏してきたと認めなければならない。つまりは、話の在るところ、もしくは話の行われるところ、そこには必ずやある種の人々の意図的な介入、介在があったと理解されるわけである。もちろん具体的にいって、これにはいったいどういった類いの人たちの参入、参加、ならびにそれからの受容、受益があったのか。いわばこれが次の課題に直結するわけであるが、翻っていえば、従来はとかくこの点を等閑にした作業が先行しがちであった。

そこで、ここでは改めてわが国の昔話はこれまでにいったいいかなる場面に遭遇し、どのような境遇の下にそれぞれの土地の条件や環境に対応、対処してきたのか。そしてその上で、話はおおよその場処にいかに馴致し同調し、もしくはそれを受容してその生命体の保全に尽してきたのかという、いわば、動態としての昔話の生活歴への査問、検索といった面を取り上げてみたいと思う。その上で伝承体としての昔話に副次的に機能した宗教性を追究し、同時に民俗伝承としての昔話の中に併せて民俗としての宗教を求めるといった局面に視点を設定してみたい。

一　「雀孝行」と巫覡の呪文

このように言い置いたときに、まず私共の前には今日までほとんど無視されてきたかの如き印象にありながら、それでいて、どうしても回避し得ない材料がひとつあった。中山太郎『日本巫女史』の第三篇に収められる報告「磐城に残る笹ハタキの呪文」の中の一篇がそれである。次に引いてみる。

雀と申す鳥は、聰聴(さうちよう)な鳥で、親の最後(さいご)と申す時に、つけた鐵漿(かね)もうちこぼし、柿のかたびら肩にかけ、参りたれば親の最後に逢ふたとて、日本の六十餘州のつくりの初穂、神にも參らぬ其の先に、餌食と與へられ。

燕と申す鳥は、聰聽な鳥で、親の最後と申す時に、紅(べに)つけ、鐵漿(かね)つけ、引きかンざりて、參りたれば、親の最後に逢はぬとて、日本の六十餘州の土を、日に三度の餌食と與へられ、さらばこそ親に不孝な鳥なれど。

けらつつき申す鳥は、聰聽な鳥で、親の最後と申す時に、天笠(ママ)さ、はやのンぼりて、親の最後に逢はぬとて、一ッの虫は日に三度の餌と與へられ、さらばこそ親に不孝の鳥なれど。

水ほし鳥と申す鳥は聰聽な鳥で、親の最後と申す時に、天笠(ママ)さはやのンぼりて、親の最後に遇はぬとて、水ほしや、水欲しやと、よばはる聲も恐ろしや、さらばこそ親に不孝な鳥なれど。

鶏と申す鳥は聰聽な鳥など、親の最後と申す時に、干したる物をかきこぼし、干したるものを打ちこぼし、日に三度の餌食には、かき集めたるものを與へられ、さらばこそ親に不孝な鳥なれど。


「翼ぞろひ」と題されるこの資料には「大正十五（一九二六）年八月十七日採集」とする報告者からの追記が付されていた。中山太郎は他の資料と共にこれを紹介するに当たって「磐城國石城郡遠野村の佐坂通孝氏より受けた報告は、學術的に頗る價値多く、從つて種々なる暗示に富んだ貴重なるものであつた」というように、あらかじめその出処と評価とを記していた。そのあと、中山は続けて「就中、關心すべきものは最後の『翼ぞろひ』と題する一章である。此の呪文の内容は、現今において童話となり、然も全國的に語られてゐるものであるが、その古い相が巫女の呪文であつたことは、全く佐坂氏の報告に接するまでは、想ひも及ばなかつたのである」（傍点野村）と述べて、資料への注意を強く喚起した。そしてさらに筆を継いで「而して此の一事から當然考へられることは、第一は、此の『翼ぞろひ』なる呪文は、私の知つてゐる限りでは、最も古いものであつて、前に載せた『千だん栗毛』などよりも更に一段と古いものであると思はれる點である。第二はこれを證據として、まだ他に澤山の呪文から出た童話がありはせぬかといふ想像である。第三は、斯うした童話の種を國々へ撒き歩いたのは巫女であつて、大昔の巫女は小さき文化の運搬者であつたことが判然した點である。第四は更にこれから類推されることは、巫女の用ゐた呪文と歌論との關係である」と記し、最終的には「巫女の呪文は、一方には童話となつて國々に行はれ、一方には歌謡となつて廣まつたことが、此の『翼ぞろひ』から考へられるのである」と結んだ。歌謡との問題は別として、ここでの中山太郎は明らかにこの時点でなお磐城在住の巫女の管掌する「呪文」のひとつが、現在汎くに語り伝えられている話に深いかかわりを有しているのを指摘し、次いで資料に対する彼自身の見解をきわめて率直に表明していた。

ところで、早い時期に中山の示した通り、磐城国石城郡から報ぜられた巫女の「翼ぞろい」は紛れもなく、小鳥前生の昔話「雀孝行」譚に直接重なる内容にあった。これに間違いはない。したがって、はじめてこの材料に逢着したときに中山が「就中、關心すべきもの」といって早速注意を促し、ここでの報告を「學術的に頗る價値多く、從つて種々なる暗示に富んだ貴重なるもの」としたのは適切な評価であったといえよう。実際、近時ようやく、東北地方に管理、伝承されるイタコのオシラ祭文と昔話として語られる「蚕神と馬」との関係。そしてまた、四国の地にあってはいざなぎ流神道七夕祭文と「天人女房」譚とが、これもまったく無縁ではないとする発言がなされてきた[1]。語り物と昔話の交渉といった問題である。しかしこれとても、決定的な解決はいずれも保留されているのが現状である。それからしても当時、すでにこれをいった中山太郎の指摘は、その範囲にあっては抜群に早く、しかも的確であったと認められなければならない。それでなくても、そもそもがイタコの唱える祭文に日常、ごく間近かにある昔話のひとつが深く潜んでいようとは、いったい誰がよく心付いたであろうか。もちろん、現今とは周辺の事情をかなり異にするとはいえ、それはやはり巫覡の世界の伝承であった。世間からは余程離れて、独自の社会を形成し、幽界との狭間に身を置くといった人々の仲間内で密やかに伝えられていたのが実状である。その意味で「翼ぞろい」の一篇に中山がいたく刺戟され、強い執着を示したのは当然のことであった。

しかして、続く資料処理の段階で彼は「此の呪文の内容は、現今において童話となり」というようにこれに向ける基本的な認識をまず表示し、そこから簡明直截に昔話「雀孝行」の出自、素姓はいつに「その古い相が巫女の呪文であつた」という具合に抑えた。たしかに中山太郎ならずとも、突然「翼ぞろい」のような資料に接した時のことを考えれば、ここに初めて未生の説話に出会ったかの思いを抱くのは無理はなかろう。それは状況からしてもまさしく、ひとり巫媼の世界に閉ざされたまま、終生遂に覚醒せずそれがために一層幽暗の気を帯びていたからである。そこでいったんは、ここに求めて現行の昔話の原型とも原質ともいえるものを想定し、追究しようとするのは、その限りにあっては決して理解し難い姿勢ではなかった。しかるに、ほとんど直線的な中山の判断のその拠って来たった理由は、第一に「此の『翼ぞろひ』なる呪文は、私の知つてゐる限りでは、最も古いものであつて、前に載せた『千だん栗毛』などよりも更に一段と古いものであると思はれる點である」というのであった。しかしてたとえ「翼ぞろい」が「千だん栗毛」よりもどれ程古い位相にあったとしても、だからといってここでのそれは必ずしも彼のいうように、この「童話」の「古い相が巫女の呪文」にあったことの論証にはほとんど成り得ない。ましてや、それからして第二に「これを證據として、まだ他に澤山の呪文から出た童話がありはせぬかといふ想像」をするのは、いかにも多くの危惧を伴う想像であり、かつ推測であった。畢竟（ひっきょう）、文脈を辿るにこの辺りにみる中山の資料処置と論旨にはいささか飛躍が目立ち、解釈はほとんど一方的であったというよりほかあるまい。

「翼ぞろい」一篇に関して、いま一度振返るのならば、何故、当初中山太郎はたとえば「此の童話の内容は、現今において呪文となり」といった別個の前提を設け、その上で巫女の「呪文」の「その古い相が童話であつた」というように、まったく逆の立場からの位置づけと条件を配することがなかったのであろうか。すなわち両様相俟った上で判断を示すのが、この場での必要不可欠の手続きであったように思われる。もっとも予測するに、そこのところの最終的な詰めはおよそ困難ではないのか、そういった大方の見通しが今日までこの資料とそれに伴う中山の提言を婉曲に回避してきたのかも知れない。正直、具体的にはどちらが他に先駆けて早くに存し、また一方がそれを受けてきたものか、これは常時二者択一の条件下にあって、それでいていかにも糸口のほぐし難い命題であった。しかして改めていうまでもなく、磐城国にあっての「翼ぞろい」は、常に巫女の「呪文」としてのそれであって「呪文」以外の何者でもなかった。当然のことながら巫女は「翼ぞろい」は伝唱しつつも、そうかといってその間決して「雀孝行」の話を呪していたわけではない。それからしても、本来「翼ぞろい」はあくまでも「翼ぞろい」の問題として見直されて行かなければなるまい。そこでいま、幾分はその辺の事情を補うに、早く佐坂通孝が報じたように磐城地方では巫女を称して一般にわかといった。その後の調査ではなお他に守り子、神子などの名義が明らかになっている。ところで実際のその有様については、大須賀履の『磐城誌料歳時民俗記』[2]の「山伏又ハ禰宜ノ妻ニもりこアリ。病難災難アル時ハ『笹（ささ）はたき』トイフヲサスル。神おろしシテ、其吉凶ヲ云フ。神ノ乗り移りタマヒテノ託宣ナリトイフ。頼ミニヨリ祈禱ナドスル。常ニ村里ニ勸進ス。男神女神ノ二神ナリトテ、二體ノ木像ニ祈願者ノアゲクル紅ノキレヲ幾ラモ纒ヒ付タルヲ箱ニ入レ」とし、そして「わか、もりこヲ信ズル者ノ家ニ疾病、事故アレバ、直ニ之ニ就キ祈禱ヲ請フ。女巫一竹弓ヲ覆桶上ニ置キ、小竹枝ヲ執リ、高ク額上ニ捧ゲ、時々弦ヲ敲キ之ヲ鳴シ、口ニ心經觀音經ノ類ヲ高唱ス。唱シ了ルコロ竹枝自ラ顫動シ、女巫ノ相貌頓ニ變ズ。是ヲ神の乗リ移リシトイフ」と記した一節が参考になる。これから推して、磐城の地に「翼ぞろい」の唱えられたのは、おそらくは「口ニ心經觀音經ノ類ヲ高唱ス」といった場面にそのまま重なってくるのに違いない。

それにつけても、巫女の「呪文」が題してこれを「翼ぞろい」としているのは、いったいどういうことなのであろうか。仮りにいま、題目か簡明率直にその内容を映しているのであったなら、それはまさに字義通りの「翼ぞろい」であった。何故ならば周知の如く、およそ昔話として一方に行われる「雀孝行」は、たとえそれが近時の伝承であろうと、この地域では、たとえば、

けらつつきは親の死んだとき、お洒落ッこして赤い腰巻かけたり、紅白粉つけたりして行ったので、親の死目（しにめ）に会われなかったと。

雀はなんしやもかまわずに行ったので親の死目に間にあったと。ほんじゃから雀は米食われるんだっけと。

けらつつきは今でも木の虫とって食わんなすねえっけ。チャカ、チャカ木掘っ突いて虫三匹とると、二匹は親にあげんなんねえんだと。ほんじゃから三匹とんねえうちは自分は食わねえんだっけと。(3)

といったように語られるのが普通であった。それからすれば、雀・燕・けらつつき・水ほし鳥・鶏といった具合に仕立てて、幾重にも連ねて行くのは、これはまさしく「翼ぞろい」以外の何者でもない。したがって、ここには意図して「揃える」ことへの頑な意志が潜んで働いていたと見做されるべきであろう。いったいに、具体的な内容からして、巫媼の管理になる「呪文」の類いが、しばしば類似の事象を連鎖状に述べ立て、これによって助長される独自の韻律からそこに特異な効用と機能とを期待する。こうした巫覡の世界はすでによく知られるところであったが、これは磐城の地にあっても例外ではない。ちなみに岩崎敏夫氏の報ずるその一斑を窺えば「そもそもかない三十六神のかまの神、四十八人のおがの神、せつなに水神、水屋にましますの神とてすませ給ふ。いるりのすみには、しげんぼさつの神とてすませ給ふ。かまふたには、ここぞうぼさつとてすませ給ふ。ひしゃくのもとには、べざいてんの神とてすませたまふ。わらだには十二のぼさつの神とてすませ給ふ。杵にはまねぎの神とて住ませ給ふ。臼には臼のしらぎの大明神の神とてすませ給ふ。戸の口にやるかみ、さすかみ、とがじんの神とてお立ちやる……以下略」(4)といったように伝えられているのであった。さすれば「翼ぞろい」の基調が、ほとんどこうしたものと同様の消長と手立てにあったのは、まず動かし難いであろう。

立入っていうのならば、ここで次に考えられるのは、当然「翼ぞろい」のひとつ前の姿、いわば「揃え」以前の位相ではなかったろうか。他に認められる「雀孝行」の話を引き合いに出すまでもなく、少なくともここに在る「翼ぞろい」がこうした形に生成、発達する以前のそれは、余程短章のしかもそれでいて独立、完結した説話であった筈である。それから察すれば、いずれこの原型は雀ならば雀、もしくは幾分拡げ

て考えても、雀に比較対照しての燕の性情とその由来といったことをごく簡潔に説いたのであって、類を他に及ばせ、さらに多くの習性を連ねて行くようなことはなかったものと思われる。もっとも、ここまでは想定し得ても、だからといって実質、呪文「翼ぞろい」とこれにかかわる「雀孝行」とは、果たしてどちらが一方に先行していたか。これは依然として留保されなければならない。しかしそれでも一応の目安として、この「翼ぞろい」は、たとえば別に存する「雀孝行」の話、ならびに同じく磐城の地に点綴、潜在する「呪文」の機能一般から推して、これはあくまでも特定の目的のもとに意図して形成された一篇であると理解し得るのではなかろうか。そこで残るのは、何故にそれが小鳥前生譚であり、「雀孝行」にあったのかという点である。つまりは、巫覡の世界にこの種のものが殊に選ばれて接近し、積極的に登庸されたのか。客観的にはその必然性が問われよう。もちろん、これには用意して説話の構成およびここに内在する因由が吟味されなければならないが、実は後程別の例で示すように、この話は他の地方にあっても殊更宗教的な機能を帯びて用いられているのであった。すなわちきわめて平易な認識に立てば「雀孝行」をはじめとして、この種の話柄はいずれも筋の持って行きように因果応報の解釈がひと際入り易い。というよりは、むしろ本来がそうした発想を踏まえて話の起承転結が整えられていたと見て取ることができる。これは要するに、目の前にいる鳥の前生を問うとする話の主題自体が、すでに仏教的な観相にあったからにほかならない。そこで、直接これにかかわる話の様態については具体的にその折に見るとして、ここではとりあえず、磐城に行われた例から昔話と巫覡の世界の相渉という事象に注意しておきたい。

二　「夢買い長者」の位相

さて、巫媼の管理する「呪文」と昔話といった特異な姿とは別に、次には幾分世間に開かれた様相に目を向けてみる。事例を東北地方から転じて北陸の地に探って行くに、これをまず郷土資料に求めてみたい。

昭和三（一九二八）年、鹿島自治会から刊行された『石川縣鹿島郡誌』は、その第一六章に独立して、「傳説」の項を設けていた。そして『鹿島郡誌』は、そこに百三十篇からの話を収めると共に、資料処理に際しては早くに高木敏雄の試みた『日本傳説集』の分類案を採用していた。この事実については、今日までほとんど評価が成されず、また積極的な発言もみられなかったが、顧るに当時としてはまことに出色の手際であった。しかしていま改めて郡誌収載の話柄を閲するに、今日の判断からすれば、やがてそこにはいくつかの昔話と見做されるものの含まれているのに気が付く。たとえば、同書のいう「地界傳説」の項には、次の一話が認められる。

てんぼ大須古(だいすこ)

久江の人なり。或日谷内へ畠仕事に行き中食せんとするに握飯一つ畠の隅の鼠穴に轉げ入れり、男は堀(ママ)返し堀(ママ)返し探し求めたれども遂に見當らざりしが、午後(ひるから)一休みせるに一疋の鼠あらはれ先程は握飯を戴き誠においしうございました、何とぞ私共の處へお遊にお出で下さいといふまま、それでは行つて見よう、さあ私に負はれて下さい、そしてお目をつぶして下さい、私がよいといふまで決してお目を明けてはいけません、といふによし／＼と目を閉ぢ鼠に負はれしがやがて、もう參りました、といふ聲に目を開けば、あたりは眞晝の如くにして壯麗なる殿作りの構なり。鼠等はようこそと打喜び上を下へと混雑せるが、白いお米にて先づ御飯を上げんとて一疋の鼠は米搗部屋にてとん／＼米を搗きしが杵に和して「鼬かち／＼猫さへおらにや鼠此の世は極楽や」と歌ひ囃すに、男は一つ驚かしくれんとニヤオンと猫の鳴聲をするや否や、どか／＼物音のするとあたりは眞暗に、ただ獨冷き穴に取殘されしまま鼠等は何處に隠れ潜みしが、もと來し道を探し求めしが道も穴もあらばこそ。止むなく地上へと土を堀(ママ)り穴を穿ちてよう／＼這ひ出しが爪は勿論指もなくなりて、てんぼとなれりと。師走二十三日の朝春祭の宿(とひや)にあたれる一椀の小豆雜煮を供ふるが此の日必ず雨降るといひこれを大須古の跡隠といふ。古き俚謠に「曽富騰大須古能登の人生れ在所は久江の谷内」とあり。

いうまでもなく、これの骨子は元来が「鼠浄土」であった。主人公がてんぼになったとする話の結末が汎く行われる大師信仰の属性に結びついて、それをここでは師走の二十三日としているのである。これをみるに、おおよそ話の趨勢は、伝説というよりはむしろ昔話自体が時と処を得、進んで土地の行事に習合して行く様子が示されているといえよう。ついで「天然傳説」の項には、動物の習性や形状の由来を説く話が集められている。中でも、

雀と猫

お釋迦様が涅槃に入らせ給ひしとき、上は佛菩薩より下は虫螻蛄(けいこ)に至るまで沙羅双樹の下に集ひ泣き悲みしが、雀は其の知らせのありし時お歯涅をつけゐたりしに口を拭ふ暇もなく驅付したため今も嘴のあたりに黒くお歯涅の痕殘れりと。

其の時性悪るの猫はお釋迦様も死なれたかとお弔にも行かず不精にも居眠りを續けしが其の罰にて未来永劫成佛は出來ずといふ。

鴉と犬

鴉(からす)と犬はもと各々三本脚のものなりしが、犬は不自由に

堪えかね熊野の権現様に何とぞ脚一本たまはりたしと願ひしかば権現様はふびんに思召され鴉の脚をとりて犬に與へられしにより鴉は二本、犬は四本脚となれりと。犬の小便する時後足を上ぐるは権現様より購（ママ）はりし脚を汚すを恐るるためなりと。

という話柄には自ずから注意が惹起される。それというのも、さきに紹介した磐城の「雀孝行」に比較するに、ここにみえる二話は共に動物たちの在りようをごく率直に述べながら、それでいて話の消長としてはその所縁をいうにあまりに急で、話そのものの内容にはまったく脹（ふくら）みがない。基本的にこの種の話を処理するのに、高木敏雄がひとたびはこれを伝説に分類し、昔話に認めなかったのは、おそらくはここら辺りに理由の一斑が存したに違いない。

それはともかくも、いったいに伝えられる話に脹みが欠け、しかもその骨格がひどく貧弱であった場合、それはしばしば話そのものの占める位置と評価に直結してくるのが普通であった。この点、ここでのそれはどうであったろうか。ひとたび話柄を吟味するに、すでにみてきた如く小鳥前生の「雀孝行」をいうときにこのように雀と猫を話題にするのは、まことに珍しい例であった。まずは特殊な話趣と認めてよい。ついでこれを独立した一篇の説話として窺うに、ここでは雀については一応外側からの形態は説いても、通常は併せて訴えるところの習性の由来に関しては、まったく触れていなかった。それと共にこれに対する猫に向けては、当初から一方的に「性悪る」で「不精」といった具合にきめつけており、動物説話の基調たるそのものの形状や習慣の由縁を説くという、いわば由来譚の姿勢としてはすこぶる偏向した在りようを示していた。すなわち、話の位相としてはすでにこれを丹念篤実に語り進め、また丁寧に享受、受容するというよりは、はなはだしく結論を急ぐ趨勢にあったわけである。加えて印象的なのはひとたび釈迦の涅槃に立会わなかった猫を咎めて、「罰にて未来永劫成佛は出來ず」と制裁する決定的な言辞にあろう。これは元来が素朴な動物説話の結末としては、いささか強く宗教的処置に傾き過ぎており、これからして話は遂に「未来永劫」にわたって重い桎梏（しっこく）を自らが担う結果を招いていた。何故ならば、猫はこれによって、常日頃最も身近かにいる動物でありながら、同時に絶えず「性悪る」で「不精」な存在としてその性情を貶（おとし）まれ、休まる隙なく罪を問われ続けることになった。したがって、これは最早完結した説話の結末として用いられているよりは、むしろ宗教的な処遇の下に訴えられていたからである。加えて、さらに犬の性癖をいう話では、これもまたごく唐突に犬と鴉は共にかつては三本脚であったというところから説いていた。そしてこれを不便とした犬が直接熊野権現に願い、叶えられて今は四本脚になり、そのために鴉の脚は二本になったと述べるのである。しかしこれとても、もともと鴉を神使とし、なかんずく三本脚の鴉を象徴とするところの熊野信仰への理解が赴いて働いていなければ、話の筋としてはやはり不充分な構成にあった。その意味でこれも話自体としては、著しく平素の信仰心にもたれ掛っていたのである。

こうしてみると、かの「翼ぞろい」の場合に限らず、小鳥前生の話は容易にそこに恣意的な解釈の介入を許容し、それはしばしば用いられて宗教的機能を付帯してきたのを知るが、わけてもこの地方に伝承される昔話は、なべて仏教的な色合いが著しく、しかもそれらは一様に傾いて伝説に定着しようとする姿勢をみせているかのようであった。もちろん、土地に行われる話一般の動向を窺うのに、こうした僅かな例をもって推測するのは余程慎しまなければならない。しかし、それを承知の上でなお、ここに採り上げた話例をもとに述べるならば、それは何も決して『鹿島郡誌』のみからの臆測ではなかった。次いで、その種のものを示してみよう。資料は大正十一（一九二二）年刊行の『石川縣珠洲郡誌』第二一章「蛸島村」に収載のものである。

柳家の鯖物語

今を去る百五十年前の頃とかや、柳雍平の祖先某の時なり、某は元來宗教心に富み、神佛に帰依篤かりき、或年の秋下男と共に、船に乗じて沖合に鯖釣に出で、數十尾を得たり、更闌くるに従ひ、下男は何時ともなく眠りに陥りしに、見れば不思議にも虻三羽下男の鼻孔に出入するあり、かかる沖合に虻のあること不思議なり、或は篝火につき來りしものか、將又舟中に潜みしものか、而も鼻孔に出入することは怪しきことと思ひ、直ちに下男を搖り起しゝに、下男の曰く、只今不思議の夢を見たり、本村丸堂に於て神佛三體の虻と化身して、堂より昇天し居給ひしなり、何地に至り給ふかを見届け申さんと思ひし折、夢を破られたりと、翁いと感じて聞き居たりしが、いかに思ひてか下男にその夢を賣らんことを求む、下男笑ひて夢を買ふとは滑稽なりとて、更に意にとめざりしが、翁の真面目なるにひかされて、遂に翁の釣りし鯖と夢とを交換することとせり、翁は非常に喜び、さらば是より實地を検せんと、早速舟を廻らし、夜の明け方近く丸堂に行き見れば、下男の夢の如く、三羽の虻丸堂より出入し居たり、翁卽ち己れの被り居し帽にの上抜き見れば、虻にはあらず、阿彌陀、毘沙門、辯才天の三銅像にして、御丈一寸八分の立像なりき、翁大に喜び掬ひ取り、之を脇下に擁し、嬉々として家路に急ぎ、歸宅三體とも家に安置するは勿體なしと思ひ、阿彌陀佛を勝安寺に、辯才天を辯天島に贈り、毘沙門天のみは自宅に安置し、朝夕之を信仰したりきといふ、阿彌陀佛は其後光行寺に移り、辯才天は辯天島にありしも、何日頃とも知らず、佐渡の舟人奪ひ行きけるが、尚常に本村に向ひて正視し賜ふ

といへり、毘沙門天は柳氏に家寶として傳はり、今は厨子を設け、嚴かに奉置せらる

『珠洲郡誌』は、この資料の処理と位置付けには余程苦慮したとみえて、「慣習」の後にわざわざ「雑事」の項を設けてそこに収めている。話は、現在実際に村内に安置される仏像の因縁、奇瑞譚に生成されており、筋の運び方はいかにも伝説風である。しかし内容は明らかに昔話の「夢買い長者」であった。もともとこの話は、人の見た夢を購い、それでもって財宝発見から至福への道を辿るということで、話としてはまことに卓越した主題と構想にあった。優れて意外な構成、展開にあったわけである。おそらくはこうした趣向が注意されたのであろう。話は早くから格別に汎く人気を集めていた。たとえば、同工異曲にある「だんぶり長者」などは、古く本地譚に用いられ『檀毘尼長者本地』(5)として文献に確認し得るのも、その具体的な例のひとつである。もっとも、能登に行われたここでの話は「柳家の鯖物語」として掌握され、主人公の翁は夢との交換に鯖を用い、かつまた下男の鼻孔に出入りする虻が三羽とするところから、物語の背後にはどこかに通じてサバの語が纏綿していたかのようである。物語の生成、受容の過程には、あるいは鯖大師の話などが介在していたのかも知れないが、今は触れない。しかしてここでの問題は、あくまでも能登の地に「夢買い長者」の話が搬入され、しかも土地ではそれが一篇の昔話として享受されるばかりでなく、機をみるや早速「元來宗教心に富み、神佛に歸依篤かりき」という具合に一途に柳家の祖先の物語に取り入れられ、その上でさらに現存する仏像の縁起譚に習合、機能して行く。そうした話の状況と一方でこれを容易に諾う人心と土地柄にあったからである。それなればこそ『郡誌』は、ますますこの話を無視し難く、弁えて「雑事」の項を起こしてまでもこれを収めたに違いなかった。いうなれば、こうした動向が能登の地における話の受容と機縁であったかと認識されるのである。

三　「大歳の客」と報恩講

『石川縣鹿島郡誌』ならびに『珠洲郡誌』掲載の例を挙げて、求めて昔話が仏教的な裁量のもとに伝えられている姿を示してきた。これは同時に能登に行われる昔話伝承の一端を直接垣間見る手掛りにもなったかと思われるが、こうした傾向は果たして能登半島のみに特有の事象であったものか。客観的にはそれを知るためにも、他に幾分地域をずらし、その範囲をさらに越前の国に拡げて述べてみたい。

次に提示するのは「奥越地方昔話集」(『伝承文芸』第九号)に収めた「大歳の客」である。語り手は、福井県大野郡和泉村後野の三島重馬さん(明治三十〈一八九七〉年生)であった。

むかしね、お正月の明日元日やっていう晩ね、お爺さんとお婆さんと家におったと。ほいたら、修行者が来て
「泊めてくれ」
て言うたってねぇ。ほいてまぁ
「明日は正月の元日じゃし、あんまり人泊めるんじゃないけど、まぁ行き暮れた人なら入っておくれ」
って泊めたってねぇ。
そしたら、夜さり時分になったて、悶えだいたんやてね。ほいて、その人を介抱しておったら死にましたってね、そこで旅の修行者。
「まあ、俺らの厄介にならなん者や、因果じゃ」
って言うたってねえ。そして、死んだで仕方ないで囲炉裏で、その死骸を焼いたってねぇ、元日になろう晩にねぇ。そいて、いよいよ焼いてねぇ火を埋けて。
そいて朝起きて、そいて嫁さんが火を焚こうと思うて、そうこするけど、もう塊になっとって、もうその、そこ起きんじゃってねぇ、そいて親爺さんに
「こんなだま（塊）になっとってもう起きんじゃ、これ、みておくれ」
て言うたら、ほいたら
「火箸持ってってこづいてみよ」
て。ほいたら、ぱぁーとこづいたら金の塊になっとったってねぇ。
それがその、昔のいんが長者っていう長者になったってねぇ、にわかに。

「大歳の客」は、もともと死骸の黄金化成という点に話の興味が集中していた。しかしこれは本来、歳夜から元旦にかけての出来事とするところに深い意味が存した筈で、終極、話は避け難く背景の遥か遠くに稀人来臨の伝承を予告していたかと思われる。しかしてここではこの客人の始末をば「死んだで仕方ないで囲炉裏で、その死骸を焼いたってねぇ」というように、かなり具体的な死体処理の場面を説いており、語り口には妙に生ま生ましい雰囲気が伴っていた。さらに構成としては「まあ、俺らの厄介にならなん者や、因果じゃ」といった具合にあらかじめ「因果」の言葉を用意して、これを掬い上げていた。その上で「それがその、昔のいんが長者っていう長者になったってねぇ」というように抑えていた。筋の運びからして、最後の「いんが長者」はもちろん「因果長者」の謂であろう。話は明らかに因果応報の思想を基調に結末をきちんとつけていたのである。ところで、話が長者伝説風な趣きにあるところから、一応『福井縣の傳説』ならびに『越前若狭の伝説』に当ってみたが、他に「因果長者」の類例は見出し難い。この言葉の背後にはひょっとすると因掲陀尊者の訛語があるのかも知れぬが、これもよく判らない。いったいにこの「大歳の客」や、またほぼ同じ位相にある「大歳

の火」では、しばしば話の場面や場所を特定し、それによって著名な寺社の縁起を説くことが多かった。たとえば岡寺をいうのはその一例である。しかしここではとりあえず、越前は大野の山里深くに語られる「大蔵の客」一篇に、仏教的な解釈が顕著に介入し、それによってひとたびはこれが伝説風に説かれている実際の有様を確認すればよいかと思われる。それにつけても、ここでの話を含めて何故にこの辺りの昔話には、かくも仏教的な色彩が濃いのであろうか。これをいうに真宗王国の一言を用意して説くのはあまりにも安易、簡便であった。すでに、北陸の地における昔話の伝播には説経僧の力が与(あずか)ってひときわ大きかったとする指摘は重ねて為されてきた(6)。この事態はまず基本的に動かぬとしても、その拠って来たった原因や様相をば、なおこの話の伝承基盤に即して考察してみたい。

奥越前の地に昔話を聴き歩いた際に、たとえば勝山市北郷町一帯では大蔵の夜には〝歳取り男〟といって大きなバイタを囲炉裏にくべて、夜さり中焚いておく。こうした慣習を踏まえて、ここでは「むかし。大蔵の晩に旅人が宿を借りに来て、その家の好意で特別に囲炉裏のヨコザに寝かせてもらった。翌、元朝、家の人が起きてみると、その旅人は黄金の塊に変わっていた」と、述べ、そこで「この土地では今でも、百八の鐘の鳴っている間に巾着を縫い上げ、その中に十円玉を入れて部屋の隅に吊っておくと、その年は佳い事がある」と伝えていた。勝山市下での昔話「大蔵の客」はこのように、そのまま俗信に繋って定着していたのである。そしてここでは、こうした俗信と共に諺風の言い習わしのひとつに「話はホンコさん」もしくは「話はホンコさんの晩」というのを頻用していた。「ホンコ」はすなわち「報恩講」である。奥越における報恩講の存在とその実態は単に宗教的な営為のみならず、その土地の人々の日常生活に機能することで注意されるが、殊にこれはしばしば、昔話伝承の機会に場面を提供すると見做されるものであった。「奥越地方昔話集」の「解説」は大野郡和泉村川合でのその有様を「十一月から十二月いっぱい、各家で日取を決めて行われる講で、親類の者を家族ぐるみで呼び合う。当日は道場さん（道場役）に来てもらいお経をあげてもらう。この日の料理は精進料理で、小豆・お煮しめ・お和(あえ)・お汁・ご飯などで魚肉類は用いない。夜は、六時頃夕飯を食べたあと十時頃食べるお夜食の間まで、囲炉裏の端で有難い本を読んだり、世間話をして楽しくすごす。以前は、この夜によく子供達にせがまれてむかしばなしを語って聞かせた」と、記している。なお、総報恩講の翌日を「ざんばらし」というが、これについては今立郡池田町河内での例を「総報恩講の翌日は、若連中が中心になって道場に坊さんをよび若講を行なった。若講の次の日はざんばらしといって若連中はめいめいに味噌や米、野菜などを道場に持ち寄り女(おんな)衆(し)をたのんで炊事の世話をしてもらい、酒を買ってきて夜遅くまで飲み食いして歌をうたったり、博打をしたりあほう話をしてすごした」と報じている。

さらにこれらがそのまま昔話伝承の場面に重なった具体例としては「ほんこさんの夜、語りあった」（大野市・勝山市・美山町）、「若衆法事の時、囲炉裏を囲んで馬鹿話（おもに大話）をした。第二次大戦後は行なわれなくなった」（大野市中野）、「野休みの時、老人も子供も道場へ行き歌をうたったり、むかしを語ったり、戦争などの話をしてすごした」（和泉村下山）、「ほんこさんやお七夜の時、子供が騒いでうるさいと話上手の人が子供を集めてむかしを語った」（和泉村川合）、「若い者は冬になると道場に行って草鞋仕事をしながら馬鹿話などをした」（和泉村下山）、「報恩講で親戚のおじさんから昔話を聞く」（池田町）といったものであり、また、「旧正月の堂籠りの時、神社の拝殿で大人も子供も語りあった」（美山町横越）、「神迎え、神送りのお祭りをする時話した」（池田町上小畑）といったように、昔話は着実に伝承されていたようである。

こうしてみると、これまでにたとえば「話は庚申」とか「話は庚申の晩」といった言い習わしは、およそ汎くに認められる事例であり、これが庚申信仰に結びつけていう処の多いのはすでに知られてきたが、言葉と内容を変えて、これを報恩講とするのはやはりこの地方の特性をよく示しているものであった。加えて、いま一度「大歳の客」に帰っていうならばさきに私は話には「背景の遙か遠くに稀人来臨の伝承を予告していたかと思われる」と記した。このときにさすらいつつ遠く旅を重ねて、その挙句、ようやくこの土地に辿り着いた者に対して、奥越前一帯は他に比較して余程寛容にしてしかも温かな習いにあった。具体的には現実処理の方途として、村々にはあらかじめ定めてこの種の人々に宿をする家が用意されてあったのである。これを「こじや番」と称したが、近時多くここには勝山からの座頭などが泊っていた。たとえば、さきの「解説」はそのあとさらに続けて大野郡和泉村では「こじや番とは、乞食・座頭・行き暮れた旅人などが来た場合にそうだいの紹介でそれらの人を泊める家のことで、『小番板』と書いた台形の板を廻し、各家が十日ずつ交替でつとめる。春と秋には二人づれの座頭が来た。穴馬方面に来る座頭は決められていたようで、いつも同じ者が来た。在所に来ると女の方は三味線をひいて家々を廻り、家では三又か楮で漉いた紙四、五枚または苧二すじをやった。その夜は、こじや番の家で、数え歌や阿呆陀羅経を歌った。在所の者は『ちょんがりが歌うぞ聞いてくまいか』などといって聞きに行く。現在もこじや番は続いており、その仕事は用水の水落し、寄合いの時半鐘を叩きに行くことなどである」というのが、その実態であった。

かくして、奥越地方の昔話伝承の基層には顕著に仏教色が認められ、しかもこれが直截に話に働き掛けて、その内容を彩っている。そうした状況が明白になってきた。そしてこれは当然真宗の信仰基盤である北陸道一帯に充分察知し得る事象なのであった。こうした事態を踏まえて、昔話はしばしば単に昔話としてのみ享受、受容されるばかりでなく、時には求めて伝説風に趣きを変えたり、また処によっては強く信心の場に機能して管理、伝承されてきた歴史と事情の存したことが確認されたものと思われる。

註

（1）石川純一郎「説話と巫歌の伝承形態――天人女房譚考」（『口承文芸の綜合研究』所収）。小松和彦『憑霊信仰論』。

（2）『日本庶民生活史料集成』九所収。

（3）山本明編『鬼の子小綱――福島の昔話』。

（4）『本邦小祠の研究』六九一頁。

（5）『南部叢書』九所収。

（6）伊藤曙覧「昔話と説経僧」（『日本民俗学会報』一一）および同氏編『越中射水の昔話』解説。常光徹「三右衛門話考」（『昔話伝説研究』第五号）、および『三右衛門話――能登の昔話』解説。ならびに黄地百合子他編『南加賀の昔話』解説。松本孝三「加賀地方昔話伝承」（『加能民俗研究』九号）。

（『野村純一著作集　第二巻　昔話伝承の研究〈下〉』）

［単行本初出：『昔話伝承の研究』同朋舎出版、一九八四年刊］

第三部

語りと芸能の相関

昔話の三番叟

昭和二十三（一九四八）年に刊行された『日本昔話名彙』に、柳田國男翁は「昔話の魅力」とする一項目を設けられた。この項目の設定と、また多分に魅力的なその標目からは、今にしてもなお、翁の着想の妙といったものが充分に感得される。しかし、それにもかかわらず、明白な分類と整理とを究極の目的としたと見られるその場にあって、「昔話の魅力」といういかにも情緒的なこの表現がはたして適切であったか、どうか、これについては、正直、私は幾分かの疑義を挟まざるを得ない。

しかして、いまひとたび、ここに包括された内容を閲するに、そこには、果てなし話・うそ昔・昔や剝けた・話の三番叟・昼むかしといったものが収められている。察するに、これらはいずれも昔話伝承の場の設定、締結、もしくはそれに附随する禁忌といった点にあずかって力ある話であった。いわば、語りの場に直接機能する、きわめて具体的な特性を備えている例ばかりである。それからしても「昔話の魅力」という標目の擁立は、与えられた言葉がまことに魅惑的であるが故に、直截にその内容と意図とがいささか忖度（そんたく）し難い。そういった不便を伴う。そしてそれは否定すべくもない事実であるが、それでも私共は一様にその不便を押して、密かにここに寄せられた柳翁の意図というものを窺わねばなるまい。そして、その上でなおかつ、翁の期待されたところを一層積極的にまた敬虔に掬（きく）する必要があろうかと思われるのである。

そこでまず、柳翁の描かれた独自の構図をより鮮明なものにするべく、参考までにこれを関敬吾博士の『日本昔話集成』に比較してみる。もちろん、分類の基準及びその根幹となるべき指標を異にする『日本昔話集成』には、直ちに「昔話の魅力」に相当する項目は存在しない。それを承知の上で、あえてそれに近い性質の内容を尋ねるならば『集成』では「形式譚」がこれにあたろう。そこで、求めて両者を比較するに、自立した昔話ではなく、禁忌そのものである〝昼むかし〟は別として、ここに『名彙』の「昔話の魅力」は、そのすべてが『集成』の「形式譚」に包摂されて行くという事実が認められる。ただし、それはあくまでも、ひとつの例外を除いてのことであった。

それでは実際に『名彙』の「昔話の魅力」にあって、しかも『集成』の「形式譚」に斟酌されなかったひとつの例外、それはいったい、いかなるものであったのか。改めて、そうした問いを発するに、比較の結果、自ずからにそれは〝話の三番叟〟であったのを知り得る。それならば、おそらくは柳田國男翁が特別に注意を留めておられたに違いない、その〝話の三番叟〟とは、いったいどのような出自を有する昔話であったのか。いうなれば『集成』では「形式譚」の概念からは外され、しかして一方では強く「昔話の魅力」を発揚すると認識されていた、この特異な話について、ここではさらに言及してみたいと思うのである。長い話ではない。そこで、端的に〝話の三番叟〟なるものを提示してみよう。

　そけな、爺さんと婆さんと居らしたてつたい。爺さんな山へ柴伐りに行かした。婆さんは河に洗濯に行かした。（そるから）河の殿（河童）の出て来て「婆ひかせ（尻をひかせよ）」て言うた。婆さんの「わりや河ん中や入つとてひかせ（火借せ）のなんので、河ん中や火ば入るんならきやー消えちしまうたい、馬鹿んこつばかる言う」。婆さんの腹きやーち戻つて爺さんに「爺さん、爺さん、河や行たら河んとんの『ひかせ』ていはいた。そつで、わたしがしつかるおごつて来た」。そしたら爺さんの「そら、そぎやん（それはそのやうに）河んとんの言はしたなら、火持つて行かずなるみや」と言うち、炬火に火ばつけてそれをかたげて爺さんが河上の方に、婆さんは河下の方に「かはんとん火貸そ、かはんとん火かそ」。そりから河んとんの烏帽子を被つて河ん中から出て来て「ほんか、ほんか」「かはんとんひかそ、かはんとんひかそ」「ほんか、ほんか」。

　これは、昭和十一（一九三六）年十月、雑誌『昔話研究』（第二巻第六号）の「飽託郡昔話」に野口正義が報告した時の全容である。野口はこの話を「話の三番叟」の題のもとに報告した。しかるに、ここには短いが注目すべき註がついている。すなわち「話の三番叟と云ふのは、聞き手を前にしてこれから話を始めるといふしるしにやるもので、謂はば昔話の雰囲気を作るためのものである」とするのが、それである。『日本昔話名彙』の「昔話の魅力」に採択されているのは、実にこの話である。正しくは、その時まではこれ以外にはなかった、と言い改めるべきかも知れない。ただし『名彙』では話が圧縮され、梗概が紹介されているに過ぎなかった。しかし、柳翁にはこの短い昔話と、野口正義の註がよほど気掛りであったとみえて「これから話を始めるといふ印しにするもので、昔話の雰囲気を作るためといふ。まだ他に例をきかぬ」（傍点、野村）という具合に筆を加えられている。

　〝話の三番叟〟と称される、この短い話について、柳翁は「まだ他に例をきかぬ」と記された。『日本昔話名彙』編纂の時点にあって、この指摘は当然の処置であったと思われる。ただそこで、翁の添えられた註記にわずかに私が疑問を抱くのは、「まだ他に例をきかぬ」の一条が厳密にいえば「昔話の雰囲気を作る」とする、特殊な働きを備える、その「雰囲気を作る」機能についてなのか。それとも、河童が火を乞いに来るとする、またとない特異な主題を有するこの話が、そうした特異きわまるが故に、殊更に「昔話の雰囲気を作る」機能を有していた。いうなれば、絶えて他に比較するに相応しい類話を一件も持たぬ、まことに奇態なこの短い話の存在そのものにかかわるものなのか。いわば、そこのところの翁の発議自体が、実質この一条が、あまりにも簡略の故をもって、やや判然としない嫌いがある、ということなのである。

しかるに、それが直接、機能といえるかどうかは、今後さらに検討の余地があるにしても、昔話を語るに際して、少なくともその雰囲気を作るために、語り手が聴く側の者たちに、ひとたびは厳粛、敬虔な態度を求める。そのために、あらかじめ、それに相当した誓言のごとき内容を唱える。こういった事例は夙に報告されていたのであった。『昔話研究』(第一巻第八号)の「昔話懐古」に野村伝四が寄せたのがそれである。報告によると、鹿児島県南大隅の高山町では、四十年位前までは「トントあるハナシ。あつたか、無かつたかは知らねども、昔の事なれば無かつた事もあつたにして聞かねばならぬ」と、念を押し、聴き手の「諾」という返事をもらってから語り始めたというのである。さらに、早川孝太郎は『古代村落の研究』の中で、黒島では「さるむかし、ありしかなかりしか知らねども、あつたとして聞かねばならぬぞよ」と、前置きしてから物語りを始めるのだと、同じような例を報告している。

けれども、柳田國男翁はこれらの事例を、語りの場に働きかける積極的な機能という具合には判断されなかった。昔話の発端、いわば、冒頭句と同質のものとして処遇されている。それは、如上の二例がいずれも『名彙』の中では「昔話の魅力」には含まれず、「昔話の名稱・發端・結語など」の項に整理されていることからして、すでに明らかである。したがって、結局、ここでいわれた「まだ他に例をきかぬ」は、自立した話型を主張しつつ、それでいて、まさに理解の届き難いこの一片の昔話それ自体にあったと見做してよかろう。つまり、柳翁の発言はやはり、水神である筈の河童が敢然、火を求めにくる。そして、あろうことか、その河童が烏帽子を被って再び姿を現わすといった、あまりにも奇妙な、それでいて不思議に人を魅了してやまない、この昔話の出自と併せてそこに纏綿すると伝えられる特別な機能の発揚、という点にあったと推察されるのである。

熊本県飽託郡に語られていた〝話の三番叟〟なる話が、野口正義によって報告されたのは、昭和十一(一九三六)年十月の『昔話研究』であったと述べた。そしてそれは『日本昔話名彙』の刊行時まで、遂に他に比較するに足るひとつの類話をも得ないままに終った。さらにそれから十二年の間、この話は依然として、追認を受けるべき資料と機会に恵まれなかった。これは確然たる事実である。ところが、〝河童が火を乞う〟という難解な主題を有するこの話には、昭和三十五（一九六〇）年に至って突如として、その生命体を甦えらせるといったまったく思いがけない機会が訪れるようになった。それはほかでもない。福島県は南会津郡桧枝岐村に、同一話種と認められる昔話の現に伝えられているのが、石川純一郎氏によって〝河童火やろう〟の名のもとに紹介されたからである。これは、野口の報告から数えて、実に二十三年の空白期間を経た後での添加資料であった。いま、ひとくちに二十三年の空白という。しかし、客観的にみても、孤立した短い話にとって、ここでの出会いはほとんど信じ難い程に劇的なものであった。そしてそれは、熊本と福島といった距離的な問題ひとつを勘案しても、昔話の伝承という事象を考えて行く上で、まずは物理的にも不可能かと思われるような条件を克服した上での僥倖に違いなかった。こうして、数奇ともいえる状況の中で〝話の三番叟〟と称された、この珠玉のごとき話は、ようやくにして昔話としての評価に耐え得る位置を獲得するようになった。そしてそれはさらに宮城県と山形県とから同一話種と見做される新資料の発見を加えて、一段とその位相を確実にする命運を擱むようになった。そこに至るまでの消長と評価についていては、前章（『野村純一著作集　第一巻』「第一篇　昔話の秩序、第三章　河童が火を乞う昔話」）に述べた。

その後、昭和四十三（一九六八）年十月に山形県東田川郡の清野久雄氏が『千貫長者』（庄内の昔話）を刊行された。ここに収録された話の多くは、かつて『昔話研究』に「東田川郡昔話」として連載されたものである。当然、採集の時期も古く、したがって古態を示す伝承形式と共に話種、話柄にも注目すべき例がいくつも見られるのであった。その中に、この昔話が〝河童と爺い〟の名をもって収められていたのである。それを次に示そう。

昔あつたけど。

じじちや水車で米ついっだけど。河童、火もらい来たけど。爺ちや、あぶねくすっがどもって（あぶなくするかと思って）、

「火やらえねえ。」てしえた（云った）けど。それでも爺ちや考えて見たでば、子ろびだ（子供等）水あぶるでど（水あびすると）、河童にとらえっどわり（悪い）どて、爺ちや火たげで（火を持って）、

「河童火やんぜ。」て河童さぼかげ（追いかける）たば、

「いえいえいえいえ」て逃げでえたけど。

トンピンカラリンねけど。

至極簡単な語り口ではあるが、追加資料としてはなはだ貴重な例である。加えてこれには、収められるまでにひとつの経緯があった。清野氏の註にある「この話は、昭和十一（一九三六）年一月に狩川小学校におられた進藤伊吉先生を煩わして、高等科の生徒に書いてもらった資料の中から、最近、整理中に発見したもので――中略――早速、書かれた日向あさ子さんをたずねたが、もうすでに亡く、話をされたお母さんも昭和二十七（一九五二）年に亡くなられたことをたしかめた。お母さんの出身地はやはり同じ立川町大字桑田で実家も今は若い世代にかわり、それ以上たしかめることが出来なくなったは残念である――以下略――」というのがそれである。これによると〝河童と爺いの話〟は、かの野口正義の報告とまったく時も同じ、昭和十一（一九三六）年に清野氏の手元に届けられていたのであった。早くに報ぜられていたならば『日本昔話名彙』での柳田國男翁の註記も、当然、異った表現になっていたかと思われる。まさに、いわく付きの話であるといえよう。

しかし、そうした事情はともかくも、昭和十一（一九三六）年という早い時期における採集という事態を考えても、東田川の〝河童と爺い〟は、東北の地に伝えられていたこの種の話の姿をきわめて率直に示しているのではないか。私にはそう思われる。それというのも話そのものに則していうならば、〝河童と爺い〟は、かの〝話の三番叟〟または〝河童火やろう〟に比較してみても、大層短い。そして、短いが故により一層、河童が火を求めにくる行為の直接的な動機、また、その行為の持つ本来的な意味といったものが計り難い。それでも、話はこれで完結しているのであろう。それは、おおよそ見当づく。繰り返すようになるが、残念なことに河童が火を乞いにくる話の主旨は、ここでも相変らず判らない。ただし、判らないことの責任は、おそらくは今の私共の方にある筈で、以前はこれで人々は充分に納得し、かつ許容するに足る心持ちは保持していたに違いない。それでなくては、どうしてこの種の話がこれ程までに数を重ねて各地に伝えられ、そしてそれがまた逐次発見されてくるのか、そこのところの説明がつかないのである。それにつけても、いまここで一様に私共がいえることのひとつは、短い上に難解なこの昔話の結末が、不可解なその主題を超えてまこと鮮やかな印象を与え続けているという点にある。殊に〝河童と爺い〟の結末にいう「河童火やんぜ」「いえいえいえいえ」といった応答の場面は、〝話の三番叟〟の「かはんとんひかそ、かはんとんひかそ」「ほんか、ほんか」、そして南会津は桧枝岐の「河童火やろう」「いいや、いいや、いいや」に比べても、なんの遜色もない。否、それらにまさって一段と美しい。それは、暗い川面に愛憐の情を響かせながら姿を消して行く、童形のものの姿をば清澄な韻律の中に静謐に、しかも確実に伝え果せている点で実に力強く、そして間違いなく鮮明な印象を聴き手に与える決定的な場面そのものであったからである。

このことは、昭和四十五（一九七〇）年に報告された『猪苗代湖南三代の昔話[1]』所収の〝カッパの話〟が、話の赴くところは勢い、一般的な河童伝説の方向に傾きながら、それでもなお、

昔、あるところにお爺さんがいたと。祝言よばれに行って、ほろ酔い機嫌で帰る途中、大川のところにカッパが化けて、しゃがんでほっかぶりして座っていたんだと。これは困ったと思ったお爺さんは、獣っていうものは火ほどおっかねえのねえからな、火が欲しいと思い、「カッパ火くうろ、火くうろ」って追いかけていったんじやけんども、「いえいえいやよ」と一心に逃げ、とうとう川に飛び込んで隠れてしまったつんだ。人間に近づかないって話なんだな。ところが、カッパはおさまらず、そのお爺さんの家な追いかけて来て、便所の縁の下に隠れていた。そうして、便所に人が入る度に、下から手を出してげす（尻）を撫でたので、便所に幽霊が出るってことで大騒ぎになったんだが、よくよく調べてみると、いつかのカッパのいたずらだったという小話。あったど昔がさけだと。こんで終り。

と、いう具合に「カッパ火くろう、火くろう」「いえいえいえいやよ」といった部分に、他の種類の話にはついぞみられない際立って詩的な響きを残している事実であった。そういった実例からも、いまひとたびは強調し得る事実であった。

何故か、河童が火を求めに訪れる。こうした要旨を持つ話は、それから後も確実に新しい資料を加えつつある。たとえば、宮城県栗原郡若柳町に伝えられていた話は、佐々木徳夫氏によって採集され、それは〝カッパと馬方〟として『夢買い長者』の冒頭を飾るようになった。ここで、河童が馬方のもとに通うとする語り口はさきに示した如く、玉造郡鳴子町岩入にも同じ型をもって伝えられているものであった。距離的な観点からも、同一伝承圏内での類話と認定して、まずは間違いのないところであろう。

さて、これまでに同一の比較資料として順次提示してきた一連のこれら河童の話は、いずれも短かく、しかも趣旨は不分明であった。それでいて、この話は一様に完結していると見做されるものであった。見方によっては、それは現在の私共の理解を一段と峻烈（しゅんれつ）に拒否することによって、その話の原質と古い態様をかたくなに堅持しているかのごとき印象を与えるものでさえあった。しかるに、そうした中にあって、なお同一話種と認められる事例でありながらそれでいて伝承の肌合をやや異にしている話がひとつあった。

昭和三十六（一九六一）年、新潟県十日町市のつまりの民話刊行会から出された『つまりの民話』第三集所収〝河童、火

やろう〟の話がそれである。ちなみに、南会津は桧枝岐の話が〝河童火やろう〟として報告されたのは、その前年である。『つまりの民話』の〝河童、火やろう〟は、註記に、話者として中魚沼郡津南町大字舟山桑原勇三氏とある。また採集者は多田滋とある。次に引用してみる。

とんとむかしがありました。

あるところに、たったひとりのアニがありました。親もなければ、きょうだいもなかったのです。それで

「どうも大将もいゝ人間だども、困ったもんだ。一生ひとらでもいられねんだんが、どっかから相当のカカもらってくれらんじゃなんね」

と、親類の人たちが寄って相談しました。そうして

「あの娘は臆病だども、あれを世話しようじやねえか」

ということになって、アニに話しました。

「ああ、おらも、山へ出るにもどうしても家が留守になっておごったんだんが、なじよも世話してもらいたい」

そこで、その娘を嫁にもらうことになりました。

盆までの田の草の二番ごをおやさなければならないので、アニがカカ（女房）に云いました。

「おら、とうど（頼人）を頼みに出て来るが、そのうちお前ひとらで火を焚いて留守番してくれ」

「いや、そうしないで、おれも一緒に連れて行ってくんねえか」

「ばか、とうど頼むのにカカ連れて出るもんはねえ。いつときだ、すんま来る」

「ほうしや我慢する」

そこでアニはとうど頼みに出て、カカはジロに火を焚いて留守番していました。

そうしていると、戸をクワラクワラッとあけて、

「火くんねえかい、火くんねえかい」

と云って、頭の真ん中に何んにも毛がなく、まわりに毛の下った鳥の吻みたいな口をした、真青なつらをしたものがはいってきました。それが

「火くんねえかい、火くんねえかい」

と云ってるので、カカはおどろいて、ボヨ（ばえ）の燃えているのを摑んで〝こらあ、化けもんが出たが、へえったらこれでなぐってくれよう〟と思って、ブルブル震えて我慢していました。そうすると、その化けもんは行ってしまいました。

「ああ、おっかなかった。おらしよは早く来ないかな」

と、云ってるところへ、亭主が帰って来ました。

「おお、カカ。誰か来たか。誰でも来やしめえ」

「いや、来ないどこじやねえ、来た、来た。おっかないもんが来た」

「なんが来た」

「なんだやら、頭の真ん中に毛が下った鳥のような吻をして、真青なつらをしたもんが出て来て〃火くんねえかい、火くんねえかい〃と云った」

「それで、火やったか」

「なじょう、やるどこじやねえ。へえったらなぐつてやろうと思ってたら、行ってしまった」

「そら、河童ってもんでな」

「ええ!」

「ああ、お前は困るな。そらあ、河童が火もらいに来たがんだ。まだ遠くへは行かねえな、気の毒だすけ、おれが火くれてやろう」

アニはそう云って、じうのうに火を入れて、玄関先に出ました。

「はて、まだ遠くへ行がねえ筈だがな。河童、火やろう。河童、火やろう。河童、火やろう。河童、火やろう」

と、呼びましたが、かっぱは家の前の瓜畑に入って、瓜を食べていて、火のことはもう忘れていました。そこへアニが
「河童、火やろう。河童、火やろう」と云っているので、返事しないと悪いと思って、一所懸命に瓜をかじりながら
「あい、あい、要らねえ」

と云いました。

それっきり。


と、いうのである。中魚沼の〃河童、火やろう〃は、いかにも平明に語られている。その点、たとえば〃話の三番叟〃河童火やろう〃〃河童と爺い〃などの先行資料よりは、話としては余程、まとまりをみせている。そういって差し支えない。そしてこの〃河童、火やろう〃が話としての形を整えているというのは、おそらくは、それ以前の姿ではすでに、聴き手に満足を与えられなくなっていた。つまり、判り難くなっていた。そのために、平易にして許容され易いように求めて添加、補填されて行った部分があったに相違ない。私はそう推察している。しかしそれでもこの話は、全体の調子からみても、決して素朴な味を失っていない。むしろ淡々として語り進められているところに、話としての揺ぎない風格が滲み出ているといえる。これは、津南の地にあって、〃河童、火やろう〃が明らかにひとかどの本格的な昔話として、その位置を確保してきた。そうした話の年輪を示しているようで大層、快い。ただそれだけに私共としては、話の伝承経路、呼称の由来といった点についてはなおさらに心惹かれるものがあるわけである。ところで、ありがたいことに、この話の経歴については採集者多田滋氏のその後の調査と報告とによって、かなり判然としてきた部分があった。

まず、〃河童、火やろう〃の語り手についてである。桑原勇三氏は、明治十六(一八八三)年五月三日生まれ、そして、昭

和四十三（一九六八）年十一月二十二日歿。八十七歳であった。多田氏の追採訪の時には、すでに逝くなられていた。したがって、直接新しい報告は加えられなかったが、採訪時の聞書き等を整理の結果、次のごとき要項を得るに至った。すなわち、中魚沼に伝えられていた〝河童、火やろう〟の題は、話の印象的な部分に着目した採集者の命名であった。次に、その伝承経路は、語り手の桑原氏が若い時にこの話を、旅のローソク売りの老人から聴き覚えたそうである。そのためか、周辺の語り手たちから同一話種を得るのはほとんど不可能であるという。ただ桑原氏に語ってもらった時に、火をヒイと発音していたのが、今も鮮かに多田氏の耳に残っている。それは、おそらく、かのローソク売りの老人の口調を桑原氏がそのまま踏襲していたに違いない。多田氏はそう感慨を述べている。しかして、その上で中魚沼の〝河童、火やろう〟には、重要な伝承が纏綿（てんめん）していた。それは、語り手がこの話をば〝話のサンバ〟と呼んでいたというのである。加えて桑原氏は「ムカシを語る冒頭には、まずこの話を語り、気分を作るのだ」といっていたとする事実である。ここにいうサンバについて、多田氏は、サンバは芝居の三番叟であるに間違いない。元来、中魚沼地方一帯は南魚沼郡の塩沢町と峠続きの、名代の芝居処である。あちこちの村では、毎年のように雪上の掛け舞台で歌舞伎芝居が催される。それは村人たちにとってはまたとない楽しみであった。そして、その開演時には必ずサンバを踏むのであった。なお、ここではサンバソーとは決していわない。単にサンバと言い慣わしてきているそうである。また〝河童、火やろう〟の呼び掛けについてであるが、津南の地での河童の呼称は、スージンコである。それからしても、やはりこの話は旅のローソク売りから聴いたとする語り手の記憶は首肯して然るべきかと思われる。そういった意見が添えられているのであった。

採集者の報告はだいたい以上の通りである。語り手の逝去によって、再確認のかなえられなかったのは返す返すも残念であった。しかし、それでもここにようやく私共は重要な伝承の存在していた事実を知り得た。すなわち、河童が火を乞うという奇妙な主題を有する話が、新潟県は中魚沼郡にあっても、やはり、昔話を語るのに際しては、まずそうした気分を作り出す。いわばそういった特殊な機能を具備しつつ、実際に伝承されていたのである。これは実に熊本県飽託郡に伝わる〝話の三番叟〟以来の報告であった。

さて、これまでに資料を提示してきたように、河童が火を求めて訪れてくる。こうした主題を持つ話型が、実質、数を重ねて報告され、それはまさしく、この国の特異な昔話の一話型として優にその存在を主張するところになった。それは客観的にもまずは問題のないものとしても、次にこの話が、多くの昔話に先立って話の三番叟としての特別な役割を果たす。積極的にそうした機能を発揚するという点については、久しく同一伝承事例を得ぬという不安につきまとわれてきた。いうなれば、柳田國男翁が『日本昔話名彙』に記された。あの「まだ他に例をきかぬ」といった註に、直接応え得る資料には依然恵まれていなかったのである。しかしてその危惧はいま中魚沼郡の〝河童、火やろう〟によって、一応解消されようとしている。ただしこれは私にとっては、あくまでも間接資料である。少なくとも、語りの場における語り手自身からの直接確認ではない。

　そこで次に私は、現在なおこの種の昔話が実際に〝話の三番叟〟の名のもとに、確然として昔話を語るに際して、まずはこれから語り始める。そうした直接的な機能を有している場面を語り手の健在ぶりと共に紹介してみたい。

　そのひとつは、新潟県栃尾市入塩川の惣角（そうすみ）熊四郎氏が語る。熊四郎氏は明治十三（一八八〇）年五月七日生まれ。通称〝四郎兵衛〟の老爺である。近辺では〝語り爺さ〟として著名である。九十三歳の今日でも、求められれば次々に語って厭わない。次にその語り口を示そう。[2]

「今日は弥彦参りに行こうねか」重兵衛の兄と又七のじさともう一人は、誰だったかわからないが、三人で相談して弥彦参りに出かけることにした。三人で話をしながら歩いていって、与板のあたりまできて川を渡るのに舟で渡らんばならないところがあった。そこの良介茶屋というところで、渡し舟にのった。そのころの船は石炭をたいて走るもので船つき場のことを「てんしゃば」と言ったそうである。三人で船に乗って川の真ん中ほどへ来たら、向こうの方から、ざんぎりっ子が泳いで来た。三人がたまげて見ていたら、舟のふちにつかまって「お客様、お客様、俺にタバコの火をくいてくれ」と云った。

　重兵衛の兄が、そいつの顔をよくみて「おい、こいつは油断ならないど。火なんてやらんほうがいいど」といった。そしたら又七のじさが「いや、こいつはいたずら者だから舟でもひっくりかえされたら大変だ。くいてやった方がいいねか」といった。また重兵衛の兄が「それもそうだんが、川のあっちへワラにおがあるが、あれに火でもつけらいろんだら大変だが。やっぱりくんない方がよかろう」もう一人の者が「そうだ、くんない方がいい」それで、火はくんないことになった。

「おい、セガレ、悪いども、んなに火はくんらんねよ」そう、重兵衛の兄がいうと、その河童は「どうしてもくいらんないか」といった。「いや、どうしてもくんらんない」そういうと「くんらんねばいい！」というと、おこっていってしもうたと。

　あんまりおこっていったんだんが、三人とも気味悪くなって「おい、河童はおこっていったが、うしろから舟でもひっくりかえされようんだら大変だと。くいた方がいかったねか」と、重兵衛の兄がいって「おーこら、セガレや火をやるいや」「おーい河童、火やろ、火やろ、火やろ」といったが、河童は、ごをやいてしまって「いや、いや、いりません」といって、泳いでいってしまったという話。

九十三歳の年齢を思わせない程に、しっかりとした語り口である。十年位前までは、正月だ盆だといって人が寄ると、盛んに語ったというが、さもありなんと思う。熊四郎氏は、この話を八十八歳の時に土地の高校生に語っている。そしてこれは〝河童　火やろ〟の名のもとに、栃尾高校上塩谷分校が孔版で刊行した『ふるさとをたずねて』に収められたのが初出である。発行年月日が明記されていないので詳細は不明であるが、昭和四十二（一九六七）年頃であろう。そして、熊四郎氏の〝河童火やろ〟には註がついている。いわく「昔の芝居では、今でいうスター格の役者を『さんば』と言って、芝居の始まる前に出て『おい　かっぱ火やろ　火やろ　火やろ』『いや　いや　いりません』と歌いながら踊ったということである」とするのが、それである。この註は、当時、上塩谷分校に勤務されていた、中村泰是氏の手によるものかと思われる。それにしても、入塩川の〝語り爺さ〟である熊四郎氏は、相変らず達者に栃尾の〝河童　火やろ〟を管理、伝承している。私はこれを昭和四十七（一九七二）年十月三日にテープに収録した。それは八十八歳の時に語ったのと、ほとんど変るところがないと断言してよい調子である。それでは〝四郎兵衛〟の熊四郎爺は、いったいだれからこの話を聴いたのであろうか。

伝承経路を尋ねるに、九十三歳の語り手は遠い日に〝河童火やろ〟を語り聴かせてくれた、その人を実に明白に記憶していた。

惣角熊四郎氏は、八、九歳の頃に〝四兵衛〟の兄んつあからこの一話を聴いたというのである。酒井興吉という人である。興吉は慶応元（一八六五）年六月四日に入塩川の旧家〝四兵衛〟に生まれ、〝四郎兵衛〟から嫁を迎えた。熊四郎氏の姉のオトリである。オトリは熊四郎よりも十四歳年上であった。慶応二（一八六六）年九月六日生まれである。幼い日の熊四郎は、姉の嫁ぎ先である〝四兵衛〟に頻りに遊びに行き、そこで若い義兄の興吉から多くの昔話を聴かせてもらった。〝河童火やろ〟はその中のひとつであったという。熊四郎、八、九歳の頃とすると、興吉は二十三、四歳である。嫁を貰ったばかりの興吉にとっても、姉を慕って遊びにくるこの幼い義弟は可愛い盛りであったことと察せられる。熊四郎に次から次へと昔話を語り聴かせた興吉は、おそらくは心根の優しい人であったに違いない。しかし、興吉は、明治四十一（一九〇八）年二月十四日に四十四歳で逝去した。したがって、話のそれ以前の経路といったものは皆目見当がつかない。しかも、入塩川の〝四兵衛〟は、こぞって群馬県の桐生に転出してしまった。それがために〃四兵衛〃における〃河童火やろ〃の消長も、今となっては定かでない。結局、話の態様を聴き得るのは熊四郎氏一人に限られてくるのが実情であった。そこで、さらにその説明を求めると、かつて、入塩川では農閑期には盛んに芝居を掛けた。その時に、よい衆が烏帽子を被ってサンバを踏む。その囃し詞が「河童　火やろ　火やろ」「いや　いや　いや」であったというのである。そうしたことからも、昔話を語るにも、まず「これは話のサンバ」として最初に語るものだったというのである。実際に熊四郎爺は私共が訪れたときにも、まず〃河童　火やろ〃を語り、それが終ると「これでサンバも終えたし、話もできたな。さて、何を語って聴かしようかね」というように、いかにも〃語り爺さ〃の名に相応しく、こちらの求めに応じてくれるのであった。

　次いで、この種の伝承に関しては、秋田県由利郡東由利町大吹川の語り手、畠山子之吉翁と、そこに伝えられる〃むかしの三番叟〃を紹介しなければならない。明治二十（一八八七）年十二月五日生まれの、この老爺が語る話はつぎのごとくである。

　むかし。
　爺と婆といでよう、ほして、爺
「だれが来たて、あれこれすんなよ」
て、いって行ったとよ。ほすっと、河童、寒くなって来たって。婆、火燃やしていたんで、河童
「婆、婆、爺いだか」
「いね」
「婆、婆、火けんねか（くれないか）」
「けんね」
「んだてやあ、おれ、寒くてしよんね」
「なに来てもけらんねやなあ」
て、婆、いったど。
ほして、爺、一人であがって（仕事を終えて）来ていうに
「だれか来たっけやあ」
「河童さん、寒くなったって『火こけれ』て、火貰い来たけ」
「んで、けてやったか」
「けね」
て、婆いうど、爺
「こりゃあ、大変だな。早ぐ川さ火ぃけってけや」
て、持って行ったど。ほして
「河童さん、河童さん、火ぃやろう」
て、いったけ
「いい　いいぃ」
て、いったけやあ
「河童さん、河童さん、火ぃやろう」

て、いうど
「いい、いいぃ」て、いったって。
　とっぴんかたりの山椒の実。

子之吉翁の話では、河童が「おれ、寒くてしよんね」と訴えてくるのが、なんとしても微笑ましい。炉辺叢書の小池直太郎編『小谷口碑集』には「二十五年程以前の話、南小谷村雨中に紺屋をしてゐた爺さんがあつた。ある時、河原に据付けた釜屋で麻を煮てゐる中に、うつら／＼として眠つてしまつた。目が覚めて見ると竈のぐるりには小さいガンポウジ頭の子供達が五六人ズラリと並んで火にあたつてゐた。爺さん薄気味悪くなつて『此野郎共何をしてゐる』と呶鳴りつけると、件の小童は何処へとも知れず遁げ失せた」とする話がみえる。水の童である河童は、意外に寒がりなのであろうか。それともやはり、河童が火を求めにくるとする伝承がひろくにあって、それを河童が寒がっているというように合理化して語っているのであろうか。私にはどうも後者のような気がする。

それはともかくも、東由利の畠山子之吉翁は明確に、河童が火を求めにくる、この特異な昔話を語ってくれた。子之吉翁に私がはじめて巡り合ったのは、昭和四十七（一九七二）年七月二十六日、國學院大學民俗文学研究会の夏期採訪に携ったときのことである。立て続けに四日間通いつめた私共に、子之吉翁は「口をあいてみせれば、むかしが出てくる」と自負するだけに、まことに豪奢な語り手ぶりをみせてくれた。子之吉翁は、旧姓を長谷山といった。現住する大吹川の隣り、田代の出身である。長谷山家で十人兄弟の二男に生まれた翁は、七歳の時から子守りをし、それがために学校には行かず終いであったという。したがって、翁は文字にかかわりを持たない。その意味では、典型的な口承の人といってよい。二十五歳の時に大吹川の畠山常松家に奉公に入り、働きぶりを認められて、後にその分家を許された。そうした来歴もあって、子之吉翁の管理する昔話は、幼い頃に実家の囲炉裏端で年寄りからじっくりと享受したというものよりも、長じて後に仕事先の畠山家の炉辺で受容したものが多い。その意味で、子之吉翁の語る昔話は雇われた家の下座にあって聴き覚えた話が優勢であろうから、客観的には伝承とみるよりは、むしろ伝播といった性格が濃いかと思われる。語り手のこうした生活歴は、その人の伝える昔話の出自を認識する上からも等閑にはできない。子之吉翁は、この話を畠山家の囲炉裏端で知ったと伝える。詳しくは記憶にないという。話を教えてくれた相手をたしかめられないのは、いささか歯がゆいが致し方がない。ただ、いずれにしても、子之吉翁は、いま、この種の昔話を語り得る貴重な存在であるのに違いはない[3]。そして、秋田県は東由利の子之吉翁の占める位置は、併せて現在、河童が火を求めにくるという一連のこの昔話伝承の最北端の地に位しているのでもあった。

畠山子之吉翁は、私共にこの話を聴かせてくれるに際して「むかしの三番叟を語ってみようか」と、いい置いた。私にとって、それはまったく意外な言葉であり、そしてそれは思わずも息をのむ瞬間であった。語り手に従えば、この昔話の呼称は〝むかしの三番叟〟である。そしてこれは「むかしを語るときに、はじめに語るものだ」というのである。この点はまずかの飽託郡の〝話の三番叟〟そして中魚沼の〝河童、火やろう〟、さらには栃尾の〝河童火やろ〟とまったく同じような機能を有するものであり、また、同列の位相にあるのは明らかである。ところで、実際に子之吉翁に語ってもらうと、話の結末の部分、つまり、最も強い印象を受ける「河童さん、河童さん、火ぃやろう」「いい　いいぃ」の場面は、ここのところの調子が実によいのである。すなわち語り手はここで身体を半分浮かせるようにして、

〽河童さん、河童さん、火ぃやろう
いい　いいぃ
〽河童さん、河童さん、火ぃやろう
いい　いいぃ

と、ばかりに、あたかも三番叟を踏むがごとくにして身体を動かすのであった。さらに具体的に述べるならば「河童さん、河童さん」で、舞台を踏む。そして、そのあとの「火ぃやろう」が、ヒイーヤローという具合に、あたかも笛の音を想わせる響きからそこに独特の効果をもたらすのであった(4)。つまりは、この部分が一種の囃し詞になるわけで、そこからひとつの芸能をきわめて積極的に促す。そうした効用が生じているのであった。いうなれば、河童が火を求めにくるこの話は、話の主幹を成す「河童、火ぃやろ」の部分が韻律を伴い、そこにごく自然に一種の芸態を助長してくる。そうした機能を有するのであった。早くに〝話の三番叟〟として報告した、あの野口正義の資料も、おそらくはこうした性格にあったことかと思われる。

もっとも、これまでにも、具体的な内容は忘れたが、〝話の三番叟〟の話ならば聴いたことがある。そういってくれた人は実際にあった。たとえば、宮城県玉造郡岩出山町上真山の真山峻氏（明治三十六〈一九〇三〉年十一月十三日生）がそうである。氏は、その話を最上越えのいさばやから聴かれたそうである。また、遠く熊本県球磨郡坂本村鎌瀬の白浜まじゅ媼は「川とん、火かそ、川とん、火かそ」の部分だけは鮮明に記憶にあるが、その前後が明白でないと残念がっておられた。さらに河童が火を慕って訪れてくるとする話は、その後も報告があって、それは荒木博之氏の編まれた『甑島の昔話』（「昔話研究資料叢書」5）に〝河童報恩譚〟として収められている。このようにして、この話にかかわる見逃せない資料のいくつ

かは私の手元に集ってはいたが、実際にこの特異な昔話と、そしてそれに纏（まつ）わる具体的な機能が限前にかくも鮮やかに語られたのは、やはり畠山子之吉翁の場合がはじめてであった。

ところで、この話の「火ぃやろ」の部分が具体的に笛の音に重なり、その上で芝居の三番叟に関連して説かれる。そうした例のひとつを最近、さらに石川純一郎氏から教示された。(5) 福島県南会津郡伊南村多々石に住む、羽染シゲさんの語る〝河童火やろう〟がそれである。

婆（ばんば）、洗濯してやったじゅ、そして河童来て、「婆、火けやれ」「うゝやだ、河童なんどおっかね。やだだ、火などくれらんにぇ」「そうか、そんじゃ今度いい、今度、おれ、しない、た（汝）の尻ん中さ入ってくれっから、火くれやんなければ尻ん中さ入っから」河童行ってしまったじゅ。

婆、おっかなくなってが、「河童火やろう、河童火やろう」どって、「いいや、いいや」どって逃げた。それがら、芝居の三番叟それから始まりだっていうの。

シゲさんは、明治十六（一八八三）年三月十日、伊南村浜野に生まれた。参考までに述べるならば、只見町梁取に社壇神楽があって、近郷近在はいうまでもなく、遠くまで興行をした。日中は街廻りをして祓いをしたり、たくさん金品を与えた家では曲玉を使うなどの芸をみせる。夜は広場などで、集落の人に神楽や神楽芝居を見せる。その神楽の笛の音が「河童火やろう」と聞こえるというのである。さらに加えて、これをなお補う資料の報告を得た。福島県東白川郡鮫川村大塩の水野芳光翁（明治三十二〈一八九九〉年五月二十五日生）は、「河童火やろう」を次のように語るという。

むかし、むかし、川端の水車に年寄夫婦が住んでいた。

毎晩河童の小僧が

「火を呉れ、火を呉れ」

て、来たが、小僧のことだからあぶないのでくれなかった。ところがお婆さんは、

「お爺さん、お爺さん、河童の小僧はたびたび来るんだから、川の中だから別にあぶないことはないでしょう」

と、お婆さんが言（ゆ）ったので、お爺さんが次に来たとき

「河童火ぃやろ」

そ、言（ゆ）っと、河童の方で

「いーい、いーい」

って言う。

「河童火ぃやろ」

「いーい」

って、三番叟の始まりはそっから出たんだと。

右の一篇は高木史人君の確認による。話の終りで「三番叟

の始まりはそっから出たんだと」と説いている点に注意したい。まだある。『日本の民話4　関東』に神奈川県秦野市の「かっぱ火やろう」がそうである。

河原を上って来たところの家で、酢を売ったり、こうやくを売ったりしている家があった。そこへかっぱが小僧になって河原を上って来ちゃあ、

「お婆さん、火ぃかしとくれ。寒いから火ぃかしとくれ」

って来るだって。そうしんと（そうすると）お婆さん

「この風のひでぇに、火なんかかしてどうすべぇさ。それこさ危ねぇからいけねえ」

ってことわったたって。するとお爺さんは

「ありや婆さんよ。かーっぱだぁから、火をかしてやったっていいよぉ」

っていわれたって。

そこでお婆さんはかっぱのあとを追いかけて、

「かーっぱ　火ぃやろ、かーっぱ　火ぃやろ」

っていうとかっぱは

「いえ、いえ、いえ」

と、いらねぇっていう。

それが今度、芝居のもとになっちゃった。袖のでぇっかいのを着て、こっち（片方の手）へ巻いたり、あっちへ巻いたりすれば、それがかっぱだ。

この話には次の如き註がついている。

「芝居のもとになっちゃった――芝居の三番叟のもとになった。芝居の幕明けの祝儀の舞を三番叟という。」

かくして、ここに提示してきたいくつかの伝承資料からも明らかのごとくに、河童が火を求めにくるこの昔話は、枢要な部分に芸能と相渉るとする事実を有するに至った。これは、三番叟それ自体がすでにして舞台浄めと同時に積極的な祝意を披露する。そういった性格を持っていることと併せ考えても、この話にそうした機能が付帯され、それか期待せられていたことが充分察知される。もちろん、三番叟の存在が先行して、それがこの昔話にこうした性格付けをしてきたものか、それとも、本来、古くに語りの場には、やはりそうした機能を具備する話が存在したものか。そこのところは、向後の検討を俟たねばなるまい。それと同時に、ここではあまり〝三番叟〟の文字に拘泥、拘束されることなく、一方にこの昔話をば〝ハナシのサンバ〟とする呼称の存するを勘考し、そこから更に民俗語彙としてのサンバイ、サンバイサマといったものをも想起する必要があるかと思われる。いうまでもなく、田の神の降臨に関してサンバイオロシの語のあるのを思うのならば、昔話を語る際に何よりもまず最初にこの特異な昔話を語る。すなわち、語りの場への導入もしくは語りの場の設定に際して、いわば〝語りのサンバイ〟ともいえるような役

割にあったかとも想定されるからである。しかし、いずれにしても、昔話の原質が「語り」にあったのを知るときに「語り」と「芸能」とのかかわりの上で、こうした昔話が特別な機能を発揮しつつ伝承されていた。この事実は、それなりに注目され、評価されて然るべきであろうと考えられるのである。

註

（1）東京女子大学四十四年度郷土調査団。

（2）昭和五十（一九七五）年五月十九日歿。

（3）昭和五十五（一九八〇）年十一月二十六日歿。

（4）小島瓔禮編『武相昔話集』（「全国昔話資料集成」35）七二頁に次のような註がある。

子どもが来たとき、妻が「カッパヒヤロ」というと、河童が「イエ、イエ、ゴメンナサイ」といって逃げる。それを続けて、「カッパヒヤロウ」「イエイエ、ゴメンナサイ」と特殊な節をつけて連続して唱えるところに、なんともいえない妙味があったという。

（5）石川純一郎氏からは他に一話、福島県南会津郡桧枝岐村、星ハル女の語る〝河童火やろう〟を示されている。しかし、この話には〝話の三番叟〟の機能は添加されていない。

なお、その後、山形県飽海郡八幡町上草津の小松ふみ女（明治四十四〈一九一一〉年二月七日生）が、同じく〝河童火やろう〟を管理しているのを確認した。参考までにその例を提示しておく。

（その一）

河童ある子供たちな、河童さ火（ひい）くれって。河童火やらって。火貰い来たって。そしての、そして、

「河童さ火くれらんねえ」

って。したばの、して、家（え）の人たちあがって来て、

「河童火貰い来たけんども、河童火さ、くれでやれや」

ってしたばの、

「河童さだって、火いるだったらくっでやるもんだ」

って。そして、河童さの、

「河童火あのくれっさけ、来い」ったば、

「河童火やらい今は良（よ）い」

って、そのときなばいんだけんども、今はいらねえってその河童のそういったって。

（その二）

むかし、

子供たちだいっぺえ集ばったて、遊んでいたとさの。河童が、火貰いきたけど。

「火くってください」

「火ば、あげらんねえ、火事出されっと、大変だから」

って、そのときの、お家（うち）の人帰らねぐって、

って、火あげなかったと。そして、お家の人帰ってきたら、

「河童が、ほの、火貰いきたけ」って、

「なぜ、火あげねかった」としたばの、

「今、ほの、くれっさげて、そい行げ（え）」

ってして、河童の所さの、

「火、ほの、あげっさけ」したばの

「河童火やろう」「今は良（よ）い」

って。今はもういらないって、その河童の方でそういったって。

山形県最上郡真室川町栗谷沢の遠田弥次右衛門家には、河童の詫証文が保管されている。同家は川に挟まれて位置するが、如何なる洪水の場合にも侵されないという。また、家人にも水の難は及ばないといわれている。それにまつわって、次の話が伝承されている。河童駒引の伝説であるが、その中に〝河童火やろう〟の面影が揺曳する。参考までに示しておく。

むがし、むがし。

河童じゃいで。馬こ洗いに川さ行ぐていうどチャンと尾っぽさくっついで悪いごどするもんで、馬こなの川の中迄引っ張られてしまったもんでしたど。川原で火はおごして、芋煮会ばしった日にも、悪戯しに来て「爺っあ、爺っあ、火けっか」ど、だらくされで（びしょぬれ）出はってきては、ぬるぬるじゅう（ぬめり）水玉は火床さぶっかげで逃げるもんでだど。五月の節供には馬こ水辺さ連で行がねがったし童こ達が水さ入るどびぐ（尻玉）抜がれるもんで、気つけだもんだった。

水さ行ぐどかっぱだれ（水にはまる）するどんて言ってな。

（『野村純一著作集　第一巻　昔話伝承の研究〈上〉』）

［単行本初出：『昔話伝承の研究』同朋舎出版、一九八四年刊］

祝儀の昔話

一

昭和四十七（一九七二）年以来のここ数次にわたる意図的、集注的な採訪調査の結果、山形県飽海郡一帯、及び酒田市周辺には、まことに数多くの早物語が語り伝えられている。そういった様相が、ようやく明らかになってきた。(1) 参考までにその中の二つ三つを示してみる。

ソーレ物語り語り候　この家の座敷はめでたい座敷　七福神のお酒盛り　ちょうちょう長柄の銚子にて　三三九度の盃で　出で釣取るは弁財天　酒は大山泉酒　飲んでも飲んでも尽きやせず　九穴の貝を浜焼に　御来場の皆様たんと飲め　黄金の盃いただいて　飲み置きを振って　万福栄えたりの物語り

ソーレ物語り語り候　大黒様も福の神　恵比寿様も福の神　夜に行っても千貫目　夜中に行っても千貫目　夜明けに行っても千貫目　三千貫目の宝を　奥の御蔵に納めおき　酒は泉の上酒で　弁財天のさきどりで　飲んだり喰ったり　富貴万福長者になったりの物語り

ソーレ物語り語り候　今日は日もよい天気も良いし　しんじょ下ろしてうちながむれば　艫に大黒　舳先に弁天積んだるそのもの何よと見れば　銀と金との振分け荷物　錨下ろせよ舵さしごめよ　三十五反の帆捲き上げて　吹浦港さずんずんど出はったりの物語り

伝承者の訛語が難解で語義の判然としないところがあるが、おおよそはこういった内容と調子のものである。もっとも、俗にカワキタと称される最上川北部一帯のこの地方にあって、きわめて短絡口早やに語られるこの種の物語をば、すべて一様に早物語として許容する。これには伝承経路の確認を手初めに、いま少し慎重な手続きとそれに伴う一段と精緻なる内容の比較検証が必要かと思われる。しかしそれにつけても、現にこれを伝承保持してきた土地の人々が、モノガタリ、テンポガタリ、さらには至極直截にハヤモノガタリなどと称しているこの種の物語一般は、すでに知られているところの早物語独自の形式を具備する。加えて、この物語以外にはまずもって他に例のない早口の語り調子を顕著に示し、その上、宴席や祝儀の場といった、ハレの場に限って求めて語られてきたものであった。そういった集約的な事態からかんがみても、この類いの物語は、庄内の地ではいったいにこれを語ることによって、その場の慶びを層一層助長し、かつ、居合わせる人々にひとしく祝意を披露する。そうした直接的な機能を付与され、かつまたそれを期待されつつ語り継がれてきたのであった。察するにこれはまず間違いのないところである。

しかして、カワキタの地にあっては、口早やに語られるこの種の物語が、ごく素朴な心意を率直に反映して、モノガタリの呼称をもって遇されている。この事実をいまひとつ踏まえて、それではここにいうようなモノガタリが、さらに他にいうところのモノガタリの義にも相渉り、そこでなお内容からしてそのまま祝儀の場に直接関連、関与して、さらにその場面を積極的に言寿ぎ、祝う。いわば、発せられる言葉に籠められた力によって、並居る人々の気分をなお一段と高潮、称揚させる。そういった効用、効果を期待し得るのは、はたしてこれ以外には見出せないものであろうか。実際、祝儀の席にあらかじめこれを讃える特別の歌の用意され、また、厳粛なハレの場の設定や宴の開催されるのにさきがけて、まずは当然披露される。そういった特殊な性格を有する歌といった例は、すでにして汎く各地に認められるところであった。しからば、モノガタリがこういった場面に進んでこれに呼応し、かつ交渉を持つ。そうした様態を窺うに足る例が、実質、次に予想し得るか、どうかということである。いうなれば、これはハレの日、祝福の場に適応しつつ、同時にそこで囃されたに違いないモノガタリへの存在諮問といった事態にほかならない。

二

さて、そこでこの問題に関しては、ここにひとつ、述べられる筋とその結構から推して、少なくともこれは祝いの席以外にはほとんど具体的な意味を持たない。そのように考えられる内容の話がある。たとえば、次に示す「鶴と亀」の話がそうである。語り手は、山形県最上郡真室川町荒木の新田外吉氏であった。

むかし、あったけど。鶴と亀と夫婦なったけどな。その時、ある日、にわかに亀は鶴どこ飽きしたど。

そこで、鶴は亀に聞いたんだど。「なして、お前は、俺のどこ飽きした。口の長えとごろ飽きしたか」ほすっと、亀は「口の長えところ飽きしたんでねえ」と、いうど。鶴は

「ほしたら、首の長えところ飽きしたか」亀は「首の長えところ飽きしたんでねえ」と、いうど。鶴は「それじゃ、足の長えところ飽きしたか」亀は「足の長えところ飽きしたんでねえ。鶴は千年、亀は万年だ。あどの九千年が一人暮らしだ。そこのどこ飽きしたんだ」というど。

そこで、亀は鶴に飽きして、夫婦別れしたんだけど。

どんぺからんこ・ねっけど。

新田外吉氏は、明治三十（一八九七）年八月十七日の生まれで、昭和四十七（一九七二）年六月一日に逝くなった。町内では〝外おんつぁ〟の愛称で親しまれていた。屈指の語り手、話好きであったが、晩年は、子息小太郎氏に先立たれての寂しい日々であった。私が頻りに昔話を聴き尋ねているのを人伝てに知って、氏は積極的に数々の〝むがし〟を語ってくれた。その時の〝外おんつぁ〟の口癖は決まって「ヤッチャヤモネエ俺の話聞いてくれて、ありがとう」の一言であった。ここでいうヤッチャナエ、ヤッチャネは本来が乱雑な、とか、造作ないの意である。ただし、外吉氏の場合にはやや謙遜の辞が濃かったようである。それはともかくも、たしかに〝外おんつぁ〟の話は折に触れて多岐にわたり、時には他愛の無い内容に終始する場合もあった。しかし、今にして想えば、外吉氏が次から次へと、まるで機会を求めるかのようにして多くの〝むがし〟を語り、また話を聴かせてくれたのは、老いの日の感慨をばそうした〝ヤッチャヤモネエ〟話に託して伝えたり、またはそこにわずかな心の紛れを得て、自らを慰めていたのかも知れない。けれども、その頃二十代の私には、それを察知するだけの余裕がなかった。悔いの多いことである。それはそれとして、幾分か強い語りの印象さえ否み難かった当時の〝外おんつぁ〟の話のひとつに、ここにまったく素姓の知れぬこの「鶴と亀」の話はあった。ところで、氏の言葉通りに実際この種の話が〝ヤッチャヤモネエ〟ものであるのか、どうか。これについてその頃は、他に比較する話例を得ることがなく、また直接拠るべき別の資料も見当らなかった。したがって、当然、一個の独立した昔話とははなはだ認め難い。そうした状況のままに、私はそれでも一応は雑誌『藝能』に連載中の「どんぺからっこ・ねっけど」の第三十二回に紹介し、次いでこれを編んだ『笛吹き聟』に収載した。

それというのも、これにはいくらかの理由が存する。というのは、この話はたとえその素姓、来歴が定かならずとも、それなりにいささか捨て難い持味が備わっていたからである。人に似て、もしもひとつひとつの話にも仮りに格といったものが付帯するならば、「鶴と亀」は決して低い話格にあるわけではない。鄙びた構成、結構の中にもたくまずして人を笑いに誘い、やがてこれをほろ苦い納得に導く機知が存する。それでなくてもおそらくは、ひとたび祝儀の場にあって、ある日、にわかに「亀は鶴どこ飽きしたど」といった風の発語とその設定は、そもそもが「切れる」「割れる」「別れる」といった類義語を忌み言葉として強く戒め、終始この類いの発言を回避してきたそうした座と、そこに連らなる人々の間には必ずや小さな緊張をもたらした筈である。かてて加えてその筋は「口の長えとごろ飽きしたか」「首の長えところ飽きしたか」「足の長えところ飽きしたか」とばかり、やや執拗に畳掛け、一方、相手はひとつひとつ丁寧にこれに応える。察するところ、その場における注意は徐々に盛り上ってやがて結末に持越されるが、そこには周到にも一転して「鶴は千年、亀は万年」の寿詞が用意されていたのであった。ここに至って人々の緊張はほどよく解けて、安堵のざわめきが聞こえてくるような気がする。短いながらも軽妙洒脱な筋書きにある話である。全体としては一見、理に勝ったかの印象は免れ難いが、そこはそれなりにこの「鶴と亀」はたびたび場の即興として喝采を博し、賞讃を得てきた。そういった身近かな生活史を感得させる話なのであった。

三

ところで〝外おんつぁ〟のいう、出自不明のこの〝ヤッチャモネエ〟話には、その後、いくつかの類似例が見出せるようになった。そのひとつは、外吉氏の山形県最上の地には遥かに遠く、九州は佐賀県佐賀郡富士町下に伝えられる。ここでの資料は、昭和四十三（一九六八）年八月、國學院大學説話研究会の調査時に得た。

むかし。鶴と亀とのくぜつを聞けばて、「わたしが女房（にょんぼ）になってくれ」「あなたの女房はおきらいだ」て、いうて。そいぎ、その「首の長けおきらいか、足の長けおきらいか」て、いうて。そいぎ、その「首の長ともいとわん、足の長ともいとわんばって、世間の人の噂を聞けば、鶴は千年、亀は万年ていうて、そいけ、その、九千年も長い後家で暮らすのが、わしゃ辛い」って。ばあきや。

語り手は、富士町上無津呂上の無津呂勘三氏（明治二十六〈一八九三〉年四月一日生）である。結末にいう「ばあきや」は、土地での昔話の語り収めの句である。無津呂は、佐賀県とはいっても、ほとんど福岡県糸島郡との境に位置する。私の訪れた日は、ちょうど祭りの日であった。古老無津呂勘三氏の話によると、ここは由緒のある土地柄でそれだけに古い仕来りが多く残っているという。たとえば、祝いの席では最初に必ず謡（うたい）を出し、次にヨーホー節が三番あげられ、次にヤーエー節が三番あげられる。これは定まっている。その後、ようやく雑歌に移るということである。「鶴と亀」は、そうした祝儀の席で折をみて語られたそうである。〝外おんつぁ〟の話に比較して、佐賀の山中に語られるこの話は鶴と亀とが夫婦にはなっておらず、鶴が亀を口説くとする点に違いがみられる。「鶴と亀とのくぜつを聞けば」と、語り起こされる所縁は端的にそこに示されるようである。それと共に無津呂氏の語るこの話には、佐賀の言葉の特性とは別に、明らかに全体に一種独特の韻律が伴っている。注意を要することのように思われる。さて、無津呂では他にもう一人、中原出身の古浦シズ媼が、この話を伝えていた。中原は無津呂を少し下った処にある。次に示そう。

鶴と亀との口説聞けばて、その、女房になってくれてかにゃ。鶴が言うじゃろ、亀に。「あなたの女房はお嫌いだ」て言うて、「足の長(なん)かけお嫌いか。首の長かともいとわん」て、「足の長かともいとわんばってん、その九千年の世間の人の噂を聞くぎにゃわその、亀は万年、鶴は千年言うちゃって。そいけんその、その長い間後家で暮らすとが辛かてならん」。

内容は無津呂勘三氏の語るのにほとんど変らない。シズ媼は、中原の実家にいた時に憶えたという。形式からするならば、シズ媼のこれは、一段と昔話の枠から解き放たれているように感じられる。しかして、これにはどうやら内在した因由が存するらしい。それというのも『佐賀の民俗』第三号に山口節子君が報じた如く(2)、中原をさらに下った古湯周辺ではこれが歌われていたとするのである。古湯での伝承者は山本カツ女である。カツ女は、富士町随一の昔話の語り手である。その片鱗はすでに昔話集『佐賀百話』の冒頭を飾る「猿と蟹の餅争い」からも窺えようが、同女はすこぶる土地の民俗に明かるい。加えて歌にも優れていた。説明によると「亀と鶴」は相撲唄として祝儀の時に歌われたそうである。これは、

〽鶴と亀との口説を聞けば　ヨーイ　ドスコイ　ドスコイ
亀が鶴にひまをやる　何と言わんす亀さんよ　夫にひまじょはぜひもなし　足の黒いがお嫌いか　首の長いがお嫌いか　足の黒いも首の長いも嫌わねど　世間の人の噂には　鶴は千年　亀は万年　お前が死んだるその後で　九千年(くせん)のその間　後家じょ暮しは　ヨー　ホイノホイ

といったものである。古湯の地では、婚礼や新築落成の祝儀の時に四十歳以上の女たちが化粧廻しをつけ、輪になってドスコイドスコイとばかりに相撲踊りをしたそうである。佐賀は相撲の殊に盛んな土地である。それを映して、女相撲があり、甚句が好まれたのであろう。そういえば思い当る節がある。昭和四十二（一九六七）年十月、佐賀民俗学会から招かれて、臼田甚五郎先生に随いて赴いたことがあった。折しも県下の郷土芸能大会が開催されており、一日、招待されて強風下砂塵の逆巻く中央公園に雄壮な浮立をはじめ、多くの民俗

芸能に接する機会を得た。その中のひとつに女相撲の甚句があって、化粧廻しをした横綱以下の土俵入りに驚いた記憶がある。はたして、その時の甚句の中に「鶴と亀」があったものか、どうか。威風堂々たる女の相撲取りに圧倒せられてしまって、歌の内容はまったく記憶にない。しかして、ドスコイ ドスコイとばかりにこれが相撲甚句として囃され、伝えられているのは、いずれ、佐賀の風土人情とは無縁でなかった。古湯と上無津呂の中間に位する中原の古浦シズ媼の「鶴と亀」が、昔話の枠を外れてやや語り物に近い性格を帯び、また、無津呂勘三氏の話が同時に韻律を感得させるのも、もとはといえば、ひとつはこの辺りに原因があったようである。

なお、その後刊行された『小城町史』の「民謡」の項、「祝儀唄」の相撲甚句には、明治二十一(一八八八)年一月二十七日生まれの円城寺タマさんの伝えるものが、

〽アーハー 鶴と亀とが 夫婦けんかが できたよう 鶴が亀さんに 言うことにゃ 首の長いのを嫌うのか 足の長いのを嫌うのか そんとき亀さんが 言うことにゃ 首の長いのを 嫌やせぬ 足の長いとて 嫌やせぬ 世間の人の 噂には 鶴千年 亀万年 あなたが死んだる そのあとは 九千年の 後家暮しじゃ ノーホイ エーつろうござるよ ドスコイドスコイ

という具合に紹介されている。

四

佐賀県は富士町の山間部一帯に、祝儀歌と交渉を有していたこの話は、次には岡山県苫田郡上斎原村赤和瀬からの報告を得た。『かみさいのむかしばなし』[3]所収の「鶴は千年亀は万年」がそうである。語り手は小椋澄子とある。話者一覧をみるに、この人は昭和十五(一九四〇)年八月三日生まれである。小椋姓の語り手が他に十三名も紹介されているから一族の人からの伝承かも知れない。


亀は万年で、夫婦へなっとったか、なるゆうんかで、そいで鶴は千年亀が万年で、「鶴さん鶴さん、別りょうじゃなえか」

ゆうたら、鶴さんが、

「首の長いのがいやなのか」

言うたら、鶴さんが亀にゆうたら、亀が、

「首の長いのがいやじゃないけれど、鶴は千年亀は万年ゆうけ、千年で死なれたら、後(あと)の九千年は後家で暮すのがつらい」

ゆう意味じゃが。

上斎原村は岡山県の最北端に位置して、鳥取県に隣接する。村のほとんどは山林原野に覆われていると記されている。その地で小椋の姓にあるからには、まず、木地師の出自に違いない。そこでの比較的若い人が何故にこの話を語るのか、伝承の経路にはひときわ興味がある。採集した話を分類、整理した立命館大学の研究会員は、これを「笑話」に認めた。「鶴さん鶴さん、別りょうじゃなえか」に始まり「後の九千年は後家で暮すのがつらい」と、収める話の構成に笑いの誘発を強く承認したのであろう。終りの「ゆう意味じゃが」は、語り手である澄子氏の添加であろうか。と、すると、立命館の若い人たちには、話のこの落ちが理解されないとでも考えて、解説風にこれを加えたのであろう。ところで、ここに中国筋からの報告を得た「鶴と亀」の話は、早速に島根県邑智郡長谷村清見からも同一話型の追加をみるに至った。森脇太一編『江津の昔ばなし』[4]所収の「鶴と亀」がそうである。語り手は、山崎マスノ女である。同書の紹介によると、マスノ女は昭和三十五（一九六〇）年五月十六日、六十二歳で歿くなっている。したがって、この話はかなり早くに語られていた筈である。同女は邑智郡川戸村小田の出身で、七十に余る話の管理者であった。その中のひとつである。次に紹介しよう。

亀が鶴を嫌がったので鶴が「色が白うて嫌うか、首が長うて嫌いか、足が長うて嫌うか」と言うと、そこで亀どのが言う事にゃ「色の白いのも嫌いでもなし、首の長いのもいやでもない、足の長いのも言わぬが、鶴は千年生きるもの亀は万年生きる者、千年過ぎるはよいけれど、後は残りの九千年、若後家立てるがわしゃいやだ」と言った。

採録した側に責が存するのか、はたまた元来が、こういった口調で伝えられていたのか。簡便な形式に流れていて、実はこれでは話のおかし味、面白さといったものはあまり感じられない。しかも梗概を説いただけの印象もあって、正直いってこれでは、本来この話が昔話として伝えられていたのか、それとも他の形式のものからの換骨奪胎であって、筋を述べ直したのか、その点いささか判断に苦しむところである。

伝承の形式はともかくも、資料としてここでひとたび、岡山と島根に得られた話を閲するに、中国筋でのこれは「鶴さん鶴さん、別りょうじゃなえか」と述べている部分からして、前者は鶴と亀とはすでに夫婦であったとする設定にある。対するに後者の場合は「若後家立てるがわしゃいやだ」といっている。この言葉から推すに、こちらは佐賀県下の伝承に筋を等しくしているとみえる。さて、島根の山崎マスノ女の話の様相については、そこに記される先学、牛尾三千夫氏の一文に「本格的昔話の長篇のものより、由来譚のようなもの、そして動物説話や笑話の方がむしろ得意であったように思われる」とある。加えて、編者森脇太一の「さらにここに附記したいのはマスノさんが唄ずきであったことである。仕事唄や宴会の唄、祝儀唄、わらべ唄等数多く知っておられた」という一条を勘考するに、マスノ女によって島根の山間に伝えられていた「鶴と亀」は、佐賀は古湯での相撲甚句の例とまでは行かなくとも、案外それに近く、山陰の地にあっても祝い事の場において直接その実効を発揮していた。実際、そうした機能をば周囲の人々から期待される。このような来歴にあったことも一応は予想しうるであろう。

表出された事象に拘泥するわけではない。しかし、それにしても「鶴と亀」の話は、佐賀の山間部、そして中国地方にあってはこれまた、場所を選ぶようにして同一話種はいずれも山深い土地に伝えられていた。いったい、これは偶然の成せる業であろうか。それとも別に言い知れぬ秘められた伝承上の事情とでもいうべき事態が潜在していたのであろうか。今はただ、適切な説明の方途に困惑する。けれどもここにきて、一連のこの話に関していえることのひとつは、これまでにみてきたその伝承位相からしても、「鶴と亀」はどうやら、時と処によってはひとまず祝儀の場で歌われ、次に、場所を変え、伝承者を移してはこれが話や語りの場にあっては一個の独立した昔話として、しかもきわめて直截に笑いを期待し得る落し話として、巧みに用いられていたとする事実である。

ところで、島根は邑智郡にあって山崎マスノ女に管理されていた「鶴と亀」は、それ以前に示された話とはやや異なって、話の中に鶴が「色が白うて嫌うか」と、問う部分がある。これまでの類話はいずれも「口の長えとごろ飽きしたか」「首の長かけお嫌いか」「足の長かけお嫌いか」といった具合で、わずかに山本カツ女の相撲唄に「足の黒いがお嫌いか」とあるに過ぎない。鶴と亀とを比較するに当って、殊更にどの部分を強調するか。これは単に趣向の問題だと見做してしまえばそれだけである。しかして、それぞれが予想を超えた遠隔の地にあって分布する場合、話柄の取捨選択には、自ずからそこには趣味、好悪では律し切れぬ理由が介在してはいまいか。マスノ女の話が、亀に比する形態上の特性に鶴の色の白い点を強調している。前述、牛尾三千夫氏の一文はこれに関して、マスノ女の管理する話をば「動物譚は短篇のものが多いが、『鶴と狐』、『鶴と亀』等はいずれもその動物の形態や習性を比較しての話からで、前者は御馳走を各々苦手の容器に盛って、相互困らす話、後者は亀が鶴を女房にすることを嫌う理由譚であるが、動物報恩譚としての「鶴女房」と言った、すべて説話の中に鶴を取扱うに至った原因は、白い羽の鳥に古人が神性を感じたからであった」という解釈に立たれた。これを要するに氏の理解は「鶴と亀」の話をば、動物の由来を説く説話とするにある。さきに触れた如くに『かみさいのむかしばなし』が、これを「笑話」に整理したのに対し、『江津の昔ばなし』が「動物話」に処理してあるのも、おそらくはそういった認識を遵守しての結果であろう。しかし、話の趨勢からいっても、赴くところこれを鶴の形状のいわれを説くとする立場はやはり許容し難い。ただし、ここで山崎マスノ女の伝承が、鶴の白さに言及しているのは、それなりに注意を求める話柄にあった。それはほかでもない。新たにひとつ、これに似た趣旨にある同種の話型を次に加えることができるからである。

五

ここに改めて追認を求め得る「鶴と亀」の話は、秋田県由利郡東由利町大吹川に伝えられる。語り手は、畠山子之吉翁である。その話を示そう。

鶴ど亀ど夫婦約束すんだていな　これでわだしは運がいい方だ　これこれ　もうし亀さんやな　わだしを嫁にしてくれ

そごで鶴さまや申すには　頭(あだま)が赤(あげ)えどご知らへんかい　羽根の白(しれ)えどご知らへんのさな　足の長(なげ)えどご知らへんだかい

そごで　すぐ　亀さの申すには　足の長(なげ)どこ知りまさせ　羽根の白(しれ)えどこ知りまさせ　頭(あだま)の赤えどこ知りまさせ　鶴は千年　亀は万年(まんね)だ　あどの九千年　一人でいやーでよ

昔話の有力な語り手としての子之吉翁の存在とその位置については、前章（本書第三部「昔話の三番叟」）で紹介を終えた。ここでは繰返さない。翁はこの話を昭和四十七（一九七二）年七月二十七日に語っている。題については「鶴と亀と夫婦」と言い置いた。そして、これを説明するに〝オトシむがし〟だとしている。この話の前後に語った「笠地蔵」や「三人兄弟」譚の類いを本格的な〝むがし〟つまり、昔話とするならば、伝承者自身もこういった話には、それなりに異った性格を認めているのは明らかである。いったいに、子之吉翁の話嚢にはこの種の話が豊富に貯えられていて、翌二十八日の私のノートには「今日はオトシむがしから語っかな」といった、翁の言葉が記し留めてある。そして、その日は「和尚と夢」から始めている。いま、資料を検討してみるに、子之吉翁のいう〝オトシむがし〟は間違いなく「笑話」もしくは「世間話」に近い性質の内容にある。本格的な昔話とは別に、強く聴き手の興味を惹き、同時に共通して〝語り〟よりは、むしろ〝話〟といった傾向にある。庄内にあって、早物語を始め滑稽な話を数多く語る佐藤とみ媼（明治二十二〈一八八九〉年二月八日生）は、こういった例を称して、話は〝ホロチャエ〟ものだという。土地土地によって、話に対する特殊な呼称はこれに向ける人々の多様な心持ちを如実に反映しているが、それは畢竟するに、熊本でいう〝話ホンナシ〟の意であろう。必定、語り手、聴き手、共に承知して楽しんでいればそれで良かったのである。それからするならば、同じ内容の話をば〝ヤッチャモネエ〟とした〝外おんつぁ〟の言葉がここに至って再び思い出されてくる。由利郡は東由利の大吹川と最上は真室川の荒木とは、秋田と山形との違いこそあれ、地形からいえば鳥海山を隔てて相対峙する場所にある。かくしてお互い近い伝承の位相にあり、共通した心意のもとにこの話を遇してきたのかと思われる。

　畠山子之吉翁の「鶴と亀」は「これこれ　もうし　亀さんやな　わだしを嫁にしてくれ」いうように、女の役割にある鶴がきわめて積極的に亀に声を掛け、ついで「頭が赤えどご知らへんかい　羽根の白えどご知らへんのさ」と、ばかりにその整った容姿を誇示している。話の中にも明らかにその所作の想起されるところが面白い。ところがその点、同じく「色の白さ」に触れていても、島根の鶴は逆にこれを相手の亀に厭われる負い目にしている。ひとつ材料が雲泥の差にある。加えて大吹川の「鶴と亀」は結末に「鶴は千年　亀は万年だ　あどの九千年　一人でいやーでよ」というが、ここは明らかに特異な言い廻しにあり、この部分が単に話される、つまり、平板に述べられたものでないことは容易に首肯（しゅこう）されるところであろう。どちらにしても、畠山子之吉翁の話は全体的に諧謔（かいぎゃく）の調べが一段と濃い。冒頭から求めて笑いを誘う段取りにあるのは、まず、否めない筈である。翻って、このことは「鶴と亀」の話は、元来がこれを伝える人が無表情、無技巧に筋を述べただけでは、ほとんど話の持味が生かされない。要するにそれでは所期の効果はまったく望めないわけである。したがって一方、これとは逆に選んで適応（ふさわ）しい語り手、屈指の話上手といった人の手に渡れば、話は俄然、そこに身振りを加えることによって生彩を帯び、そのまま直ぐに仁輪加（にわか）にも通じてくるという仕儀に相成る。そういった意味では、客観的に評価してもこの「鶴と亀」には、なお牢固としてこれを支える話としての安定した骨組みが形成されておらず、依然、一個の独立した話としては、その枠を確立するに遠い。そういった見方も充分に成り立ってくる。いうなれば尽きるところ〝外おんつぁ〟のいういわば〝ヤッチャモネエ〟存在にあったわけである。

　しかして、このようにひとつの話全体がおおよそ、その筋合からして明らかに一種の芸能、芸態に相渉る。こうした話例は求めても数少ないにしても、これを予想させる最も具体的なものにすでに私は「河童火やろう」の話を指摘した。それでなくとも、いったいに昔話の中には特に話の中のある場面、さらには特定の部分の直接、他の芸域に関与する。こういった例が少なからず存在するのであった。たとえば、汎くに笑いを及ぼす「馬鹿聟」話に「鶴亀の歌」がある。いま、山本明編『鬼の子小綱』のその一節をみるに、

　まずこんだ、あしたのお振舞の時刻が来て、みんな座っ

たんたべワイ。ほうして三三九盃がすんでまづ《四海波静か》うたうべし、《ところは高砂》うたうべし、それまでまづおひきかえすべえと、こんだまづ《蓬萊山》うたう番まえになって、座敷の誰それに頼んましよなんていったべ。ほしたらゆんべ石で尻ふいた奴が謡うたったんだと。

〽庭のいさごは金銀の玉をつらねて　ひきたえのイーオイの錦や瑠璃の塔　化粧の雪桁　瑪瑙（めのう）の橋……とうたいすすんで《……池の汀の鶴亀は》となったべ。ほしたら、ほれ《池の汀の鶴亀は蓬萊山もよそならず》なんてうたったじから。ほしたらその聟野郎めワが事語ったべと思って、

「亀を語れば石語れ」

といったけじゃ。

と、いった具合にある。編者は解説の中でこの話と、その語り手である三輪セン媼（明治二十四〈一八九一〉年四月四日生）の力倆について言及し「馬鹿聟話の聟が甘酒瓶から首がとれなくなった話で『鶴亀』を謡うくだりがあるが、『庭のいさごは金銀の玉をつらねて……』という曲節には格調があり、流石観世流をよくした父善蔵の感化がうかがわれる」と、述べている。謡の心得のある語り手であればこそ、笑話「馬鹿聟」話の中で至極真面目にしかも格調高くこの場を謡う。それがために反（かえ）って一層の笑いを引き出すに充分の効果があったのである。

六

さて、ここに至るまでに具体的に提示してきた「鶴と亀」の話は、都合七例にわたった。秋田と山形の場合は地域的な面から勘考しても、それ程奇異の感を抱かない。しかし、次は岡山と島根の山中に特定され、それは更に西に飛んで佐賀の富士町に認められるのであった。これによっていま、もしも話の分布に内在する因由を求めようとするならば、これはおそらく一段と掌握し難い位相にあるといえよう。ということは、反面、この類いの話に限っては当然、向後も各地から資料報告が得られ、逐次積極的にその間の地域的な空白を埋めて行くのが叶えられる、ということであろう。それと共になおひとつここに予想されるのは、この「鶴と亀」は話として〝ヤッチャモネエ〟とか〝オトシむがし〟といった評価や位置にあるのではなく、それとは別に少なくとも、佐賀は古湯の例に示される如く、一種の祝い歌、祝儀の場に適応する寿め歌として伝えられてきたであろうということである。今は僅か八例に過ぎぬこの時点であれこれと取沙汰するのははなはだ心もとないが、しかし、限られたその資料の中に、すでにして「鶴と亀」は、ある場面では〝むがし〟態にカタラレ、またある処では祝儀の場での相撲唄として現に歌われているのである。これから推しても「鶴と亀」の将来は、やは

り二様にわたって汎まり、かつ報告されて来るのを予測せずにはいられない。

それにしても、もしもこの「鶴と亀」が今なお、時には歌われ、時にはまたもどきにも似た芸態を付随しつつ、ハレの席にあって即興の妙を発揮する。そして、その場に連らなる人々の笑いを誘発し、さらにそれを増幅させる。そうした役割と職能にあるならば、否、なおもそのようにあり続けるならば、問題はこれ、カタリと歌とが依然未分化のままに、しかも内容にふさわしい独自の機能を発揚し得る例として、きわめて特異な存在を主張するものであると判断するのである。

註

（1）『酒田の昔話』（昭和五十一〈一九七六〉年三月）酒田市刊。ならびに『飽海郡昔話集』（昭和五十四〈一九七九〉年一月、荻野書房刊）参照。

（2）「鶴と亀―富士町の昔話と歌謡―」。

（3）昭和四十七（一九七二）年一月、立命館大学古代文学研究会刊。

（4）昭和四十八（一九七三）年八月、江津市文化財研究会刊。後『石見昔話集』（「全国昔話資料集成」36）

（『野村純一著作集　第一巻　昔話伝承の研究〈上〉』）

［単行本初出：『昔話伝承の研究』同朋舎出版、一九八四年刊］

説話と民俗芸能——昔話・早物語の文脈から

はじめに

この席でお話しするに先立ちまして、大会事務局からは本学会に向けての「回顧と展望」を述べるようにといった要請がありました。ただしこれの「回顧」に関しましては、すでに多くの先学の方々のご発言があります。殊に学会の機関誌『説話文學研究』第三十号（平成七〈一九九五〉年六月）は〔記念特集・回顧と展望〕を設けて、学会発足当時の情況について、そこでの在りようを克明に伝えております。学史の一端を担う文言として、有効かつ貴重な試みであったと評価致します。その中で馬渕（淵）和夫先生が「説話文学会の名称のことなど」といった文章を寄せられ、就中、次のような一節をものされておいでです。本日、これからの私の発表にかかわりますので、あえてその部分を引用させていただきます。

——学会設立の相談が重なって、いよいよ会の名称をどうするかという件になって、「説話学会」にするか「説話文学会」にするかという議になり、この二つについて賛否の意見開陳があった。「説話学会」を主張したのは國學院大學の野村さんだった。それは伝承・伝説研究の中心地の國學院としては当然であったろう。しかしこれに猛烈に反対したのは長野嘗一氏だった。文学を研究するのでなくては意味がない、文学を（名前に）入れない様な学会にはおれははいらん、とまで言ったかどうか正確には記憶していないが、いかにも情熱の人らしく烈しい口調で言ったことは覚えている。そのあとでにやりとするところが長野さんの人柄なのだが、実は私は長野さんとは戦争中からのつき合いだったから、よく氏の手口は知っていた——

これからすると、どうやらそのときの先学の方々の間には、いまはあえて一方に固執するというよりは、むしろ「説話」もしくは「説話文学」を主体による独自の学会が必要で、それこそ一刻も早く学会の成立、誕生を促すのがそこでの課題であったという雰囲気のように思われます。事実「説話」か「説話文学」かの話題は、その後も大きく後を引き、この議論はいつまでも倦くことを知らなかった。そしてその事についての経過やときどきの課題に関しては、前出第三十号所収、大島建彦氏「学会設立の前後」、福田晃氏「説話文学会の発想——学会成立の頃を顧みて——」に詳しい。したがって、改めて触れることはしません。ただし、引用の右一文のあと、馬渕和夫先生はさらに続けて、述べておいでです。

——話はもとに戻るが、長野さんの一言で、本会の名称は「説話文学会」ということになった。あれから四十年も経って、私自身いろいろと説話文学にかかわってきて、果して長野さんの言ったほど「文学」という名称にこだわる必要があったのか、と疑問が去来することしきりである——

と。このあと、馬渕先生は「説話」、わけてもそれを記述、記載する際の方法に向けて、重要な指摘をされていらっしゃる。しかし、そのことに関しては、今は措いておきます。それにつけても振返って思うに、かつての日、長野嘗一氏が「文学」に著しく執着なさったのは、おそらくそれは「言葉」、もしくは「言葉」そのものに強く拘泥された結果ではないかと私は忖度します。つまり「言葉」を排除した、あるいは「言葉」を二の次にした方法や方法論は、その事自体、すでに「文学」とはほど遠い存在であり、それを容認する余地はないといったお考えではなかったのかと推察するわけです。要は、自分の志す学問はあくまでも「言葉」の学問であって、それ以外の、たとえば「コト（事）」であるとか「モノ（物）」を迎え入れる学問とは違う、という点を主張されたかったのではないかと思います。

それはそれで正しい。筋が通っています。ただし、その後に展開した「説話」、もしくは「説話文学」の研究と方法は、必ずしも長野氏の主張通りには進まなかった。あるいはその思惑を超えた処で大きな実りをもたらすに至ったといった経過を踏むようになります。時代が、時勢がそのように動いて行ったというべきでしょうか。前置きが長くなりました。本学会の企画やそれにもとづく論文、論説では、従来「芸能」といいますと、そのほとんどは「古典芸能」、すなわち「能」「狂言」、「幸若」、あるいは「歌舞伎」といったところに目論見が絞られてきたように見受けます。そこで本日はあえてこれを「民俗芸能」の面からのアプローチをと考えました。具体的には「民間説話」、就中「昔話」と「早物語」の相渉から申し上げたいと思います。

一

説話文学会で、早物語について私が申し述べるのは今回がはじめてではありません。旧い話になります。昭和四十八（一九七三）年十月、金沢大会で「早物語——その位相を中心に

――」といった題で発表した経緯があります。その折には会場から池田彌三郎先生のご意見を頂戴しました。「早」は「早料理」という言葉があるように、咄嗟にその場に有り合わせの食材で料理を仕立てることをいう。手っ取り早く、の意だ、当然「即席の」意にもなる。「早口の物語」に併せて「その場仕立て、俄か仕立ての」、「即席、即興の物語」といった面も忘れずに研究するようにと、励まされました。ありがたいご指摘でした。数えてそれから三十年、往時茫茫として、まさに夢の如しです。はたしてうまく論が出来ますか、どうか、心許さないままに資料を提示しながら進めてみます。

　標題にもとづいて具体的にひとつその例を紹介致します。平成八（一九九六）年八月、福島県安達郡白沢村稲沢の団子森で渡辺恵男氏（昭和九〈一九三四〉年一月八日生）からその祖父に当る人が次のような「記録」を残していたという資料を示されました。そこには「稲沢の七福神」「稲沢お田植踊り」「控え」とあります。ちなみに「記録」に拠りますと、団子森の「お田植祭り」は、大正三（一九一四）年に二本松から移入したものであり、それ以前はこの集落には「カグラブチ」をする人が幾人かいて、正月に手踊りや皿まわし等をしていたと伝えています。それはともかくも、そこにはこのような「記録」が認められます。

○天保物語（久六の口上其の一）

一つ天保物語り語って候　元武四年うるう四月八日の晩　近
江のみつ湖に火が付いて次々ぼつほうと燃えあがり　座頭
（目くら）が見つけ、つんぼが聞きつけ、びっこがはね出し
た。口なし犬にほえられて　あんまりうろたいて、あさっ
てぬつたなまぐろおととい渡ったところが、ほねあるめめ
づがいたとみいて、頭の土踏まづから　足のぼんのぐとま
で　ずく／＼／＼と三丈三尺五寸めめづのとげをふんざし
た、さあかかあたいへんだ　うすで掘っても抜けネイ　きぎ
でほつてもねけネイ　御家老様の屋敷にはね込んだ　そし
たらよいことをきいてきた、北向ひらのししのくそ　五斗
八升　五俵ばかりと、ひなたひらの兎のくそ一斗三合六斗
ばかりを　まぜ合わせ、ごまの油でといて　こた／＼／＼
とにつくって、あっちこっちまでいた所々にベタ／＼／＼
とぬつつけて　かかあと二人でねたところ　あと月の八日
の晩にヒョロ／＼／＼とぬけつちまった、かかあが喜こん
で手桶で飯をたくやら　すりはちで汁を煮るさわぎ　一家
揃って祝いの夕なべをたべたつちゅうお話しさあ、きびの
良いこと　先はめでたし／＼

サア／＼若い衆　疲れも抜けたに依って次の仕事／＼

『稲沢の七福神』

（省略）

『稲沢のお田植祭り』（詞は省略）

○五葉ノ絵　四番　○田耕イ　二番　○シロ　二々
○シメ　二々　○種蒔キ　二々　○苗取リ　二々
○田植エ　二々　○田ノ草取リ　二々　○稲刈リ　二々
○稲ユイ　二々　○稲コキ　二々　○籾ヨヲシ　二々
○摺臼ヒキ　二々　○俵ユイ　二々　○米ツキ　二々
○飯焚キ　○神供ヘ　二々　○アガリハカノ祝ヒ　一々
○天保物語（久六の口上其の一）
○久六の口上（其の二）　これは早口にしゃべると面白い
　おいとこ数種　○庄内おばこ　二々　○秋田おばこ　三々
○伊勢音頭　三々　○七福神一ットセ節　一〜二十

そこで、右の資料について少々述べます。白沢村稲沢は団子森の集落に「七福神」と「お田植踊り」の伝えられていた事実は、この「記録」によって確認し得ます。ただし問題はここにみえる「天保物語」（久六の口上其の一）の内容と、もうひとつ中身は明らかではありませんが、同じく「久六の口上」（其の二）です。しかも（其の二）には「これは早口にしゃべると面白い」といった文言が付されています。余計なひと言を添えますが、実は（其の一）も、素姓来歴からして立派に「早口にしゃべる」「物語」でありました。そしてこれの内容、構成こそが、ここにいう「天保」、つまり「テンポ」、いうなれば「空言、虚言」「虚構」であったわけです。注意すべきは、この「物語」が「お田植踊り」の「五葉ノ松」に始まり「田耕イ」「シロ」という具合に順序を踏み、やがて「種蒔キ」「苗取リ」「田植エ」から「稲刈リ」に至る。これらを経てようやく無事「アガリハカの祝ヒ」になります。以上で田植えの行事は恙無く終了したわけです。そこで次の「おいとこ」に移る。否、移ろうとする。ところがそこに突然というか、まるでその場の雰囲気を乱すかのように、僅かな間隙を縫って「久六」が登場するといった展開になる。当然、お祭り、行事の進行に意図的な破綻を生じさせる成り行きになります。意想外の仕掛けだと評しても差し支えありません。しかも、急にその場に登場してきた人物は、あろうことか自らを「久六」と名乗った。「キュウロク」です。改めて触れるまでもなく、「六」を名義とするこの人物は『宇治拾遺物語』の「藤六事」を筆頭に、「吉五、吉六」の「吉六」、さては「吉四六」「兵六（ひょうろく）」といった具合に、いずれもいずれも際立った才知、才覚を発揮すると共に狂惑の笑いの仕掛人、あるいは笑いの主人公、要は烏滸なる人、烏滸話の主でありました。問題児であったのです。その男が突然現れて、身振り手ぶりよろしく、大袈裟な所作のもとにこの「天保物語」を披露するといった段取りになります。

ところで、いかにも唐突なこうした状況設定は、他にもあったのか、どうかとなりますと、どうやらそれはしばしば行われる風であったようです。たとえば古く、芸能調査の過程でこれを報じていらしたのは本田安次氏でした。本田は著作集『日本の傳統藝能』（第十四巻）所収「採集各種語り物と祝福藝」（四）「早物語」で、それを次のように記しています。

『巫の口寄せ』は、私が昭和七年八月十八日、岩手縣宮古町の巫女山野目氏宅で黒森神楽の道化役、崎山村の佐々木仁兵衛氏より口授された數篇の中で、當時より二十數年前、當所にゐた奥浄瑠璃を語る盲法師より習ひ覺え、これを神楽の中入れ狂言などに演じてゐたものといふ」（傍点野村）これからして、この種の「物語」は以前から「中入狂言」に演じられ、かつそこでの独自の位置を確保してきた、そうした機能を認められていたに違いないといった推測を可能にいたします。

そうした状況設定の下、それでは当の「久六」は実際に如何なる内容の「物語」を述べ立てたのか、披露するに及んだかになります。一瞥、資料を確認いただければ判然とします、内容、中身は最初から終わりまですべて「逆しま」「逆さ事」でありました。この世にはあり得ない出来事をまことしやかに、臆面も無く滔滔（とうとう）と述べるわけです。したがって、こうした内容からこの「物語」自体を「逆ま（かつちゃ）物語」、すなわち「逆しま物語」と称する処もあります。ただし、それにも拘らず「物語」は、最終的にはなんと「きびの良いこと」「先はめでたし〳〵」とばかりに慶祝、祝意の言辞をもって、一篇を閉じている。かくしておそらく、その場に居合わせたひとびとからはやんや、やんやの喝采を得たに違いありません。村のひとびとは、そのようにして、この特異な風変わりな「物語」を受け入れ、そしてそこでの何かを期待していた。これは紛れもない事実として承知しなければならない筈です。

二

その上でさらにこの「物語」自体を検証したいと思います。冒頭の「一つ天保物語り語って候」に始まりまして、資料の五行目「うすで掘っても抜けネイ　きぎでほってもぬけネイ」までは他にいくつも例のある文言で、さして珍しいものではありません。早物語はいったいに「ソーレ物語　語り候」とか「そうりや　物語語り候」といった、定型の冒頭句を置きます。これによって判断できます。たとえば次の例はその典型で、団子森の資料を補うには恰好の材料です。

ソーレ物語語り候　語ればもっての物語り　一反畑に瓜
作り二反畑に花が咲き　三反畑に　大瓜ゴロゴロッと
なったの物語り　ところが隣の裸（はんだか）野郎が来て　裸　懐（ひっところ）でヒ
ットコ　ヒットコに捥（もえ）で行ったの物語り　座頭（ざど）に見つけら
れ　唖（おっち）に声掛けられ　手無しに摑（し）められ　足無しに追（ぼ）われ
棒で縛れや　縄で叩げ　ジャホエ　ジャホエと追（ぼ）ったの物
語り　ところで　家（え）の前（めえ）の垣柴潜（むぐ）るとて踵（あぐど）のわり筋（ぶんぬ）から甲

どこまで　蚯蚓(めめず)のようだ棘を　ベロベロベッツリと刺した物語り　こう臼で掘っても抜げない　杵(けつきぎ)で掘っても抜げない　ところで　ゆわの牛蒡(ごんぼ)畑の雑魚(ざっこ)　海のふぐだち　焼いでといでつけたれば　昨日(きんな)の今時分　ベロベロ　ベッツリと抜げだの物語り

（拙篇『笛吹き聟』昭和四十三〈一九六八〉年六月）

旧い話になります。昭和四十一（一九六六）年三月、山形県最上郡真室川町安楽城(あらき)の大向で、私はこれを採集しました。語り手は小松慶三郎氏（明治二十九〈一八九六〉年十二月十七日生）でした。世間師です。筏乗り、酒屋の杜氏(とじ)の手伝い、馬喰をしていた人です。氏はこれを「逆(かっちゃ)ま物語」といいます。おそろしく早口で、しかも一気呵成にまるで祭文か何かを読み上げるような勢いで、語ります。名人芸といってよい。そこでの調子と雰囲気に私は圧倒されました。これが契機になって以後、最上、庄内、そして秋田、岩手といった地域に広く現在の「早物語」を求め歩くようになりました。結果として、菅江真澄の『鄙(ひな)の一節(ひとふし)』や「いではみちのくぶり盲聟人(メシヒド)物語　世にはやものがたりといふ」を追尋、追跡することになりました。参考までにもひとつ同じような資料を提示します。より一層、団子森の「天保物語」に近い内容かと判断します。語り手は佐久間利兵衛氏（明治二十八〈一八九五〉年生）です。

えんぼ(うそ)の物語

そうりや、物語り語り候。天保(てんぽ)元年　閏(うろう)七月、中(なか)、茶釜の年、近江の湖(みずうみ)さ火がついて、ざんぶ、ごんぶと焼けにけり。盲(めくら)者見つけ、聾(がんぼ)者聞きつけ、いじゃ(さ)りは走り、手ん坊(ぼ)は招き、街道を笠にかぶって、六尺棒をから八巻して、三尺手拭(てのぐい)を杖について、笠の上を天下(あまくだ)りに下りまするというと、みみずの骨(とぎ)、頭の先から踵筋(あくど)まで、ぶっ通ったんの物語。

さて、それにつける薬。なにが良(い)かろと聞いだれば、畑の雑魚(ざっこ)、川のふぐだち(茎立ち—茎菜)手さつけて、一昨日(おとてんな)の朝間(ま)見だでば、すてんてんと、取ったんの物語。うそ・てんぽの物語。あまって候。

真澄の記事に拠るまでもなく、東北の地はいまもなおこの種の物語を追究するのは叶えられます。いっとき、余程持て囃されたからでしょう。しかしそうかといって、西日本にもまったくないわけではありません。たとえば『昔話集』の中に、ひょいと載っている場合があります。

ある事八百ない事八百合せて一貫六百で御座候処、腰ぬけ馬にねじつけねじつけ裏のお山へのっこのっこと登れば、小池にけはんづき木の株へこけ込んでみみずの骨が一尺四五寸もたち込んでのみで掘っても出ず、きねで掘っても出ず提燈なんぞでこねくり出し、その又あとの入れ膏薬と聞いたなら天をはうどう亀と地をはう雷と池の中の牛蒡畑の中のはまぐりと、水で焼いても火でといて二十九日の月代(しろ)にねりくり固めておっつけ候処、早々きずはなおり候めでたしめでたし。

これをしょせん早口物語で候

（『岡山県小田郡昔話集』）

ここでは「早口物語」といっているのが印象的です。案外ふるい呼称かも知れません。まだあります。同じ岡山県の例です。稲田浩二・立石憲利編『中国山地の昔話』所収の次の「嘘話」は、明らかにこれを散文風に述べたものでした。


昔、一人娘がおったそうな。八十になる一人娘が。そえが豆腐の角で大けがぁしたんじゃそうな。へえから、こんにゃくのそべら（削りくず）がのどへ立ったんじゃ。まあ、あっちい、こっちぃ医者ぁ、医者という医者ぁ、こん者に法者にかけても、その薬がどうしても無いあ。あるところの有名なお医者さんが、

「そりゃあある」いうて、

「ほんなら教えてください」いうたら、

「そりゃあ千里山奥のはまぐりと、千里浜辺の革茸(こうたき)ょう取ってきて、そりょう水で焼あて水で溶(と)えて、明日の朝付けりゃあ、今夜うさ直る」いうて、先生が言うて聞かしたいう。


こうして内容的には明らかに「早物語」であったと目されるものと、他方、紛れもなくこれに競合して存する「笑話」とのかかわりについて、早く注意を促したのは柳田國男でした。具体的には菅江真澄の『鄙の一節』の校註、「鄙の一節附註　一〇一　早物語十篇」の一文がそうです。柳田はそこでは「尋常の緩物語」という言葉を使って、今日一般にいう「昔話」の中の「笑話」を言い、これに対置させて「早物語」を位置付けようとしています。ただし、本日は「民俗芸能」とのかかわりを指摘するのが目的ですので、その事に関してはこれ以上は申しません。話題を「芸能」に戻します。それにつけましても、前出（久六の口上）の中で、六行目「御家老様の屋敷にはね込んだ」以下「一家揃って祝いの夕なべをたべたつちゆうお話しさあ」までの文言は、これがいったい何処から来たものか、他に同様の趣向があったのか、どうか、いまの私には見当がつきません。ひょっとすると新資料かも知れません。もしそうであるならば「久六」ならずとも「先はめでたし〳〵」といわざるを得ないと思います。

三

閑話休題。先きに進みます。さて、この際お手元に紹介し

切れなかった団子森の資料には、続けて「其の二」がありました。次の材料がそうです。

たんきはそんき世のならい
すったんきり、もったんきり、あぶらたんきり、きへいきり、長平公の土かぶり、はたけすっぺいぺい　山草のばけもの、かいどうばたの鎌三郎がつないだ　べこのつのが七曲り半曲って八そりそって　そり目そり目に毛がモッサ〳〵と一本二本はいたと云う話のあることだ
あ、ははは………

冒頭の導入句は省略していますが、これもそうです。わけても「かいどうばたの鎌三郎がつないだ　べこのつの」以下は、はやばやと真澄が記し置いたかの「大唐の鎌三郎が畜たる牛の角、七曲り曲て八反反て」にそのまま重なってくるわけで、とても等閑にはできません。

こうしてみてきますと、ここに至るまで、当然そこにはいくつもの経緯があって、やがてこれが「稲沢お田植え踊り」の一端に繰り入れられ、定着して今日に及んだものと考えられます。そしてこの際、何よりも注意したいのは、直接芸能を披露する場にあって「中入」として、やおら登壇してきた「久六」の口上が「先はめでたし〳〵」で収められ、これをもってその場を一層盛り上げようとする仕儀にあった点です。客観的にいえば、一言、プロの芸、つまりは半ばこれを「職業」とするひとびとの所為であったと見立てるがよいかと判断します。たとえば、山形県下の情況にもとづいてすれば、新庄市在住の笹喜四郎氏は『かつろく風土記』「民謡　童話　祝唄」の項に次のように記していました。

これは明治三十七、八（一九〇四、五）年ごろまであったこと、嫁取り、年祝いなどの祝儀があると、これを聞きだした城下の座頭たち二〜三人組んで、三味線を横背負してその家を訪れ、「それもの語り」といって唄と踊りで祝ったものという。その歌詞は、

唄　それもの語り
言葉　「こっちの姉さん、ごちそうなりあした」
唄　片手に杖をついて、の、
　　の の字にまわる（右廻り）
拍子とり言葉　「こいちゃっど」
唄　よきことというも、門々に
合言葉　「あてて、よろこんぶ」
唄　あくという字をおっ払いおえて、
合言葉　「たちまち泉はわきいでて」
合言葉　「その名、ええ銘酒と申す」
唄　とそのきげんで、千鳥あし、

ははぁ、べんべん、
栄えたるの物がたり。

唄い終わると、「よく来た、よく来た」といって酒食を馳走し、いくらかの祝儀を与える。この座頭たち、祝儀のある家を、よくも知っているものと感心するほどであったという。

城下町新庄の有様がよく判ります。

それと共に「それもの語り」で始まり、「栄えたる物がたり」で閉じていることから、これが「早物語」であったとの判断を容易にさせます。併せて紛れもなく「座頭芸」の一環であったのを証しています。

もっとも、こうした「座頭芸の一環」は、そもそもが前出柳田のいう「尋常の緩物語」とはいささか異なる位相にあったかと考えられるには、当然、それ相当の理由があります。要はこれがほとんど職業的な語りにあったとする事実です。まえまえから気になっていましたので、参考までに提示します。まえ仙台在住、佐々木徳夫氏の昔話集『きんくるくるぐりれん』所収の例です。語り手の熊谷みつゑ媼（明治三十四〈一九〇一〉年四月二十日生）は、これを「口語り」と称していたそうです。次の如くです。

燕は「チョケンチョンカラリン、イドナガノカエズボー、ビルグビンダビンドズー、ピーツコバーツコ、ピーツコパーツコ」と囀るという。鵙の聞做にはこれまで伝承的な写しに出会ったことはなく、私も聞き覚えがないので比較のしようがないが「裏山の山椒の木さ鵙が巣をかげだ。何と囀る立ち寄り聞けば、キミニクンクルクルメエダ、ウントゴヤーレ、ウントゴヤーレ、ウントゴトゴトゴ、ウンミョウジンノ、クルマノナカノワンミョウジンノ、ガッシュクニュウドウガッシュクニョウドウ、ウンミョウジンノワンミョウジンノ、ガッシュクニュウドウ、サーサヒックリカラグリ、ションゲンションカラリン、フグリグリンと囀る鳥こでーす」と披露してくれた。

もともと〝鳥の聞き做し〟に関して報ぜられた一節である。ただし、独立した言葉遊びとしてもまことに面白い。注目に価します。前段の燕の条は「小鳥前生」譚の「雀孝行」で比較的汎くに知られる〝聞き做し〟です。雀が親孝行であるのに対して、燕はひどく親不孝であった。故に今でも「虫食て、土食て水のむ、後には何食おじー」とか「泥食て、虫食てぐいーぐいー」「土食て、虫食て口しぶーい」などと鳴くのだという。ここではそれに著しく手が加わっている。というよりはむしろ、他の異なる要素が導入されていた。それでなくても「イドナガノカエズボー　ビルグビンダビンドズー」は、いったい何処からきたのか。「形式譚」の「長い名の子」を想起させる響きにあります。

それをいえば、実は次の〝鵙の聞き做し〟もあまり大きな差異はありません。なるほど、こちらは前者に比較して余程長大で一段と入り組んでいるかの印象にあります。実際、全体量は倍近い。ただし内容的には「ウンミョウジンノ　ガッシュクニュウドウガッシュクニョウドウ」を繰り返し唱えているわけで、たしかに物語的な結構を意図してはいるものの、そうかといってさほど複雑で厄介な中身ではない。そしてこれもまた他に行われる「とくとくりんほう、そうりんぼう、そうたか入道、はりまのべっとう、茶碗に茶びしゃく、ひきいの、えいすけ」とか「かんすかんす、ちゃぶちゃぶこ、大入道小入道まっぺら入道へー入道、かかにけいさんしてころしてころ左衛門どんだらこ」といった例を併せ考えれば、両様に「長い名の子」とは即かず触れずの処にあったかと察せられます。こうしてみると、右二別に共通するのはどうやら「長い名の子」の存在であったのでしょうが、そうかといって今更両者間の遣り取りを辿り辿って、詮索するのは所詮叶い難い。ただしその間、右にみる一見「物語風」の構成の中には一条〝謎〟、それも民間に伝承されてきた〝謎掛け〟の擁されているのは自明のようです。ただ残念にもいまそれをうまく解くことはできません。

なお、参考までに加えれば、山形県最上郡真室川町安楽城（あらき）の佐藤陸三『安楽城の伝承』には、同じような「早口言葉」が載っています。

裏の山椒（さんしょう）の木さ、百舌（もず）ァ巣かけて
何と囀（さえず）る立ち寄り聞けば
君ハエックリケニックリケ、ニックリマエだが、リントウだが、車の中のあよだが、さぁさ、ビックリタラヅク、フクトクテンジ、ビンナンするわいなっと、囀る鳥。

以上、いかにも繰り返すようになりますが、早口の〝聞き做し〟は、その素姓や来歴を測る上からも「長い名の子」への眼差は欠かせない視座にありました。しかしそれにも拘らず、今日それへの具体的な手掛りは容易に得難く、伴ってその方法はすでに閉塞しているとしか言いようはありません。しかして、そうした情況の中で次の資料ははたしてどうでしょうか。仙台中央放送局編『東北の民謡』所収の「とのさい節」です。

〽おらが隣の　其のまたうしろの　其の又横町の　テレンカ堂の、シヤモナカシヤボテン　さんしよの木に百舌鳥巣をかけた　何と囀るやと立寄り聞けば「君はきんころ〳〵かんきくるんりん　おるうへたかハア　りんとなく　わしとわしぐにと　車の中のきくりんどうや　あいさつするとも　こんべうするなよ　木の葉の中の　けん〳〵鳥めん

ちゃんほれちゃんとりはらがらりん　サアサ　びつくりがらりんしようからりんてば　しようじんがらりん　しつてるひりげん　てりひりげんてば　ちよくすけもつくり　やらせぬしびれぬ　きわこの辨財天とも　七福神とも　さへずる鳥コだ　エーとのさい　この寳ぶし。

これの成立にはどのような経緯が存し、かついかなる人が介在したのか、それは判りません。しかし、前出〝鵙の聞き倣し〟と右「とのさい節」の文言は紛れもなく通底します。わけても、ここでは「何と囀るやと立寄り聞けば」と断っているのですから、それを受けるのはまさしく〝聞き倣し〟以外の何者でもない。これによってもさきの資料を積極的に補綴（ほてい）し得るのは明らかです。「クルマノナカノワンミョウジン」が、こちらは「車の中のきくりんどう」になっている。安楽城の例では「車の中のあよだが」でした。そしてそこでの〝謎〟は「あいさつするとも、こんべうするな」であった。たとえちらと顔は見せようとも、それ以上は「……するな」であろう。はてさて何の寓意だろうか、焦れったい話だがまだ解けません。続けて「餌差舞」を紹介します。

見さいな〳〵　お餌差舞を見さいな。おらが隣りの金五郎は小鳥のお餌差名人だ　お餌差の道具には　大竿小竿に曲り竿　墨と漆でぬり染めて　たまげて立派な差道具　もつち瓶をば腰にさげ　頭になら葉をゆつつけて　からだに竹の葉をまきつけて　足に木の皮つつかけて　後のわきの其のわきの　こんもり繁った森林　がつさりばつさりやつて来た　あつちの松にとまつて　ケン〳〵クルリンケンクルリン　ジョンジンガラリン　七福神が来いばよい　赤い羽の鳥子が　三曲がつた三番目のその枝に　二匹並んで鳴いてゐた　あの鳥こ取つたら赤い羽コくれるぞ　手に持つたる曲竿　腰はしやれ腰柳腰　鳥に向かつてかんまいた　ぬき足さし足忍び足ぐんねつた松枝の　鳥コを目かけて蛸目玉　そろり〳〵鳥こをにらめて行くうちに　大きな根つこにけつつまづへてゴーロリガツサと　ころがつた　松の木の鳥コだ　大きな地震とまちがつて　一度にパツと飛んでねげた　お餌差舞はこれきりだ。

話は前後しますが、これらにはさきがけて次のような「註」が付されていました。「次に掲げる天保舞、餌差舞とのさい節、豆藏、節季ぞろ等は何れも元禄の頃に歌はれた浮世叩きの遺物で、物貰唄の語調で年頭に農村の戸毎を口早に滑稽な文句を歌ひ廻るのである。仙北及舊仙臺領一關地方に遺つてゐる」。確認するにここでは「年頭に農村の戸毎を口早に滑稽な文句を歌ひ廻る」と説いています。内容から判断しても「とのさい節」や「豆藏、節季ぞろ」はそれでよいかも知れない。しかし「天保舞、餌差舞」は、はたしてそうでしょうか。いかにも腑に落ちない。何故なら知る限り、わけても「餌差舞」の場合などはそこに滑稽極まる仕草の加わるのが通例でありました。たとえば「見さいな〳〵」の囃し詞と共に頬被りの鳥刺しが、竿をしごきながら登場し、引いたり屈まったりの怪し気な腰つきを披露しながら木の上の鳥を狙い、ときにはまんまとこれを刺しとめ、次にはその獲物をやっとの思いで腰に下げた籠に取り込める。もしくは、最後の最後はここでの顛末の如く、「大きな根つこにけつつまづへ」たために、「パツと飛んで」逃げられてしまう。いずれにしてもこの「餌差舞」に即して述べるなら、その場における手振り、身振り、一連の大仰な芸態が大層面白い。いうなればそこにはじめて大きな笑いを誘う要因があったのです。さればこそ、ここにみえる「たまげて立派な差道具　もつち瓶をば腰にさげ　頭になら葉をゆつつけて　からだに竹の葉をまきつけて　足の木の皮つつかけて」とする奇妙、苦心の出立も充分に生きてくるというものでありました。そのあとの「ケン〳〵クルリンケンクルリン　ジョンジョンガラリン」は、もちろん今までに訴えてきたところ。ちなみに、それに続く「三曲りまがつた」は「七曲り半曲って、八そりそって」などと共に早物語では常套句の一つでありました。

結び

以上、ここまで申し述べまして、いっとき都を舞台に盛行した「早物語」がその後、東漸北上し、その上で「民俗芸能」といかに相渉し、かつ融合して「物語化」して行ったものか。その実態を紹介致しました。一方、この「物語」はまた西下南漸して、種子ヶ島、さらにはなんと沖縄の先島まで赴いている事実が明らかになって参りました。このことにつきましては拙稿「早物語と八重山の『ユングトゥ』」（『國學院雑誌』第一〇五巻第一号）を参照願えれば幸いです。これで終ります。

（本稿引用文の一部には、現在の人権意識から考えると不適切と思われる差別的な語彙や表現が認められる。ただしそれについての学問的な考察を行う場合に、その引用を避けるのは却って真実を見失うことになると判断し、原資料のままこれを用いた。）

（『野村純一著作集　第八巻　文学と口承文芸と』）

［初出：『説話文學研究』第四十号、説話文学会編、二〇〇五年七月］

早物語と八重山の「ユングトゥ」

一

早物語は、その素姓、来歴からしてもともと畿内を中心に盛行をみた。しかるにその後、時の推移と共に、物語は東漸北上の機を得、やがては専門の職能者の手を離れて、村落共同体の中に受け入れられ、随時再創造といった趣きのもとに独自の発展を示すに至った。舌疾（したど）の妙というまったく思いがけない仕掛けとそこでの内容が、雪深い村の人たちに遠い都振りへの憧れと、併せて新たな興趣にこれまでにない昂奮をもたらしたからであろう。たとえば早く、内田邦彦の『津軽口碑集』（昭和四〈一九二九〉年十一月）は「歌謡」の「新内入り、よされ節」として次の一条を報じている。

東下り（アズマクダ）の秋元茶屋で、蒟蒻さしみで一杯飲めば、蒟蒻刺（トギ）を喉にさす。之を二段に致しまするると、柳川原五郎藏は盲目の母をば背（セナ）に負（オ）ほひましてぞ、東海道の山中をぶらり、ぶらりと通りまするると、すくねの宿にて幡隨院の長兵衛はこれを、おだしましてぞ、若し向ふ來（ク）る姉さんよ、蒟蒻刺ぬく法は無いか、わたしお醫者でなけれども、言うた事には耻かゝぬ、海に生（オ）ひたる筍と、山に生ひたる蛤と、六月土用の中（ナカ）に降る雪と、三つ合せて飲んだなら、どんな刺（トギ）こでも直抜（ヅキ）ける、よさのそをらよいや（福山）

しかしこれなどは、あくまでも近頃流行の「よされ」の一齣に物珍しい物語の一斑を借用、添加したに過ぎず、「よされ」そのものとは元来関係はなかった筈である。ただそれにも拘らず、当時これが土地びとの気を引いたのは、おそらくは物語の一節、すなわち「若し向ふ來（ク）る姉さんよ、蒟蒻刺ぬく法は無いか、わたしお醫者でなけれども、言うた事には耻かゝぬ、海に生（オ）ひたる筍と、山に生ひたる蛤と、六月土用の中（ナカ）に降る雪と、三つ合せて飲んだなら、どんな刺（トギ）こでも直抜（ヅキ）ける」といった珍妙な口舌とそこでの大胆な言い廻しがすこぶる面白く、周囲の人に強い印象と衝撃を与えたからに違いない。実際早口でいかにも奇想天外な筋立てを一気呵成に披露する、こうした物語の実態は、どちらかといえば口の重さを美徳としてきた村々に、きわめて斬新でかつ刺戟的な風を吹き込むに充分なものであったかと思われる。異端の口吻芸(こうふんげい)だったのである。

ところで、異風この上ないこの種の物言いは、相手の感慨や意向をすべからく無視し、その上で発信する側の者がいわば一方的に言い募るといった仕様、具体的には、これを受け止めようとする者たちの許諾や相槌の類いを一切拒否するといった場の情況から、そこでの在りようはほとんど旧来の宣る、もしくは唱えるといった様態にそのまま重なってくる、といった面を備えていた。しかもこの場合、発声者はしばしば威儀を正し、しかも背筋をしゃんとのばして声高に朗朗と述べ立てる。状況としてはすなわち、すでにこうした条件にあるとすれば、それはそれで最早、完結した言語儀礼の域に達していたのである。それがあってかこの芸風は、間もなく村内の慣行習俗、わけてもハレの日の祝儀の場に取り入れられるようになり、遂には北朔(ほくさく)の地に根付いて賑賑(にぎにぎ)しく言葉の花を咲かせるに及んだ。みちのく振りの達成といえる。これをして三河国からの旅人菅江真澄は「いではみちのくぶり　盲瞽人物語――世にはやものがたりといふ――」とし、『ひなの一ふし』に一括記録したのは汎くに知られるところであった。

東北の地一帯に行われる、こうした早物語のあらましについては、先般「『敬っての物語』考―その後の「いではみちのくぶり」―」として、『國學院雑誌』「伝承文学特集」（第九十九巻第十一号）に記した。大要は「東漸北上」後の物語を追尋したわけである。しかるにその一方、物語の「西下南漸」に関しては、はたしていかなる情況にあるのか。この様子は今日までまったく明らかになっていない。ただわずかに、下野敏見の報ずる種子島の「ロッポウ」と称する「大物語」の存在が目につく程度である。その際、私はこれをそのまま南九州に行われる早物語と認めて「あべこべ話と大法螺話」（『昔話の森』平成十〈一九九八〉年四月　所収）の中に位置付けた。それからして、昨今早物語の「西下南漸」に向けては、とりあえずは、この「ロッポウ」までが、視野に収められた恰好になる。なおここに一言添えるが、鹿児島県鹿児島郡十島村の口之島にも「狂言」の名のもとに、「ロッポウ」と同種の「大物語」の伝えられている事実が明らかになった。これについては後刻紹介する。

話は更に南に赴くが、その間、沖縄は石垣島にもおおよそそれと見做し得る報告があった。「ザンのユングトゥ」と題される「笑話」がそうである。これの扱いに関しては「沖縄と韓国のあべこべ話」（『昔話の森』所収）の項で触れた。しかし「ザンのユングトゥ」は、八重山の島々を舞台になお一層の展開をみせていることが近時ようやく明らかになってきた。こうした状況の下、今回は改めて早物語とその地に認められる「ユングトゥ」の関連について述べてみたいと思う。

二

一つ事例にこだわるようだが、話題提供の端緒になった資料を、もう一度示しておきたい。材料は有馬英子・遠藤庄治編『日本の民話　九州（二）・沖縄』（昭和五十四〈一九七九〉年九月）所収、題して「ザンのユングトゥ」である。

むかしの笑い話ですけど、崎枝の浜にザン（人魚）という生き物が上がったので、この四箇からその話を聞いて、聞いた耳は行かないで、足で行って、行った足では取らないで、手が取って、取った手は食べないで、口が食べて、それを食べたもんで怒（おこ）って、たたかれたのは腰をたたかれて、たたいた背中は泣（な）かないで、口が泣いたという笑い話です。

語り手は石垣市の前盛タマ女（明治三十七〈一九〇四〉年生）である。これには「注」がついている。そこには「ユングトゥー「読み言」か。リズムのある口調で語る話」とある。最初にタマ女が「むかしの笑い話ですけど」と断りを入れ、最後に「口が泣いたという笑い話です」と言い置いているところからして、ここでの「リズム」がたとえどうあろうとも、「注」にそのまま「話」、就中その中身からこれが「笑い話」として受け取られているのは、万止むを得まい。ただしこの場合、問題はあくまでもそこでの「リズム」の在りよう、いわばその実態にあるわけで、これが明らかにならないことには、右の資料にもとづく論議はこれ以上の発展は望めない。しかし、それと同時に、一方ではそこでの「話」の展開具合、具体的にはすなわち「聞いた耳は行かないで」「行った足では取らないで」「取った手は食べないで」、さらには遂に「腰はたたかれて、たたいた背中は泣かないで」といった、いわば聴き手たちの意表を衝く意図的なあべこべの文脈、つまりは、この世における〝逆さま事〟の積み重ねによる、挑発的な笑いへの仕掛け具合から、どうやらこれは早物語の意匠を帯びていると私は見做した。そのように判断した。その結果、従来わが国に行われてきたこの手の物語は、遠く八重山の地にも見出し得るとする立場を取った。断っておくが、その時点ではこれを即、八重山のユングトゥとの関連で認めたわけではない。

しかるに先頃、狩俣恵一の労作『南島歌謡の研究』（平成十一〈一九九九〉年十二月）が上梓され、第四章「南島の物語歌謡」所収「八重山のユングトゥの様式」が、そのままここでの命題に重なってくるのを知った。「附録　音声資料CDの詞章」の「4」には「ザンのユングトゥ」が収録されているという機会にも恵まれた。そこで早速これを紹介してみる。今回提示された狩俣資料は次の如くである。

あいなっとぅ　東だと
いんなっとぅ　西だと
あーまはんなま　東浜に
ザンなまぬ　儒艮ッコが
ゆーりんとぅ　打ち寄せられているそうよ
たーどぅ　誰が
ひくったねー　聞いたのか
みんぬっとぅ　耳だと
たーどぅ　誰が
はったねー　行ったのか
はんぬっとぅ　足だと
はったる　行った
はんなとぅらな　足は捕らなくて
てぃーぬ　手が
とぅったとぅ　捕ったそうよ
てぃーや　（捕った）手は
ふぁーなー　食べずに
ふちぬ　口が
ほったっとぅ　食べたそうよ
ほったるふちや　食べた口は
まらぬー　出さずに
すびぬ　お尻が
まるったっとぅ　出したそうよ
すびくらうった　お尻を叩くと
みーぬ　目が
のったっとぅ　泣いたそうよ
はなー　鼻は
すぼんてぇ　しとしと（になったそうよ）

伝承者は大山功翁（明治二十五〈一八九二〉年十月生）、採録者恵一の祖父である。竹富島に行われる右の資料は、前出前盛タマ女の例に比較照合するのが叶えられる。共に特定の地名を入れ替えただけで、物語の要諦は変わらない。ただ参考までに一言しておくが、前出前盛タマ女の話にいう石垣の「四箇」から「ザン」の「上がった」とする「崎枝の浜」までの道程は、試みに現地に赴いて確認したところ、たとえこれが大話とはいえ、そう簡単に叶えられる距離ではなかった。その点、「東浜」に限って言挙げするこの資料は、小宇宙としてそこに完結をみるシマ（村落共同体）の在りようを言外に伝えていて、物語としてはむしろこれでよかったのかも知れない。それのみならず「食べた口は出さずに　お尻が　出したそうよ　お尻を　叩くと　目が　泣いたそうよ」の部分は、こちらの方が筋道が立っていて道理に叶い、それでいて、もしもここに格別の所作が加わった場合には面目躍如たる演出が可能であろうかと察せられた。それはともかくも、大局、これによって八重山郡下には同様の物語がユングトゥの概念の下に伝承されているのは動かし難い事実になった。そして何よりも、ここに大翁の伝えるそれは、さきの前盛女が「むかしの笑い話です」と設定したのに対して、最初から「ユングトゥ」としてきちんとこれを遇し、かつてその趣きの下に伝唱してきた点に、決定的な差異と位置付けが為し得ると思われた。

ところで、右に紹介した大山功翁は恵一の母方の祖父。宮古郡水納島の出身であった。宮古から竹富島に移り、昭和五十六（一九八一）年一月一日歿した。したがって遡っていえば、採録者恵一は、宮古伝来の「ザンのユングトゥ」を記し留めたわけである。これによって、現今宮古、竹富、そして石垣の地には「ユングトゥ」の名称のもとにこうした物語が行われている事実を指摘し得る。ただし、ここでの表記「ユングトゥ」は、あくまでもこれまでに記してきた範囲内でのそれであって、八重山の地全域にわたって認められるのではない。たとえば昨春赴いて確認したところ、与那国島在住の吉良保全（大正七〈一九一八〉年六月二十六日生）によると、与那国では「ドングトゥ」、もしくは「ドングトウ」と発音する由。しかもそれはもっぱら石垣島から来たひとたちによって披露されるのであって、もともと与那国在住のひとは知らなかったという。もしもそうだとするなら、与那国島は標題に設けた「ユングトゥ」の伝承圏から外して考えるのがよいのかも知れない。それはともかくもこの「ユングトゥ」の本質と、その属件に関しては、今後もなお論議を深める必要が大いにある。事実、期せずして狩俣の著書と同時期に刊行された波照間永吉『南島祭祀歌謡の研究』（平成十一〈一九九九〉年十二月）第三章「八重山歌謡の形態」三「口承文芸としてのユングトゥ」にもそれへの提言があって見逃せない。またこれらよりも余程早く、藤井貞和『古日本文学発生論』（昭和五十四〈一九七九〉年九月）所収「寿と呪未分論」（上、下）には奄美、八重山における「ゆんぐとぅ、ゆみぐと」および「ゆんぐどぅ」に向けての考察がある。しかしこの問題に関してはいずれ機を改めて論じたい。

三

繰返すようになるが、先行する諸論が訴えるように「ユングトゥ」の実態とその在りようは、すこぶる多岐にわたり、かつ区区に自己主張していて、統一見解に達するには依然充分の時日を必要とするかと思われる。ただし、その一方標題に用意した「早物語」の特性に向けては、これはもう、そこでの動かし難い性格はひとり著しく顕在化していた。すなわち、決定的特徴として、こちらはまず「何の曲節もなく、いとはやく、息つきあへず申にて候」（『風俗問状答』）、要はこれがいかなる場面、いかなる構成にあろうとも、この「物語」はいつもひと息に、しかも早口で一気呵成に述べ立てる点に特色があったからである。ついで、それの内容に寄せては、あろうことか、聴く側の人の意表を衝くような、まこと奇想天外な筋書き、たとえば通常この世には認め難いような逆さま事、あべこべに出来した奇妙な事態を続けて訴えるとか、あるいはまたほとんど信じられないような法螺、しかも大法螺、つまりは一般にいうところの「てんぽ」を言い立て、ひとたびはまったく独自の世界を構築し、そこに笑いを期待するという在りようを指摘した。そこではつまり、発信者、受信者共に、虚構の確信犯であったのである。

　しかしてユングトゥの諸相を検討してみるに、そこにはいま述べた早物語の構成要素が伴って濃厚に認められることに気づかずにいられない。両者に共通して存する特異な表現だとしてもよい。狩俣恵一の引く「岡の親方ユングトゥ」、つまり喜舎場永珣『八重山古謡』下（昭和四十五〈一九七〇〉年九月）に載るそれは「〈ユングトゥ調〉でも〈語り〉でもなく、口説の旋律でうたわれる」と記述されている。屋上屋を架するようで、これでは「口説の旋律」の実態はいかにも把握し難い。ちなみにそこでの物語の内容は次の如くである。

岡の親方ユングトゥ

1	むるぬ親方	岡の上に住む親方は
	物好き	いたって物好きで
	庭ぬ真なかに	庭の真中に
	池掘りてぃ	池を掘って
	池ぬぱたぱたに	池の周辺に
	松うびてぃ	松の木を植えて
2	松ぬ枝に	松の枝に
	鷹びしてぃ	鷹を据えて
	鷹ぬ眼に	鷹の眼には
	田ば掘りてぃ	田を掘って
	すぬ田うびたる	その田に植えた
	稲がなし	稲ガナシ
3	一本うびりば	一本の苗を植えると
	一万本	一万本になった
	二本うびりば	二本植えると
	二万本	二万本になった
	三本うびりば	三本植えると
	数ゆ知らん	数えきれないほど繁茂した
4	かーぬ水ぬ	井戸の水が
	酒なるか	酒になるだろうか
	かーぬ石ぬ	川の石が
	金なるか	鉄になるだろうか
	かーぬ真砂や	川の真砂は
	米ならぬ	米にはならない

ただし、いまの私には上記一編の展開はすこぶる興味深い。

殊に注意を惹くのは「松の枝に　鷹を据えて」から以降の陳述にある。何故なら次にここでは何といっているか。すなわち、文言は突然「鷹の眼には　田を掘って」とばかりにまったく予想外の展開を示し、ついでひとたび文脈を踏み外すやこれを契機にして「その田に植えた　稲ガナシ」「一本の苗を植えると　一万本になった」「二本植えると　二万本になった」という具合に最早とどまるところを知らぬ勢いでその法螺は増幅して行くからにほかならなかったからである。見る限り、おそらく、これは早物語の仕掛けとそれに続く独特の手法、いわばこの物語の常套手段であって、ひとり八重山の「岡の親方ユングトゥ」の発想ではなかったと認識せざるを得ないからである。

　ところで、こうした習いと方法は他にも汎くに認められるものであった。すでに示した事例だが、佐々木徳夫『遠野の昔話』（昭和六十〈一九八五〉年六月）所収「てんぽう物語」の終章は、

〽三番目のてんぽは、弓矢が上手で、蜘蛛の巣ば弓弦に、
　一枚莚は矢の羽に一の坂をさかのぼって、
　二の坂をさかのぼって、三の坂のさか中で、ウエコヅリ
（猪）にぶつかった。
　弓と矢をつがえて、七日半日ぶったためで（弦を張りっぱなしで）、
八日目に放した。猪七匹射獲った。
それでもその矢が止まらぬ。
それでもその矢が止まらぬ。
大槌通りはうるうると、海岸通りはからからと、ずうっと底の、ずっと底の底底の、ひっこ（小さな）鰯の金目玉を
七駄かだま射獲った
　これでもてんぽでないものが。

というように「ひっこ鰯の金目玉を七駄かだま射獲った」といっている。また秋田県下に行われる「天保舞」の詞章も、そこでは、

アー、東西な東西な
二番目の天保は大弓張りの名人で、山の陰からスコキャン、キャンというさかに、そこで弓矢をあるせつに、高岩橋をば弦にして、琴音橋をば矢の羽に、コラ、ふかまえるもふかまえる、七日七夜、もふかまえて、八日という日に、ドンと弓矢を射ったとき、猪をば千匹、鹿をも千匹、二千匹をばもろともに、それでも弓矢は止ぬ、ますます弓矢は強くなり、西の方面ぶっ飛んで、敵の兵士の目の玉を、七、八万もぶっつま抜いた。これも天保であるまいか、アー、天保舞は見さいな見さいな。

と言った具合に「敵の兵士の目の玉を、七、八万もぶっつま抜いた」という。まだある。下野敏見の報ずる種子島の「ロッポゥ」こと早物語は、呼称「ゲダイ」、そして「赤坂源兵衛」の名と共に、近辺の島々に認められる事例をも含めてきわめて重要な資料とか判断される。『海南民俗研究Ⅰ』（昭和五十一〈一九七六〉年）から全容を引いておく。

ゲダイ（議題）は赤坂源兵衛願い申す。

東西東西、国を申さば（註その国名欠く）赤坂源兵衛といわれまするエビ取りの大名人がおられましたける、この人のしもぐり（下周り＝畠の隅）に桑の木が栄えるとも栄えんとも、四十（しじゅう）や八（はち）やほうにひろがりましたける、一番の軸頭（じくとう）の枝に、アヲシタトウの鳥にてチンチンカラコウ、チンカラコウとほけるともほけらんとも、ほけるともほけらんとも、ほけられましたける、赤坂源兵衛がこれを射ろうやーと思うて、ツシ（辻＝天井）に煤を打っ払い、張り縄にしょうもんなし、七色映えの馬ン縄を打っぱげて、やり（矢）にしょうもん（するもの）なし、搗き臼打っぱげて、引いて七日（なぬか）、ためて七日、にひちは十四日に、弓を離されましたところが、この矢が行くとも行かんとも、梅木山（うめきやま）はうめーて通り、繁木山（しげきやま）はしげーて通り、西の海にチャップリコー、東の海にチャップリコー、鯨しゃちほこのビンタをゆい割って通り、キービナゴのビンタなどの目を射っちぇ、キビナゴが寄るとも寄らんとも、寄られましたける、西のアマブラトウ（海人村統）東のアマブラトウ、手籠（てご）・ざる引っ提げて、拾うとも拾わんとも拾われましたる、これを塩辛に、肥前甕千四、五本、千四、五本と漬けられましたける、モコ（聟）というものはなかなか可愛いもので、あすこのモコも来い、ここのモコも来いで舐めさせられましたところが、喉が乾いたようすで、前の小池なんど振りかごうで、呑まれましたところが、喉にかかったようすで、コ、コ、ココ、ココココ、ココッと、息をひかれましたところが、大きなコッテー牛なんどーを七、八匹吐けられましたア話でございます。

ここでもやはりこのように「キービナゴのビンタなどの目を射っちぇ」と吹いていたのである。それにつけても、八重山の「鷹の眼」、種子島の「キービナゴのビンタなどの目」、北行して秋田は「敵の兵士の目の玉」、遠野盆地における「ひっこ鰯の金目玉」といった風に、この種の物語は、何故、小さくもかつ鋭い相手の「眼」の玉を次から次へと狙っては射、目指しては射抜かなければならなかったのであろうか。背後に在ると想定されるこの物語の創造者、さらにはその担い手といってひとびとの蠕動（ぜんどう）を図るのは、はたしてこちらの深読みであったものか、これは当然改めて話題に投じてみたい命題のひとつである。

それはさて措き、ここにきてさきにいったん「後刻紹介する」とした、その事について具体的に触れたいと思う。以下の如き次第である。以前、NHK「ふるさとの伝承」「盆　祖先を迎える夏」の中で、鹿児島県鹿児島郡十島村口之島の盆行事が紹介された。この島では墓地をテラ（寺）と称する。旧七月十五日の午後になると、そのテラの庭で盆踊りをはじめとして、いくつかの芸能が披露されるに及ぶ。その際「さんさ節」「どんどん節」に続いて「狂言」が演じられた。浴衣姿の男が一人、大きな弓を携えて登場してくる。鳥を射落とすのだと観客に向かって見栄を切る。しかし、そこでの口上というか、これの文言を閲する限り、ここでは「狂言」と称するものの、これは明らかに「早物語」、しかも前出下野敏見の報告にみえる「ロッポウ」の一類かと思われる。題して「肥後国」。その内容を示してみる。

〈肥後国　赤坂じんびようべえという人が　一里あまりのおおきな屋敷を　持っております　その屋敷の東の方のつまに
　チンカラコウカラコウという鳥が　大きな巣を組んでありますその鳥の　太っ腹を射らんと思いけり
　弓にするものはなし　八幡の梁をうっ取り　弓にし
　弦にするものはなし　八幡の標縄をうっ取り　弦にし
　矢にするものはなし　八幡の杵をうっ取り　矢にし
　矢の根巻きにするものはなし　八幡の碾き臼をうっ取り根巻きにし
　これで準備が出来ました　ハハハハハ
　引いて七日　ためて七日　二、七、十、十四日矢を引き
〈と、いってここで実際に矢を射る〉
　これは見事に落ちました　ハハハハハ
　上には標縄を　張り廻わし十文字　酉の浜東の浜　駆け廻り給ふ

この後、男は弓を担ったままテラの庭を八方駆け廻り、その挙句、蹴躓いて大仰に動転して観客からの笑いと喝采を得る、といった成り行きにあった。種子島の「ロッポウ」の主人公が「赤坂源兵衛」であったのに対して、口之島の男は「赤坂じんびようべえ」と名乗った。原義「源兵衛」の転じた結果であろうか。種子島の「鳥」は「チンカラコウ、チンカラコウ」とばかりに「ほけ」ていた。こちらではいつの間にか「チンカラコウカラコウ」という長い名の「鳥」に変じていた。「赤坂源兵衛」は「引いて七日、ためて七日、にひちは十四日」に「弓を離した」。「じんびようべえ」は「引いて七日　ためて七日　二、七、十、十四日」目のめでたい首尾であったと言挙げている。

一瞥、両者を比較するに種子島の「ロッポウ」の全容は整

い、察するに欠けるところはほとんどなかったものと思われる。一篇の独立した「大物語」として、起・承・転・結、まことに見事な出来映えであったと評し得よう。翻って口之島の「狂言」は、いかにも舌足らずであって、構成もはなはだ心許無い。筋の脱落もあってか、「物語」本来の面目には程遠いとしか言いようはない。しかしそれにも拘わらず、それを押してなお、この二つはそこでの文言、要素、展開の仕方、どれをとっても必ずやどこかで通い合っている。通底していると認められる。元来が同じ仲間、類縁の物語にあったものと、判断し得る。要は互いに補って照合するに価する資料かと位置付けた。

四

その上で、次にも少し言葉を継いでみたい。前出種子島の「ロッポウ」は、そこでの「西の海、東の海」に「寄るとも寄らんとも、寄られましたける」大量の「キビナゴ」を、まさに待っていました、今こそ来たれりとばかりにシマ（共同体）を挙げての大童、大忙しで「手籠・ざる引っ提げて、拾うとも拾わんとも」の大騒ぎ、大賑わいの有様をそのまま叙した内容になった。ちなみに宮城文『八重山生活誌』（昭和五十三〈一九七八〉年十一月）「食」の項には「シィリ　きびなご」とある。「シィリ」は沖縄では「スル」「スク」あるいは「シュク」という。アイゴの幼魚で、スズキ目の魚。一方「きびなご」はニシン目。それからして宮城の説く「シィリ　きびなご」といった理解はどこかそぐはないような気がする。ただし日本魚類学会『日本産魚名大辞典』（昭和五十六〈一九八一〉年四月）「キビナゴ」には「ニシン科　スルル　沖縄」とある。さらに「ミナミキビナゴ」の項には「地方名　シーラスルル　スルルガワ　沖縄」とあって、基本的には宮城の記述に大差ないように思われる。そこでここではこれを容認して、そのまま進めて行く。

さて、その「シィリ　きびなご」は、右にいう種子島はもとより、沖縄、八重山の島々の浜には、毎年時期を定めて、これがそれこそ「寄るとも寄らんとも、寄られましたける」日があった。宮城幸吉はこれに向けて「スクおよびスクガラスについて」（『民俗文化』第二号　平成二〈一九九〇〉年三月）の中で「毎年決まった時期になると、大群をなして寄って来るのがスクであり、そして年一回しかやって来ないので、同時に大量漁獲して塩漬けにし、保存食としたのがスクガラスである」と述べている。ついで「旧暦の六月と七月の一日を中心として、その二、三日うちに来遊し、その他の月の大潮には寄っていないというのも面白い現象である」という。さらに彼は「5・スクに関する祭祀」では津堅島、久米島、伊是名島、そして座間味村に行われる、スクを巡る儀礼を順次報告していた。この中、座間味村の場合はここでの論旨の展開上、見過ごせない事例かと判断した。少々長くなるのを承知で引いておきたい。

座間味三部落のスク祭り

座間味島では、五月ウチマーの御願にひきつづき、外の殿で「スクの祭り」が行われた。…中略…スクの豊漁を願う座間味の「スクローイ」行事のもようは次の通りである。はじめ、タチムン（鮮魚類）のニゲー（願い）をしてから、次にスクあげの歌（ギレヌウムイ）を歌う。

（ウムイ略す）

この長いウムイをうたい終わるまで根人三人はそれぞれカーカスー（干魚）や神酒の入ったお膳を持って立ち続けなければならない。（立ち寝しないように後から子どもたちがからかってやることもあった）

ウムイの後でスクヒチ（スクあげ）の演技が行われる。ヒンガースク（スクの大型のもの）が寄ると豊漁だといわれることから、それをかたどって顔に墨を塗り、区長代理の若者が「スクローイ」（スクが寄って来たぞー）の掛声ではやし立てる。例えば「阿嘉泊から座間味泊、阿佐泊までい、赤土たりたんねーし、海ぬ水ぬ見いらんあたい、スクヌ寄てちょーんどーい。…」（阿嘉泊から座間味泊、阿佐伯まで、赤土を溶かしたように、海の水の見えないほど、スクが寄って来たぞー）などと叫びながら、向う側に張ってあるスク網に子どもたちを追いやってスクのかかる真似を演じさせた。

阿佐のスクローイ祭りは、殿や宮の境内で行われた。網を張り、子どもたちがスクのかわりになって、顔に鍋のススをぬりつけて小かがみして走る。そこへ大人が投げ網をかぶせる。見張り人が大声で「スクローイ」、と呼べば一方では「スクはどの辺りか」と叫びあい、たいへん活発な行事であった。なお、阿真では、前の殿で、同様の行事が行われた。

このスクの行事は、阿嘉・慶留間では、六月ウマチーの時に行われた。

以上、こうした座間味の「スクの祭り」を間に挟み、その上で改めて前述種子島の「キービナゴ」から八重山の「シィリ」、もしくは「スル」に移る。しかしてそのとき、玉城憲文『竹富島仲筋村の芸能』（昭和四十二〈一九六七〉年十一月）所収「スル掬い狂言」は、本稿の標題設定に一条の光をもたらせるものであった。それというのもそれはすなわち、種子島の「ロッポウ」と同じく、頻りに「キビナゴ」こと「スル」を取沙汰しつつ、そこでの核心はなお早物語の趣向にそのまま通じる中身にあったからにほかならない。竹富島の種子取祭における「スル掬い狂言」は、次のように始まっている。

マイチ　我どぅ〇〇屋ぬマイチゆ。種子取ん近かり来ったきんどぅ、種子取やスルどぅ沢山さ使ーぬやりてぃどぅ、今日や天気ん直り、〇〇屋ぬヌベー呼らい、一緒んスル掬い種子取ぬ準備しるんてぃどぅ歩ゆー。

★楽屋に向かい呼び出す

マイチ　ヌベー、ヌベーっよー。

ヌベマ　おー　★楽屋内から返事
　何どりやろーちょ

マイチ　アビァ　此ぬヌベーよった。我やー前々はら相談し置けったるスル掬いいなやー。
　今日や天気ん直り沢山さ掬い来ー、スルなーすはら、ハンビルはら沢山さ準備し、供物飾り今年ん世果報賜らりる様んしおーらちょ。

ヌベマ　アガヤイよー、あいっせらー。
　種子取ぬ近かるとぅ何てぃどぅ此ぬ様てぃ忙たーちょらー。あーぬ疲りん眠び過んぐいし、一寸　待ちょーりよめゃー。今ぬちゃん準備し来ん。

★楽屋に入り網を持って出る

「種子取祭」が近くなって、いよいよ「スル」がやって来た。連れ立って、早速「スル掬い」に行こう。そしてそれを沢山準備して「供物を飾り今年ん世果報を賜らりる様」に祈ろうと言っている。

冒頭のこの場面は、一見何気無い遣取りから始まっている。しかし二人の問答は明らかに「祭り」への準備、もしくは予祝を訴えているわけで、状況設定としては見逃せない内容にあるかと思われる。しかもその言挙げの端緒というか契機は、紛れもなく「スル」の到来を告げている。しかして、この事はまことに看過し難い事実であって、「祭り」、すなわち種子取祭の準備は、年ごとのこうした「スル」の到来を待って、はじめてその時を迎えるといった事態を示唆していると思われるからである。年ごとに季節を定めて浜に押し寄せてくる「スル」の大群をもって、竹富島の「種子取祭」の幕は切って落とされるのである。とすれば「スル」こそは「祭り」には絶対に欠かすわけにはいかぬ「祭り魚」であり、即、そこでの主役なのであったことになる。さきに引いた「座間味三部落のスク祭り」と、竹富島のそれとは本質的に何一つ変わるところはないと掌握し得よう。そうした情況の下に、現実、竹富の「スル掬い狂言」は実際に次のように進行、展開する。

オンザ　我なー、我むぬたんがーどぅ此処なんが有るかやーで心配し。イヤー、何処なんがどぅスロー掬りや。

マイチ　コンドイぬ端な。

オンザ　何すた腹なんが魚ぬ居る。

マイチ　コンドイぬバタてぃった、コンドイぬ浜ぬ事ゆ。
オンザ　エーあんじー、コンドイぬ浜ぬ何処りや。
マイチ　よー、畑クムルなゆ。
オンザ　わるざぬべーや我ぬば、うぃなし、何すた海なが畑ぬ有る。
マイチ　違ぬゆー、コンドイぬ浜などぅ、畑クムルてぃ云んじゅへーごさら広場ぬ佳さる所ぬどぅ有るゆ。
オンザ　エーあんじー、竹富海ぬ面白ーや、畑クムルち。トーカ、畑かい魚掬んな。

★舞台一廻り

マイチ　トー此処どぅ畑クムルゆ。今日や持ち人ん叶い、沢山さ掬よんしおーらよ。

確認するにこのとき、ここでの二人は何といっていたか。一瞥「端」と「腹」の滑稽な語呂合わせから伸展して、「海なが畑ぬ有る」とし、さらに「エーあんじー、竹富海ぬ面白ーや、畑クムルち。トーカ、畑かい魚掬んな」となって、遂には、

唄　魚掬クムルぬ真中下りてぃ　スルゆ掬るんてぃ
　エイヤ　エイヤ　エイヤとぅ。
ジュサジュサ　ジョージョ　イクラぬジョージョ

とばかりに舞台いっぱいに囃し立てているのであった。くどいようだがいっておく。「海なが畑ぬ有る」「畑かい魚掬んな」、そして「畑クムルぬ真中下りてぃ　スルゆ掬るんてぃ」の文言は、これは紛れもなく早物語、就中、逆さま事、いわばあべこべ物語以外の何者でもない。おそらくは汎くに認められる例の「天をはうどう亀と地をはう雷と池の中の牛蒡畑の中のはまぐり」とか、わけても「岩の牛蒡畑の雑魚　海のふぐだち」といったような一連の「表現」と同列にあると考えられるのであった。さて、この「狂言」を紹介したあとで、玉城憲文は最後に一条、次のようなコメントを附していた。

スルは大変美しい小魚で、種子取祭の供物に使われ、ニンニクと一緒に塩づけにされる。新しく網を作る時は、縁起をかつぐ意味で簡単な祝をする。子供達をたくさん集め、赤飯をにぎり、子供達にあげて周囲を網で巻き、どうかこれから、大漁をさせて下さいますようにと願う。

その通りだと思う。殊に後半「新しく網を作る時は」「子供達をたくさん集め、赤飯をにぎり、子供達にあげて周囲を網で巻く」とする条がよい。産卵のため、具体的には海藻に卵を産みつけるために海岸を埋め尽くさんばかりに寄ってきた「スル」と、島の「子供達」とをイメージの上で重ね合わせ、その上でたしかな豊饒を予祝したに違いない。そして、この

玉城憲文の記述は、改めて指摘するまでもなく、さきに宮城幸吉の報じた「座間味三部落のスク祭り」の内容にそのまま重なるものであった。

ところで、このように男女が対になって「舞台いっぱいに囃し立てる」「スル掬い狂言」が、祭の日の竹富島のひとびとをいかに興奮させたものか。谷川健一は『古琉球』以前の世界」(『琉球弧の世界』平成四〈一九九二〉年六月)の中で、粟国島におけるそれについて次のように記している。

> 粟国島(島尻郡)では、漁の儀式のとき、スクを獲るウムイ(神謡)がうたわれる。その内容は、「干潮凪を漕いたぞ　イノー沿いに漕いたぞ　スクの子の一連れ　魚の子の一連れ」というものである。『琉球国由来記』よりも十年早く編纂された久米島の『仲里旧記』をみると、久米島の島尻部落では、昔は毎年、旧暦六月の稲大祭の翌日にスク祭をした。村の草分けの根所の家に神女や根人、根神(ニーガン)、村人が集まって、把手のついた叉手網でスクを掬う真似をする行事であったが、元禄十五(一七〇二)年から禁止されたという記事がある。それがいかなる理由で禁止されたかは分明ではないが、性的に奔放な祭りであったゆえではないかと思われる。シヌグという言葉は、「しのくる」(踊る)というオモロ語と関係があるとされている。十八世紀前半の女流歌人であった恩納なべの琉歌に、シヌグ遊びを禁止されたことを恨む歌があることから推察されるように、それは男女の性的昂奮を爆発させるものであった。
>
> シヌグ祭の放埒な踊りの背景には、旧暦六月二十八日ごろから寄ってくるスクの大群があった。それを待望して歓喜するのがスク祭りであり、シヌグやウンジャミの祭りであった。スクの種類にウンジャミ(海神)の名のつけられたのがあるのは、深い理由があったのである。

かくして最早添える言葉はない。遠く東北の地に認められた「早物語」は一方で西下南漸し、その行き着く先は種子島の「ロッポウ」、口之島の「狂言」を経て、果ては八重山の「スル掬い狂言」にまで及び、その上でなお賑賑しく祭の日の昂奮を盛り立てていたとここでは結論するのである。

なお成稿後、次の資料の公開を得た。伝承者は大山徹(明治三十〈一八九七〉年九月十八日生)である。

> 竹富島の東の浜に、大きなイルカが暴風で上がって腐りかけていた。目がイルカを発見し、耳が聞いた足が行って、匂いは鼻でかいで、解剖するのは手がやって、そこで料理を作ったけれど、発見した目は食わずに、聞いた耳も行った足も匂いした鼻も食わずに、解剖した手も食わずに、それじゃ誰が食ったかといったら口が食った。終わり。

（雑誌『聴く・語る・創る』第十号「特集　石垣島の民話」
日本民話の会、平成十五〈二〇〇三〉年九月刊）

（『野村純一著作集　第八巻　文学と口承文芸と』）

［初出：『國學院雑誌』第百五巻一号、二〇〇四年一月］

第四部

文芸としての系譜

お伽草子と口承文芸——定着した饒舌の世界

とぎの語義について

庭先をよぎろうとする仕事帰りの人に向かって、囲炉裏端の老媼が「とぎしてやらっしゃい」と声をかけた。昭和三十五（一九六〇）年八月、島根県（海士郡）海士村、というよりも隠岐島といった方が判りが早い。その崎部落を採訪していたときのことである。ここでの「とぎしてやらっしゃい」は「話相手になっていらっしゃい」の意味に用いられている。古いことばが思いもよらぬ新鮮なひびきをもって私の耳朶に留まった。

もっとも、書物から得た知識ではあったが、それまでにも民俗語彙の「とぎ」には、仲間とか同輩をいう場合の多いことはほぼ見当がついていた。『綜合日本民俗語彙』には「四国でトギとは友達、仲間連れをいうが、西宇和で配偶者のことをトギというのは古風である。九州では阿蘇でも宇佐郡でも連れになることがトギであり、山口県柳井地方では相手のことであるという」を始めとして各地の例が載っているし、また伊豆の八丈島では足入れの付添人をいうところから「トギは元来は番人見張り役を意味し、それが転じて御伽噺などの伽となった」と、語源についてのひとつの解釈がみられる。しかし、実際にとぎということばが「話相手になる」の意味をもって用いられている場に出会ったのは、これが初めてであった。少くともこの一語に関しては、目の前の老媼の何気ない呼びかけが、またとない強い印象となって今日にまで残っている。

『日葡辞書』には「トギ。一人でいる人のためにお相手する人。ヒトノトギニナル」とある。文献にみえるとぎには

昼夜ともに側を離さず置かれたところで、それがしも随分お伽を申したが　「謡曲　夜討曾我」

ひとり居るならばさびしかろうによって、この鬼が伽をしてやろうかということじや。

エエ腹立ちや腹立ちや、鬼に伽をしてもらわいでもよい。　「狂言　節分」

一つこし召せたふたと、よるの（お伽に）お伽にや、身が

参ろ身が参ろ

「閑吟集　宗安」

ひとつこしめせたぶたぶたぶと、よるのと夜るのおとぎにや、身がまいろまいろ

「狂言歌謡　花子」

とぎにして待夜は側に置巨燵ひともこねこの丸寝せよとや

「徳和歌後萬載集巻八」

などが挙げられる。これらはいずれも「話相手になる」または「相手をつとめる」の意味に解せられる。たしかにとぎにはそうした意に用いられている例が多く、そこからやがては「寝所に侍する」ことにまで語義を拡げて用いられるようになったのでもあろう。それではとぎとは「話相手になる」もしくは、も少しことばに幅をもたせて「何人かが加わり集まって話をする」こと、つまり人篇に加と書いて「伽」の国字を生んだという合理解で落着いてしまうものであろうか。

「お伽及び咄」の中で、折口信夫先生は「おとぎといふことは、恐しいものを対象してゐるといふことだけは言へる」と、説いていらっしゃる。そこで思い浮かぶのはとぎとはごく近いよとぎということばである。一般にはよとぎと呼ぶ土地が圧倒的に多いのだが、通夜を単にとぎと称する処もいくつかある。隠岐島で「仏さんのとぎをする」とか「仏さんのとぎしてやらっしゃれ」と、いったときには通夜を指すのであったし、新潟県岩船郡荒川町でも通夜のことをとぎといっていた。通夜とは、死者の仲間入りをした近親者を身内の人々が夜を通して守るわけなのだが、暗黒の夜を徹するそれ自体に意義があるに違いない。夜陰に乗じて屋外から死者に迫ってくるものがいるとして、それに対処するために集まった人々は何をおいてもまず睡(ねむ)るまいとした。そこでとぎ、つまり話をする。夜を通して話をしながら起きている。これがよとぎではないのだろうか。いわばよとぎがとぎの元来の姿ではないのかとも思われるのである。

米沢市立図書館蔵、写本、小越春渓編の怪異譚集『雨夜の伽』。孔版であるが近年米沢民話の会の武田正氏によって紹介された。内容は「林泉寺の産女」以下の五十二篇。どの話も米沢藩の武士達が地元で遭遇した妖怪変化譚(へんげたん)である。この表題『雨夜の伽』も実は決して理由のないことではなかった。すなわち、恐ろしく暗い夜、しかも雨が降る折の暗さと寂しさとはまた格別であった。そうした晩にこそ待っていたとばかりに屋外のものが忍び入ろうとする。その、ものに負けない位の恐ろしい話をし合って、お前など少しも怖いものか、こちらはもっと凄いのだぞ、というわけで宿直をしなければならない。おそらくはこの書物などが折口先生のおっしゃる「御伽の時の必須の条件として、妖怪談をする」その聞き書きであったに違いない。

外からのものに負けまいとばかりに何人かの人たちが寄り集まって話をする。従って内容と質とにはいくらかの相違があったとしても、とぎは、結局、常に秩序ある饒舌(じょうぜつ)の場であ

った。そしてこの饒舌の場は同時に口承の世界、また説話の世界への発展と導入をもうながした。ここにおいてとぎは必然的に口承の文芸とのかかわりをもってくるわけである。

ところで今日いうところの『お伽草子』は、広義では室町時代から江戸時代の初めにかけて作られた、三百篇からの短篇物語草子をいい、狭義では江戸中期の頃までの間に書肆（しょし）によって選ばれた二十三篇の作品をいう。しかしそのいずれにおいても、書冊『お伽草子』の名称、伽と、本来のとぎとの間には、すでに埋めがたい隔絶が生じようとしている。それでは『お伽草子』のとぎとは、単に名ばかりのものに過ぎず、とぎが本質的に備えていた機能と饒舌の場や口承の世界へのつながりは、書冊『お伽草子』の中ではもはや全く雲散霧消してしまったのであろうか。そのとき、私共の前には『お伽草子』の中にあって、口承文芸、わけても昔話や伝説、更には早物語などと深い関係をもって成り立っているいくつかの作品が、ひときわ異彩を放って登場してくる。少くともそうした分野の作品は書冊に定着する以前の型からして、より濃くとぎの流れを引くものであり、そのために物語の系統にある他の作品とは、やはり根本的に異なった性格を具備していると考えられるからである。

しかし、そうだからといって昔話や伝説との関連を直接表題に示している作品だけに、口承の世界または説話との連繫（れんけい）が求められるのではない。たとえば「文正草子」の構成がそうである。

物語草子の誕生

「文正草子」の冒頭「夫れ昔が今に至るまで」は、結末の「先づ先づめでたき事の始には、この草子を御覧じあるべく候」と相呼応しているのだが、これは『今昔物語集』をはじめとする説話集の、「昔」「今ハ昔」や昔話の語り始めである「むかし、むかし」「むかしあっとこに」などと軌を一にしている。次いで内容にふれるのならば、主人公の文太が大力の持主で塩を焼いては売り歩き、須達（しゅだつ）長者も斯くやという程の立身をしたことから、まず致福長者譚を識る。しかしこの何不自由ない文太にも「男子にても女子にても、子は無かりける」歎きがあった。そこで鹿島の大明神に詣り、甲斐あって女の子が続いて生まれる。『お伽草子』の主人公には神仏の霊験によって授かった子供が殊のほか多い。中には、はっきりと「観世音の申子にて在し候や」（「花世の姫」）と叙述しているものもあるが、大抵、申し子かどうかの判断は読者に任かされている。「文正草子」の場合も例外ではなく、申し子説話の系譜の中に位置してくる。

さて、眉目容姿よく育った姉妹の姫には当然結婚の大事が待ち構えている。それは求婚譚の型式をとって現われてくる。最初に大宮司が自分の息子の嫁にと求めて拒絶され、次に国司みちしげがこれまた断わられる。そしていよいよ三人目の男として二位の中将が登場する。つまり求婚譚成立の過程はここでも忠実に踏まれるわけである。けれども中将の〝見ぬ恋〟は簡単には成就しない。しかも彼はいかなる恋の試練にも耐えなければならなかった。そこで「都より物売に下る商人にて候が、常陸国へ下る」ことになり、美しい売声によって姫の注意を惹こうとする。商人の姿に身をやつしつつ本来の想いを遂げる型は、絵姿女房譚を髣髴させる。売り声が物語の展開に決定的契機となるのは「猿源氏」の場合に同じい。加えて中将がはじめて姫を見るくだりは「折節嵐烈しく吹きて、簾をさっと吹き上げたる隙より、姫君と中将殿の御目を合わせ給ひける」とあって、臼田甚五郎先生が繰返しお説きになった〝一目見し恋〟の文芸伝統にのっとっている。これも「猿源氏」と同一の趣向である。そして終りの「あさましや大名達を嫌ひて、商人に契りし事の悲しさよ、商人に付けて追ひ出さん」という一節は、すっかり装束を整えて美しく生まれかわった中将の出現により、幸福へと一転して結末を告げる。これは、最後に残された汚い者こそ実は最も祝福されるべき者であった、という型のひとつであり「鉢かつぎ」や姥皮系の話例を引くまでもなく、説話ではしばしば用いられる結着なのであった。

「文正草子」はもともと物語の系統にある典型的な作品のひとつであり、最もお伽草子的な存在であるといえるのだが、この作品においてもこのように長らく口承の世界で管理伝承されてきたところの説話が、伝統的な文芸様式への昇華を目指して参与している。「文正草子」は確かにいくつかの説話、もしくは説話的な発想によって支えられている。しかしそうだからといって、作品自体の評価が変わるのでもなければ、また個々の説話へと解消してしまうわけなのでもない。むしろ逆にそうしたものが統合された結果、ここに美しい一篇の物語草子を生んだのだとみるのが至当であろう。

そこで次に『お伽草子』の中にあっても口承文芸、それも昔話との関連の著しい作品について触れてみる。もっとも、ひとくちに、『お伽草子』と昔話の交渉の濃いものといっても、一応、昔話そのものを直接翻案した作品と、また昔話を主材として扱っている作品とに分けて考えることができる。そうした紋様の中にあって、極めて特異な位置を占める作品の具体例として「福富草子」をとり上げてみる。この作品には他に「福富物語」「福富長者物語」の名があり、妙心寺春浦院の国宝『福富草紙』に代表されるその絵巻物との関連の上からもいくつかの問題点が残されている。

生命力に溢れる草子

さて、その「福富草子」はまことに奇抜な筋をもつ作品である。福富の織部という男には身に生まれついた「あさましくいぶせき」芸が備わっていて、そのために彼は長者になりおおせた。隣りに住む乏少の藤太は鬼姥のような妻に強いられて福富を訊ね、放屁（ほうひ）技芸の伝授を請うことになる。福富から丸薬を授けられた藤太は秘伝を伝授されたとばかり、早速に今出川の中将の屋敷に伺候するが、そこでは取り返しのつかない失敗を演ずる仕儀となる。その上、随身たちからは「下手のおならこき奴や、斯かる狼籍打てや打てや」と打擲（ちょうちゃく）され這々（ほうほう）のていで家に逃げ帰り、病の床に伏したままになる。神詣に出て来た福富の姿を見て、藤太の妻は欺かれた夫の敵とばかりにひしひしと喰らいつく。

「福富草子」の作者は明らかでないが、この作品を読んで何よりも最初に強く感じるのは作者の卓越した筆力である。一般に『お伽草子』の文章は類型的で模倣が多く「涙をはらはらと零し」とか「さめざめと泣く」ような陳腐な表現が目立つのだが、ここではそれが明らかに違う。「その夜も明くる日も、腹の痛み名残ありて、夕の煙は臀所（でんしょ）に立ち、野辺の虫の音は腹に鳴く。降りみ降らずみ、うち時雨れたる空の様にしょんちょとしけり」のごとく雄勁（ゆうけい）でしかも諧謔（かいぎゃく）味溢れた文章である。この簡明で率直な文体は、激しい動きがありそして活動的に展開する「福富草子」に最も相応（ふさわ）しいものなのであるが、同時に『お伽草子』特有の物語調から逸脱した文体は絵巻「福富草子」の絵詞と無関係ではなかろう。絵巻「福富草紙」の絵詞は『室町時代物語集』巻五に翻刻されている。絵詞がやがて作品へと成長したものか、またその逆なのかは今のところ判然としないが両者の交渉は、いずれにしても絵詞を中心にして吟味されなければならない疑問を向後に残している。

ところで、この尋常でない作者の筆致、力倆（りきりょう）は、まず奇抜で大胆な笑いの場を得て充分に発揮されているわけなのだが、活力に満ち満ちた笑い、たとえば藤太の悲劇をもひと思いに払拭してしまうような力を矯（た）めた笑い、またそうしたものをもたらしたところの世話に砕けた筋とは一体何に拠ったものであろうか。実はそれこそ間違いなく昔話から導入された、しかも根源的生命力に溢れた世界からのものであった。

昔話の中に「竹伐爺」または「屁ひり爺」と呼ばれ、隣の爺型に分類されている話がある。土地により語り口には少しずつ変化がみられるが、大体、1、爺が山で竹を伐る。2、山の持主にとがめられる。3、自分の名を告げる。4、屁をひって許され、褒美をもらう。5、隣の爺が真似をして失敗し、罰せられる。という筋をもつ。鳥を呑みこんでしまったのが原因で、おなかの中で鳴き声がする「鳥吞爺」も同系の話。笑いの要素が強調されたために次第に零落の道を辿り笑話化されているが、分布圏は予想外に広く、北は津軽から南は九州の涯て、それだけではなく、島嶼からの報告もある。「竹伐爺」の昔話はおそらく、もともとは『竹取物語』や『今昔物語集』に記載されている話とは何らかの繋がりがあったのであろうし、従って話そのものの出自は余程古かったと推定されるのだが、今からその系譜を辿るのは不可能に近いといわねばならない。しかし、この昔話が非常な人気を持って語り継がれ、そして伝播されても行ったであろうことは今日の分布、定着状態からしても容易に判断し得る。そのときに大切なのは、こうした笑いを誘う類の昔話が伝播されて行った過程と、一方それを享受してきた聴き手の場である。

昔話の多くは普通あまり人前に顔を見せない老媼たちによって囲炉裏端で語られ、聴かれてきたのに間違いはないが、長い年月の間では全てがそうしたものばかりではなかった。「竹伐爺」の話を持って歩いたものの一人として、かって私は琵琶法師を想定したことがあるが（『日本文學論究』十九冊）、それればかりではなく、今なお東北の各地に記憶されている早物語を語り歩いたのも、やはり同じ範疇の人々であった。その早物語の語り口が「かくれ里」や「精進魚類物語」の中に巧みに援用、翻案されているからしても、昔話や早物語が早くから文芸能力のある人々の間にまで吸収され、もて囃されていた事実に瞠目したい。このことから、昔話、それも笑話化の著しい話などがいつまでも薄暗い囲炉裏端や、土の匂いのする人々によってばかり伝承、管理されていたのではなかったという事情に逢着する。

さらにまた、昔話が書冊の中に定着したという一事は、昔話の歴史についても興味深い資料を如実に示してくれる。「竹伐爺」の話のごとく「隣の爺型」に属する昔話の結末には、しばしば「だから人の真似などしてはならないのだ」と、失敗した爺を例にとって聴き手に注意を与える教訓めいた一語がつけ加えられて語られる。こうした部分は、昔話の聴き手が幼い者に限られてからに添加されたのだろう、そしてよほど時代が下ってから後に添えられたのであろう、と考えられてきたが、一概にそうだとはいいきれないようである。「福富草子」は「人は身に応ぜぬ果報を羨むまじき事になん侍」の一節をもって始まるが、これは明らかに「竹伐爺」の結末に添加して語られている部分を作者が意識して冒頭に置き換えたものであり、このころすでに昔話の失敗譚には、こうした一種の警句が加えられていたに違いないことを示唆してくれるからである。

口承文芸から書冊へ

以上、私は意外にも「竹伐爺」のような笑いを誘発させる昔話が文芸の徒の世界にとり入れられている具体例として「福富草子」を挙げてみた。そしてなおこうした例は『醒睡笑』からも強力に裏書きされる。それは、安楽庵策伝のこの書にはいくつかの「馬鹿聟譚」が散見するし、中でも巻六「児の噂」には「和尚と小僧」の笑話が、この著名なお咄衆、策伝にとってはまたとない恰好の題材を提供しているからでもある。「和尚と小僧」の話といえば、最近、宮内庁書陵部の石塚一雄氏が伏見宮旧蔵書『駿牛絵詞』の紙背に「和尚と小僧」の断片が記されているのを発見された。氏はその筆跡から推して筆者に後崇光院を想定されるとの由だが、詳細は間もなく発表されることになろう。それにしても「竹伐爺」はまだしも、笑いを目的とした点では一段と徹底した「和尚と小僧」の話が、このような世界にまで繰り込んでいたことは何としても面白い。「福富草子」と「竹伐爺」の関連ばかりではなく、いくつかの昔話が「お伽草子」の中に登場していることから、かつて昔話を持ち歩いた者の姿が案外ひょいと覗かれたり、またそうした話がお咄衆というまことに相応しい媒介者を得て書冊に定着して行った様相も窺い得るからである。そうした意味で『お伽草子』は、書冊と口承文芸の交渉を知る上に一つの貴重な場を提示しているともいえるわけである。

もっともその時、私共は口承文芸が書冊の世界に定着するのとは反対の面があることにも注意しなくてはならない。昭和三十八（一九六三）年八月、福島県相馬郡に昔話を採訪した折、飯舘村字長泥の高橋りき（明治十七〈一八八四〉年三月生）さんの語ってくれた「鉢かつぎ」などは、文献から逆輸入された好箇の例だといえる。これは民俗文学研究会編『相馬地方昔話集』に収められているから参照していただきたい。普通、口承文芸から書冊への定着は、まず大勢としては動かし難いものであるが、そうかといってその逆もまた決して皆無なのではなかった。『お伽草子』と口承文芸との親しい距離は、採訪の途次にふと思わぬところで実際に体験する事実からもいえることなのである。

（『野村純一著作集　第八巻　文学と口承文芸と』）

［単行本初出：『古典への招待』國學院大學新聞学会編、東出版、一九六五年刊］

「伊曾保物語」の受容

一

話としては、間違いなく独立している。首尾もきちんと整っている。それでいて、素姓そのものがよく判らない。それがために基本的な扱いに迷う例は相変らず少くない。有体にいえば現行の話個々の戸籍は今日まだ確定していないということであろう。次の場合もそのひとつであった。

昔、殿様が家来によう、「何かおいしいものを持って来い」って、そう言ったげならよう、「おいしいものだ」ちって、牛の舌(へら)を持って来たげなわ。そうしたら殿様が怒ってのう、「こんなものを持って来た」て。

そいで、こんだあ「一番まずいものを持って来い」ちったげなら、また家来が牛の舌を持って来たげなら、それこそ殿様は怒っちゃってのう、「牛の舌ばっか持って来やがる」って。殿様がものすごい怒ったげなむんで、家来のいわく、「うまいものを食うも口だ」って、「まずいものを食うも口だ」って。

殿様はしばらく考えといでたげなけど、「えらいもんだ、お前はようそこまでわきまえとる」って、しまいにゃあ殿様はほめらしたって。

大橋和華編『恵那昔話集』(「全国昔話資料集成」25)所収の「牛の舌」と題される一話である。話者は、恵那郡上矢作町小田子在住の小沢つるの。同女は明治三十四(一九〇一)年五月二十三日生まれである。判るのはそこまでである。

一見するに話柄はいかにも珍らしい。しかし内容は理に走っていて、面白くない。もっとも、それをもってして、話それ自体の存在を退ける理由にはならない。とりあえず類話を探るに他に報告の例を知らない。結果としてすなわち、現在の昔話の話型からは対照事例は得られない。そうした事情もあって、おそらくは編者もそこでの処置に苦慮したのであろう。「動物昔話」「本格昔話」「笑話」とは別にそこには「その他」の項を設けて、他の世間話と共に一括して収めていた。しかるに、実はこの一篇の出自は『伊曾保物語』にある。もちろん、岐阜の山里に生まれ育った小沢つるの女が、いつ、どのような機会にいったいだれからこの話を聴き、それを耳裏にあたためてきたのか。具体的な手懸りは一切無い。それにもかかわらず、つるの女の語る「牛の舌」は『伊曾保物語』に所縁するかと思われる。参考までに同書の「けだものゝ舌の事」を示そう。なお、本稿における引用は、いずれも日本古典文学大系『仮名草子集』所収の『伊曾保物語』に拠った。

ある時、しやんと客来のみぎり、いそほに仰て、「汝世中に珍しき物をもとめきたれ」とありければ、いそほけだ物の舌をのみ調侍りける。しやんとこれを見て、「世間の珍しき物にけだものの舌をもとむる事なに事ぞ」と仰ければ、いそほ答云、「大世中のありさまを見るに、舌三寸のさえづりをもって、現世は安穏にして、後生善所に到り候も、みな舌頭のわざなり。されば、諸肉の中におゐて、舌は一の珍しき物にあらずや」と申。

又ある時、「世間大一の悪物をもとめきたれ」とありければ、伊曾保又けだものの舌を調ふ。しやんとこれを見て、「これは世間大一珍しき物にてこそあれ、悪しき物とはなに事ぞ」と有ければ、伊曾保答云、「しばらく世間の悪事を案じ候に、是禍門也。三寸の舌のさえづりをもって、五尺の身を損じ候も、みな舌ゆへのしわざにて候はずや」と申に、しやんとこの事領掌して、二つの返事を貴み給ふなり。

このようにひとたび両様相比較するに、そこでの主題は紛れもなく共通している。もっとも、全体の趣きに幾許（いくばく）かの異同は認められる。しかしそうかといって、それは構成、結構といった話そのものの骨子や帰趨を抜本的に変えるものではない。したがって、この二つの話にまったく何の関係もないとするのは、そのこと自体、論証はすでに困難であろう。それからして、私はこれは同声異俗の話柄、要するに「牛の舌」は「けだものゝ舌の事」からの換骨奪胎であったろうと見做している。しかるにそうはいっても、その間、両者には実質いかなる事情が存したのか。逆にそれを問われると、正直いって直接応えるのは、これまたはなはだ困難である。煎じ詰めれば現象的には、たまたま比較に耐え得る材料がひとつは伝承資料として、はたまた片方は文献に在ったという追認以外の何者でもない。しかし、さらにいえば、この何気ない事実、動かし難い事実の背後には、そもそもいかなる事情が内在介入していたのか。いうなれば『伊曾保物語』所収の話が、何に原因して恵那は上矢作の老女の元に留まっていたのか。そのところをいま少し探ってみたい。そう思っているからにほかならない。

ところで、同じような話題を擁している例は他にもまだあった。たとえば、山下久男編『加賀昔話集』（「全国昔話資料集成」19）には、「爺さと殿さま」と題した話が載っている。次の資料がそれである。

　昔、ある所に大変理屈をこく爺さがおったとい。ある時、殿さまの前で大海の水を皆飲みほして見せると言ぅたと。殿さまは、

「それは面白い、飲んで見せ」

と爺さに言うたと。ところで爺さ、殿さまにあくる朝まで待ってくれと言うて、家に帰ったと。考えてみると、大変なことを言うたものだわいと、心配になって寝たと。朝になってもなかなか爺さは起きてこない。婆さは不思議に思うて、寝所へ行き爺さにきいた。爺さは昨日の出来ごとを婆さに話したそうな。婆さはそうか。そんならよいことを教えてやると言うて、何やらそっと爺さに囁いたそうな。爺さは大喜びで起きて来て、殿さまの前へ行ったそうな。殿さまの前で爺さは、

「殿さま、殿さまにお願いが一つあります」

と言うた。殿さまは、

「よい、よい、言うてみよ」

と言われたと。爺さは、

「わしが大海の水を飲む前に、海へ流れこんでいる川の水を一ぺんに停めてくれ」

と言うたと。それで殿さまは一本参ってしまったとさ。

　話者は石川県能美郡新丸村の山根秀雄氏。それ以外は何も記されていない。話はなかなかうまく出来ている。ただし、この一話も元はと質せば典拠はいずれ『伊曾保物語』にあろう。少し長くなるが同書の「しやんと潮飲まんと契約候事」を示そう。

　ある時、しやんと酒に酔けるうちに、こゝかしこさまよふ所に、ある人しやんとを支へていはく、「御辺は大海の潮を飲みつくし給はんやいなや」と問へば、やすく領掌す。かの人かさねていはく、「もし飲み給はずば、なに事をかあたへ給ふべきや」といふ。しやむとのいはく、「もし飲み損ずるならば、わが一跡を御辺に奉らん」と契約す。「あないみじ。此事たがへ給ふな」と申ければ、「いさゝかたがふ事あるべからず」とて、わが家に帰り、前後を知らず酔ひ臥せり。

　醒めて後、いそほ申けるは、「今まではこの家の御主にてわたらせ給ひけれど、あすからはいかゞならせ給ふべくや。その故は、さきに人と御契約なされしは、大海の潮を飲みつくし候べし。之飲み給はずは、わが一跡をあたへんとの給ひてあるぞ」と申ければ、しやんとおどろきさはぎ、「こは誠に侍るや。なにとしてあの潮を二口共飲み候べき。いかに／＼」とばかりなり。かくて有べきにもあらざれば、「此難を遁れまほしうこそ侍れ」と、いくたびか伊曾保を頼

給ふ。いそほ申けるは、「我譜代の所御ゆるし給はば、はかり事を教へ奉るべき」と申。しやんと、「それこそやすき望みなれ。とく〳〵その計略を教へよ」と仰ければ、伊曾保答云、「明日海へ出給はん時、まづ其相手にの給べきは、「我今この大海を飲みつくすべし。しからば、一々に大海へ流れ入所の河を、こと〴〵く堰きとめ給へ」との給ふべし。しからば相手なにとか答候べきや。その時、御あらがひも理運を開かせ給ふべけれ」と申ければ、「げにも」とよろこび給へり。

すでにその日に臨みしかば、人々この由を伝へ聞きて、しやんとの果てを見んとて、海の辺に貴賤群集をなす。その時、しやんと高所に走りあがり、かの相手を招き寄せ、いそほの教へけるごとく仰ければ、相手一言の返答におよばず、あまつさへ、しやんとを師匠とあがめ奉りけり。

こうしてみると、加賀の山村に伝えられていた「爺と殿さま」は、どうやらこれも『伊曾保物語』に出自を有していたのではなかったのか。私にはそう思われる。もっともそうはいっても、この場合はよしんば『伊曾保』にもとづいての改変、改竄であったとしてもそこにはかなり入り組んだ事情と併せて物理的な時間が流れている。つまりは流出、流唱に伴って相応の経過が予想されるということである。いってみれば主題そのものに決定的な変化はないが、一方で話の構造、構成はすっかり面目を一新して早早とそれは土着の在りようを示していた。具体的にはそこでの趣向は、常時用いられる風にすっかり装いを改めていたのである。

顧みれば、常日頃大言壮語の性癖のある男が、このときにもあたりかまわぬ大口をたたく。しかるに今回ばかりは遂に出処進退に窮する。挙句の果ては、最後の最後に至って、ほとんど相手の意表を衝く言辞によって、ここでも危うくその場を逃れるといった態の内容にある。思えば、今日わが国に行われるこの手の結構は、彦市や吉四六、吉五、勘右衛門、または彦八、泰作、さらには繁次郎などといった土地土地の主人公が盛んに活躍する笑話にしきりに用いられていた。遡っては、一休や曾呂利咄にも登庸、採択されて、巷間汎くに頓智話として親しまれてきたのがそれである。したがって、なべて頓智、頓才とはいうものの、実態はしばしば、はなはだしい狡智、奸計（かんけい）の類いによって話の主人公がきわどく危機を脱するといった傾向にあった。いうなれば、この「爺さと殿さま」にしても、またその本線と見做し得る「しやんと潮飲まんと契約候事」にしても、結局は知的な危難脱出の話材であった。

ただしこの際、少々注意を要するのはほかでもない。『伊曾保物語』の場合とは違って、山根秀雄氏の語る例では、家の婆さが主人公町爺に智慧を授けている。そこにある。いったいに、話の主人公の危難を救うに当っては、いつもその背後にきわめて有力な女性が存在した。智力に富んだ女人である。具体的にはそれが妻女であったり、あるいは許嫁者、もしくは当の男に積極的に好意を寄せる娘であったりする。これは、現にこの国に行われる昔話の顕著な特性のひとつであった。潜在する妹の力によって、主人公に課せられた難題が無事に解決する。もしくは解決への糸口が得られるという、これが秘められた話のカギであったのである。その意味では家の婆さといえども、決してそれに悖(もと)るわけではなかった。それからして、さきに述べた如く、加賀の「爺さと殿さま」の一事は、典拠であった筈の『伊曾保物語』に比較して、すでに余程この国の風に染まっていた。そう認めなければならない。いうなれば、同類相求とか同類相従の習いにしたがって、周囲からの影響を受け、それを受容、享受した上ですっかり居住いを正していたと理解すべきかと思われるのである。

それはともかくも、『伊曾保物語』に源を求める現行の話。つまりは『伊曾保』からの流出、流唱の口承文芸といった観点からすれば、前出の二話はそれぞれ別個の事情を抱えていながら、いずれも事例はごく限られていた。いわば、孤立資料とでもいうべき類いであって、位置づけは必ずしも容易なものではない。次の場合も同様である。しかし、打ち明けて言えば、これはこれでまた、少々の時日を要した上で今日ようやくそれをいえるようになったのである。

二

手続きとしてまず、過去の報告事例から示そう。田畑英勝編『奄美大島昔話集』(「全国昔話資料集成」15)に「蟹の教え」という短い話がある。

親ガニが子ガニに、
「真直ぐ歩け」と言ったところが、子ガニが、
「お母さんはどうしてそんなに歩くのか」と言ったそうな。

話者は瀬戸内町嘉入の松元シナ女、明治四十三(一九一〇)年十月五日生まれであった。そこでの内容は短かく、これだけである。注意しないと見逃してしまいそうである。しかし、先学田畑氏が筆に留めておいて下さったので、やがてこれは次の類話を誘引、誘発するに及んだ。

蟹の親子が歩いちょっての、子に歩かしてみて、あの横せ歩くが、蟹が「そげな歩きやするんじゃない」てであう親が子に注意したらの「お母さん、先歩け」ちゅうで親が歩いたらの、やっぱし子も同し、歩きやしちょったって。

斎二三子「隠岐の昔話」(『昔話―研究と資料』第四号)に載る

「蟹の親子」である。話者は隠岐郡布施村飯実の太田ヤスノ女であった。前出の資料よりも筋は余程整っている。余計なことを記すようだが、この時点で右の二話は『伊曾保物語』の「蝤蛑（がざみ）の事」に直接照応の叶えられるのが判った。折から進行中の『日本昔話大成』では、早速これを「動物新話型一七蟹の親子」（AT276）に処理して位置づけた。参考までに示すならば『伊曾保』所収の「蝤蛑の事」は次の如くである。

ある蝤蛑、あまた子を持ちけるなり。其子をのれが癖に横走りする所を、母これを見て、諫めて云、「汝ら何によりてか横さまには歩みけるぞ」と申ければ、子供謹しんで承り、「一人の癖にてもなし。われらの兄弟、皆形のごとし。然らば、母上ありき給へ。それを学び奉らん」といひければ、「さらば」とてさきにありきけるを見れば、我横歩きにすこしもたがはず。子ども笑ひて申けるは、「われら横ありき候か、母上のあるかせ給ふは、縦ありきか、そばありきか」と笑ひければ、ことばなふてゐたりける。

そのごとく、わが身の癖をばかへり見ず、人のあやまちをば云もの也。若さやうに人の笑はん時は、退ひて人の是非を見るべきにや。

その後、続いて川端豊彦・金森美代子編『房総の昔話』（「昔話研究資料叢書」16）には、「親蟹と子蟹」と題した一話が収められた。次の資料がそうである。

親蟹が子蟹を連れてきてね、歩き方を教えていたって。いっこうに子蟹はうまく歩けないで、親蟹は本気で小言を言っていたって。いくら小言を言ってもいっこう真っ直歩けないで、で、困ってね、「じゃ、お母さん、ひとつさ、真っ直に歩くのを歩いてみてください」って言ったって、したら親蟹が歩いたらやっぱり横に歩いたんだって。そんで、「お母さん、それはやっぱり私達とおんなじでさ。横に歩いてるじゃありませんか」ちゅったら、親蟹がね、泡ふいて、ブッブッブッブッ言って向こうへ行っちまったって。

ここでの話者は富津市川名の森善右衛門氏。明治三十三（一九〇〇）年七月三日生。判るのはそれだけである。話についての事情説明は何も無い。したがって、いかなる事情を経ていまこの一話が話者の管理になったのか、まったく不明である。しかし、房総半島に伝えられる「親蟹と子蟹」は、従前の二例を補ってなお一段と整っている。客観的にいって、わが国におけるこの話型はまず右の報告によって、内容的にもようやく動かし難い位置を主張、確保するに至ったとしても決して言い過ぎではあるまい。それにつけても、この話に限ってするならば、この種の例は何故に処を選んで奄美大島、隠岐島、さらに離れて房総の一隅といった具合に殊更島嶼（とうしょ）部や半島の一部に点在、散見するようになったのであろうか。理由は尋ねてさらに思いつかない。それからして、資料そのものとしてはいかにも扱いづらい在りようを示していたといえる。

ところが、そうこうするうちに、私はたまたま見逃し難い事実に遭遇した。遠く場所を隔てて、続けてこの話を聴き出す機会に恵まれたのである。ひとつは、富山県東礪波郡平村下梨の語り手、田中フサ女（明治三十二〈一八九九〉年四月十四日生）から伝えられた。フサ女はそれを次のように語る。

むかし、むかし、あったとう。

むかし、蟹（がに）のお父さんとお母さんに子蟹がたくさんあったとう。ほして、末っ子の蟹に名前があったとう。末子というたか、何子というたか知らんが、ほして、お母さんが末子に

「お前もっと行儀良く歩いてくれよ。そうせんとお嫁に貰い手がないよ。もっと当り前に真っ直ぐ歩いてくれよ」

そう、お母さん蟹が頼んだ。ほしたら

「これで、どうじゃ」

と、いうて。

「いや、どうしてもまだ歩き方が嫁には向いとらんと思える」

って。ほしたら、お父さん蟹が

「お母さん、お前歩いて見せてやってくれよ。口でばっか、そういうとっても、いうこと聞かんさかいに、お前歩いて見せてやれ」

って。

「そりゃ、そうじゃ。そんなら、おら歩こうかいの」

って、お母さん蟹が歩き出した。

ところが、やっぱりサッサカ、サッサカ横歩きで歩いたと。

その後、広島県下に赴いた際に世羅郡世羅西町の下垣ツルヨ女から同話を採集した。次の一話がそうである。

横這いの話をのう、あれはよく言いおったですよね。

子供というもんは、親のすることを胎内からみな見ておるんじゃという。自分がなんでもしてきた者が、こんだ、みんな子供たちが通って行くいうてなあ、ほうして親がのう、

「子供ら、今度、もっと真っ直ぐ歩くように」

って、言いおった。

「こうこうじゃ」と、言いおった。ほしたら

「なんじゃ、お母さん。お母さんも横這いしよるじゃなぁか」

言うて。

子供もやっぱ親に似て横這いするんじゃと。子供は腹におるときから、そういうようにして生まれてくるんじゃけ

に、そんな言うても駄目じゃった。親が横這いするけえ、子も横這いするって。

　自分がよく出けんのに、あがことを置いて、子供にああやれ、こうやれ言うのは無理じゃって。


　話者ツルヨ女は明治三十三（一九〇〇）年四月二十四日生。隣りする賀茂郡豊栄町清武の出身である。同女はこれを天保三（一八三二）年生まれの祖母から聴いたという。

　こうしてみると、これまでに確認し得る話の荷担者は、奄美の松元シナ女、明治四十三（一九一〇）年生。房総の森善右衛門氏、明治三十三（一九〇〇）年生。富山は五箇山の田中フサ女、明治三十二（一八九九）年生。そして広島の下垣ツルヨ女、明治三十三（一九〇〇）年生といった具合に不思議にその世代をいつにしていた。これはいったい何を意味するのであろうか。もちろん、昔話の語り手としては、たとえそれぞれに個個の事情はあったにしても、年齢的には六十代から七十代（昭和五十八〈一九八三〉年当時）の人々がなべて有力である。それからして、話の採集、採録時にたまたまこの年恰好の人が集中したのかも知れない。しかし現実の問題として、過去においてこの種の例はほとんど報告されていなかった。はたして、語られていなかったのであろうか、それは依然判らない。しかるに資料として報告されていなかったとするのも、これまた紛れもない事実である。したがっていま「蟹の親子」に即していえば、現象的には何故か明治三十二（一八九九）、三年頃から四十（一九〇七）年代にかけて生まれた人たちが、処を隔ててお互いの幼い日にこれを享受、受容する機会があった。いわばそういった結果が顕在化してきた。これも添加し得る事実のひとつである。そして、その際に下垣ツルヨ女の言によるならば、彼女はこれを天保三（一八三二）年生まれの祖母から聴いたという。その祖母たる人は、いったい、いつ、どこで誰からこの一話を耳にし、時隔てた後に再びそれを孫娘のツルヨに語ったのであろうか。想えば興味は一層尽きない。

　そこで話はちょっと横道にそれるが、もともと伝承経路の明白な、それでいて『伊曾保物語』を典拠にしたと思われる話が、わが国の昔話のひとつとして然（さ）り気無く報告されていた例は、早くに土橋里木編『続甲斐昔話集』にあった。正続二冊のこの昔話集は、編者自身がその祖母である土橋くら女から直接聴いた資料を集めたものである。その中に「鳩と蟻」「牛と蛙」の二話があった。次の例がそうである。

鳩と蟻

　或時ムショウに（急に）夕立（ヨウダチ）ンして、雨が車軸（シャジク）ンして降つて来たから、雨水がドン〳〵流れて方々に一ぱい水溜りが出来た。すると今迄そこいら中に出て歩つてゐた蟻（アリ）ンドウは、皆この雨水に流されて、水ツ溜りの中へ浮かんでアツプッカア〳〵しながら、今にも溺れて死んでしまひさうになつた。するとそこへ一羽の鳩が、枯枝を一本くはへて飛んで来てその枝を水溜りに浮かべてくれた。それから蟻ンドウは喜んで、皆その枯枝へとりついて枝の上へ這ひ上ると、鳩は又その枝をくはへて遠くの方へ飛んで行き、雨の降らないよく乾いた所へ持つて行つて、その枯枝をそーッと下してくれたから、沢山の蟻ンドウはやつと命拾ひをした。

それから暫くたつてから、或日その鳩は、余り遠く迄飛んだ為、大へん草臥れたから、近所の森の木の枝へ止つてじつと羽根を休めてゐた。すると丁度そこへ来合せた一人の狩人が、これァうまいものンゐるなァと思つて、鳩の止つてゐる木の傍へそーッと近づいて行き、鉄砲でじつと鳩を狙つた。そしてよく狙ひをつけて、もう撃つばかりとなつたが、木の上の鳩はそんな事とは少しも知らぬから、相変らず呑気な顔をして向ふの山ばかり眺めてゐた。狩人はいよ〳〵喜んで、今にも引金を引かうとした時、急にあこい（踵）の辺をシクンと喰(クラ)ひッついたものがある。狩人は思はず、アイタイッと叫びながら足下(モト)を見ると、幾匹も〳〵の小さな蟻ンドウがやつて来て、自分の足へ喰(クラ)ひッついたのであつた。この物音に驚いた鳩は、始めて狩人が自分を狙つてゐた事に勘付き、あわてて飛び出して逃げてしまつたので、やつと危い命拾ひをした。これは、先頃大雨の日に助けてやつた蟻ンドウが、恩仕送(オンシオク)り（恩返し）をしたのであつた。

牛と蛙

或所に蛙(ガール)の親子が住んでゐた。或日、子蛙が川端へ遊(アス)びィ行くと、一匹の牛ンベエが草を食つてゐるのに行き逢つた。子蛙は生れてから、まだ牛と云ふものを見た事がなかつたから、大へん驚いてあわてて自分巣へ飛び帰り、お母(カア)お母(カア)、俺(オラ)ァ今とても大い物(デッカモン)に行き逢つとオ、と云つて親蛙にその事を話した。親蛙が、それァ一体何どォと聞くと、子蛙は、何だか知らんけんど、とても大い物(デッカモン)どォと答へた。

それから親蛙は、そんな大(デカ)い物ンやたら世の中にあるもんぢやない。お母(カア)どォッとかなり大い方だぞ。どうだ、それアこの位も大かつたかと云ひながら、自分の腹をウンと膨(フクラ)まかいて見せた。それを見た子蛙は、ウーン、まつと〳〵大かつた、と云つた。親蛙は、そんぢやァこの位かと云ひながら、又グッと腹を膨まかしたが、子蛙は、とても〳〵山の様に大い物(デカモン)だつた、と云つた。

それから親蛙は、自分もどうしてもその物に負けまいと思つて、どうだ、この位か、この位かと云ひながら、いよ〳〵力(リキ)んで、ウンと腹を膨まかして行く中、とう〳〵堪らなくなつて、腹の皮はパチンと云つて破裂してしまつた。

いうまでもなく共に『伊曾保』種である。ところで、その語り手であるくら女について、編者は次のように記していた。「祖母は七十七になって、この春喜寿をすました。そして、この祖母だけは長生きさせたいと思ってゐたのに、到頭、この十二月十五日に突然と逝ってしまった」と。昭和四（一九二九）年の出来事である。したがって逆算するにそこでのくら女は、嘉永六（一八五三）年生まれであった筈である。そうしてみると、土橋家の語り手くら女が『伊曾保』種の話を耳にしたのは、おそらく安政年間か万延の頃（一八五四〜一八六一）であったろうか。いうなればその頃、『伊曾保物語』はすでにこの国の話に同化、馴致して流布していたのが判る。ちなみに、くら女から多くの話を耳にした編者の土橋里木その人は、これまた明治三十八（一九〇五）年生まれであった。ひとつの事実として参考になる。

話を戻そう。「蟹の親子」のそれぞれの担い手について、もしもいま少しこれの具体的な情況が追尋し得るのならば、その間、ここにみる個個の事例にはあるいは思い掛けない事実が潜んでいたのかも知れない。また同時にそこには何か共通の理由というものが潜在していたのかも知れない。しかし、それは今日、いずれも遂に詮索の叶えられない事態である。客観的にいえば、まったく枢要なこの部分を実際に詰め切れないのは、いかにも心許無く、またもどかしいが、さきにも記した如く、ここでの目的は『伊曾保物語』所収の話が、何に原因していまなお山間辺陬の地に散在、伝承されているのか。それを考えて行くにある。

そこで、ひとたびはこの問題を追究するべく、当事者たる話の担い手からいま少しその辺りの様子を訊ねてみたい。それと共に一方では出来る限りそれへの傍証につとめたいと思う。その結果たとえ手懸りに過ぎなくとも、今後になお有用、有効な面がもたらされるならばそれはそれで一応の成果であろう。なお、広島の下垣ツルヨ女については、現在調査を継続中である。そこで以下、「蟹の親子」の語り手の一人、田中フサ女に関して前後の事情を記述してみたい。

三

田中フサ女は、富山県東礪波郡平村下梨に在住する。この人から今日までに私は都合七十話を聴き出した[1]。話はすべてテープに収録した。さきに記した通り、フサ女は明治三十二（一八九九）年四月に生まれた。実家は現在も平村小来栖にある。それは小来栖の旧家〝六十刈〟からのディエであった。中嶋姓である。父は善蔵、母はのいといった。六十刈から出たこの家が何に由来して〝中島〟をいうのかは判らない。屋号も〝なかじま〟である。現戸主は重孝。話は前後するが、フサ女は四人兄弟の長女であった。兄は孝則、弟は清孝、妹はノブといった。彼女は父親から大層可愛がられて育った。いま伝える昔話のほとんどは、善蔵からの享受であるという。ところで、これまでに聴いた中に、どうも素姓のはっきりしない例がひとつあった。次の話がそうである。

むかし、あったとう。

どこかの鶏小屋から狐が鶏をつかんできたんや。鶏、つかんできたって。そしたところが、ライオンが出てきて、

「それ、わしによこせ」

って。ライオンは狐より強いさかい、

「それ、わしによこせ」

意気地がない狐、いうたんや。

「いくらお前が強いかて、人の物をよこせとか、なんとか、横取りしゆるというのはだいぶ無理じゃ。無茶だ」

そうしたらライオンが高笑いして、

「強情な！　それ、本当にお前の物か」

って。そのかしわの死骸を。

「それ、本当にお前の物じゃと思っとるがや。お前かて、人の飼っているの横取りして、盗ってきたんじゃないか。そやさかい、早くよこせ、よこせ」

って。

世の中は、きついもんからきついもん。智慧のあるものからある者へと、つぎつぎと取ったり取られたりして、わが物であって、わが物でないやら、わが物だと思っても、それなん取り上げられるし、わが物と思っておっても、わが物なんかひとつも無いわけなんだねえ。

そのうち、みんなやらにゃあ、ならんねえ。

話はフサ女の得意とするもののひとつである。というよりはむしろ、彼女自身が最も好ましく思っているものである。それは私共が赴く度に、まずは媼の好きな話から語ってくれと求めると、必ずこの話から始まる。それからしても容易に知られる事実である。しかし、それにもかかわらず、残念ながら実は短かいこの一篇の素姓、来歴は一向に定かでない。判らない。趨勢は一見『伊曽保物語』に典拠の得られそうな動物寓話である。内容は差し当って「動物葛藤」、もしくは「動物社会」に帰属しようか。しかるに実際には『伊曽保物語』にこれに直接照応、比定し得る例は見出せない。もしも、あえていうならば「獅子王、羊・牛・野牛の事」辺りが主題としてわずかに重なってこよう。しかしそれとても、きちんと対応し切れるわけではない。したがって、右の一話はこれまでに余程の改変、改容か、あるいは改竄の機会を経て遂にいま在る内容に落着したのかも知れない。とにかく、これはもともとわが国に行われてきた昔話ではない。外来種である。そのことはまず間違いなかろう。そしてそれを同女は、父親から聴かされてきたという。さきに示した土橋里木氏の例と同じく、伝承経路は明白である。それにもかかわらず、内容か

らしても話の位置づけは依然として難かしい。処置、処遇には窮する。しかし、それと共に一方で話それ自体を客観的に評価するに、話は幾分異様の態を示していた。厳密に言えば、そこでの語り口はすでに逸脱して異端の風を呈していた。それからして状況としてはとりあえずここにひとつの手懸りが得られると私には思われるのである。

それというのも、右の一話の構成、結構をみるに、そこでの著しい特徴は実質的な話の内容そのものに比較して、それに伴う追補、補綴の部分、いわば添加個所がいたずらに長いといった点にあった。いうなれば、一篇の完結、独立した動物昔話に対して、ひどくバランスを欠く結果を生じていたという一事である。具体的には「世の中は、きついもんからきついもん。智慧のあるものからある者へと、つぎつぎと取ったり取られたりして、わが物であって、わが物でないやら、わが物だと思っても、それなん取り上げられるし、わが物と思っておっても、わが物なんかひとつも無いわけなんだねえ」と言い、加えてさらに「そのうち、みんなやらにゃあ、ならんねえ」といかにも深く嘆息を漏らしているかに思われる、その部分である。これはいったい何を意味しているのであろうか。改めて説くまでもなく、中味は明らかに話の聴き手、つまりは享受者に向けての戒め、いわば訓戒、説諭といった態にある。しかもそれはきわめて積極的な戒告、訓諭といった有様を示していた。一篇の動物昔話を開陳した後、流れは直ちにそれを素材にして教導するといった調子である。そこで結果的には、本来が主体を成す筈の動物寓話はどうやら便宜的な手段、材料に過ぎず、最終的な目標はあくまでも後半の部分に置かれているといった傾きにあった。そこでいま、実際にこれを耳にした折りの心持ちを率直に述べれば、いかにも煩わしいといったところである。昔話を目的にする者にとって、いささか主客転倒の感は免れない。これが偽らざる感想である。

もっともそうはいっても、ここでのフサ女のこうした言辞は、これがひとえに父親譲りのものであるのか。それとも後日、求めて彼女が獲得していったのか。要するにやや立ち入って穿鑿（せんさく）するならば、ひとたび話の筋に共鳴、共感したフサ女がひとり深い思い入れをし、それが原因して遂にこのような形態をとるようになったのか、正直いってそこのところは必ずしも明白でない。しかし、いずれにしても、田中フサという一人の語り手が、女性の発する言葉にしてはやや不似合の調子をもってこれを管理、伝承してきたのは眼前の事実であり、かつまたそれはいかにも見過ごし難い事象であった。

ところで、このとき、これは右の一話に限ってのごく例外的な在りようであったのだろうか。そうではない。昔話の語り手としてのフサ女には、実はこれに類した表現が他にいくつか行われていたのである。手元の採集ノートから次にその具体例を示してみる。たとえば、

○「藁しべ長者」の終ったところで、フサ女は「すべ（屑）ひとつにしても縁あってわが身に触わる。縁無きものはわが身に触わらん」と言い添える。

○「喰わず女房」を語り収めて、フサ女は「食貧しというても餓鬼に劣らんや」という。

○「継子と笛」を言い置いて、フサ女はさらに「めろ（女子）は何に生まれ替わってきてもめろになる。虫に生まれてきてもめろに生まれる」と訴える。

○「話千両」を語ったところで、フサ女は「疑うまいぞ、疑いの火はわれを焼く。疑いの前にたしかめよ」と言って諭す。

○「山姥と桶屋」の終末部分で、フサ女の「サトリ」は「人間というのはなんとも忌わしいものだ。自分らは思ってから物事をする。人間は判らん」と嘆いて、そそくさとその場を去って行く。

そして、

○「産神問答・水の神型」を語り終えたあとで、フサ女は「鰻釣りの鰻のようにしてわが子は死んだ。父親が鰻釣りばかりする報いじゃ」と諭してその因縁を説く。

もちろん、彼女の言う他の例には、たとえば、

○「長良の人柱」の「雉も鳴かずば撃たれまい」

とか、さらには通常ごく汎くに用いられる、

○「人がうまいことしたとて、人のあとを追うことはならん」

といった語句がある。そしてこれらはいうまでもなく、さきに示した「蝤蛑（がざみ）の事」にいう、かの「そのごとく、わが身の癖をばかへり見ず、人のあやまちをば云もの也。若さやうに人の笑はん時は、退いて人の是非を見るべきにや」といった場合にさして大きく変わることはない。内容は昔話伝承の場にしばしばみられる、いわば常套的な教誡添加の例に過ぎなかった。

しかし、それに対してさきに示した一群の事例はおよそ異質である。昔話を伝えるに際して一般に行われる教訓添加の様子にくらべて、それらは著しく宗教性を帯び、一段と強い説教調をのぞかせていた。たとえば、仏教的な観想を伝えるとはいえ、「縁無きものはわが身に云々」とか、「生まれ替わって」とか、「報い」といった表現はともかくも、殊更に構えてそれが「食貧しというても餓鬼に劣らんや」とか、さらには「疑うまいぞ、疑いの火はわれを焼く。疑いの前にたしかめよ」といった語句になると、それは昔話を語る者の言葉としては最早ほとんど異例の趣きである。「喰わず女房」の話の後、続けて「食貧しというても餓鬼に劣らんや」といった具合に諭す例は、はたしてこれまで他にあったであろうか。また一昨年四月、重ねて「藁しべ長者」を聴かせて貰った際に媼は「この昔話を聴くにも、成る程と思って聴かねばならんね。信仰じゃ。信仰の力じゃね」と言い置いてからこれを語った。こうしてみると、そこでのフサ女の在りようは、たま

たま一篇の昔話に託して一人の語り手がごく自然に己れの心情を吐露し、相手にそれを伝達するといったものではない。むしろ彼女は話そのものを具体的な材料にして、説くべきところはあくまでもきちんと説くといった態の、きわめて積極的な風を呈し、併せて強固一途な意図をのぞかせているのであった。したがって、その地に赴いて話を聴かせて貰う立場の者にとっては、それはいかにも重苦しく、不自然な印象を受けるのであった。それからして、次には田中フサ女にあっては、何故にこうした類いの言辞が伴って話がなされるのか。そしてそれが拠ってきたった理由は、いつに那辺に存したのか。このあたりの事情は、ここに至るまでに媼の擁する話の出自、素姓を知る上からも一層詮索されなければなるまいと思われた。それというのも、このことは、やがてフサ女自身が「蟹の親子」のような『伊曾保』種の話、そしてあるいはそれに類すると目されるここに示した如き動物昔話を現に有する、その間の潜在的因由にもかかわりをもってくるであろう。そのように考えられるからにほかならないからである。

そこで、いま少し昔話の語り手、田中フサ女の周辺を探ってみる。同女は十九歳で下梨の現在地に嫁いできた。夫は田中精一といい、十一歳年長であった。婚家には七郎、スエの義父母がいた。俗に越中〝五箇山〟を称されてきた平村の人々にとって、世間は極端に狭く、またそこでの生活は久しく苛酷であった。村は四囲を峻険な山々に鎖され、そして一年の半分近くは雪に閉されていた。村の人にとって、わずかに開かれた処といえば、人喰い谷を越えて礪波平野に下りるそのとっかかりの町、城端が唯一のそれであった。媼の若い頃、城端には三日、十三日、二十三日に市が立った。絹市といった。村の女たちの手で紡がれた糸は、京都から来た〝絹買い〟によってそこで取引きされ、そこからさらに西陣に運ばれて高価な織物になった。しかし、積雪期になるとその城端の町さえも村人にとっては遥かに遠い世界に変わった。女たちは来る日も来る日も雪の下で紙を漉いた。漉き上った紙は板に貼り付けて、家の中に立て掛けて囲炉裏の火に乾した。合掌造りの大きな家は、養蚕、和紙、そしてこの地の特産煙硝造りの場に適応しい構造であった。フサ女はもちろん、そうした村の女の一人であった。したがって、城端以外の土地は他にほとんど知る機会もなく、村内で暮らしてきた。そうした中で、フサ女にはただ一度だけよそに出たことがあった。十二、三歳の頃にはじめて井波の瑞泉寺に行ったのがそうである。太子堂詣りであった。父親に連れられて、草鞋（わらじ）履きで朝四時に小来栖を出、井波に着くと昼をだいぶ過ぎていた。そのときの記憶として媼がいうのに、城端から井波まで電線が走っていた。その柱を数えながら歩いたという。足を引摺る娘をなだめすかしながら庇（かば）い歩いた父善蔵の姿が忽然と浮かんでくるようである。瑞泉寺に着いた父娘は、そこで太子の一代記を聴いた。これは現在も行われる瑞泉寺の絵解きである。媼はさらに「そのときの説教に〝二座〟聴いた。話は、前世からの因果応報を説くものだった」と言葉をついだ。

繰返すようになるが、村の女、田中フサ女の世間はきわめて狭かった。そうした中で、許された楽しみは説教にあった。それは娘時代に接した瑞泉寺での場面がいつまでも大切に記憶されていることからも容易に理解できる。平村は全戸が真宗である。「ご坊さまが説教にござる」と伝えられると、女たちは待ち構えていて一様に出掛けた。「自分は世間に出なかったので、説教に行った」と、媼はいう。もっとも一方には「一座も参らんことには人目によくない」といった事情もあって、周囲を気にして出かける人もあった。それはともかくも、フサ女の半生を顧みるに、実際に説教の場が彼女たちの限られた世間であったようである。試みにフサ女のこの説明に裏付けを得るべく、採訪資料ならびに他の材料からその辺りの様子を窺ってみる。

土地の年寄からの話を綜合するに、人々は村に訪れて来る説教師を「ホウさん」「カタリ僧」「お寺さん」と呼び慣わしてきた。彼等は遠くは京都、金沢、そして礪波、城端からやって来た。月に二日、人々は寄って「おつとめ」をし、「お斎」をし、その後で説教を聴き、また世間話に花を咲かせて散会した。土地の人たちはそれを「楽しみに待ち」「ありがたいもの」として寺に寄った。村人は井波の瑞泉寺、城端の善徳寺、古国府の勝興寺を〝三御坊〟と称したが、わけても勝興寺を〝フルコウ〟と言い習わし、親しんでこれを「フルコウの御坊」といった。もっとも平村ではしきりに「寺に寄る」というが、かつての日、そこでの実態は道場であった。念仏道場である。しかも村人は随意そこに参集するのではなくして、現実にはそれぞれ檀那寺に違いがあった。それがために、必然、集る門徒とそこでの員数は背後に存する寺門の勢力によって劃然と弁別され、互いに重なり合うことはまずなかった。この間の状勢をひとたび整理してみるに、それにはおおよそ、次の如き事象が検出された。すなわち、西派・越中系は古国府の勝興寺、出町の真光寺、城端の瑞泉寺を檀那寺とした。そして、西派・越前系は鯖江の万法寺を檀那寺とした。また城端系は金戸の恵徳寺、井口の真光寺を、井波系は井波の光教寺をそれぞれ檀那寺とし、他に利賀の西勝寺、祖谷の本教寺、離れては富山の常楽寺、金沢の専光寺、また小松の本覚寺をそれとする処もあった。参考までにこれをいま、フサ女に即して閲すると、同女の実家の存する小来栖三十一戸はすべて井波の瑞泉寺に帰属する。幼い日の媼が父に連れられて詣ったのも、これによって判る。そして婚家の存する下梨は五十一戸がこれに同じ。他に下梨の十五戸は城端の瑞泉寺を檀那寺にしていた。フサ女自身は気付いていないようであるが、もともと彼女の婚姻はすでにこの宗門を前提としたものであって、いずれその埒を出ることはなかったかと推測し得る。

　これからして、すでに小来栖の実家中嶋と下梨の婚家田中とは、元来が同系列の説教師を迎えていた筈である。したがって、現に媼の伝承・管理する多くの昔話は、まず父親善蔵からのものであったとし、さらに嫁いで後、彼女が積極的に赴いて話を聴いた場合のものも、結果としてそれはひとつ系統の話をば受容、享受したのであろう。ひとたびはそのように推察し得るのであった。もちろん、そうだからといって、さきに指摘した如く、現在のフサ女の語り口のすべてが、はたして父親譲りのものであるのか、はたまた彼女自身が後刻求めて学習、獲得してきたものか、そこに問題はまだ残る。

　しかしそれにしてもかつての日、この地に訪い来たった瑞泉寺のカタリ僧の一人が、唱導、説教の材料にかの「蝤蝶の事」を説いたのは、どうやら動かし難い事実であったと私には考えられる。そしてまた続けて掲げたかの一篇の動物寓話を残して行ったのも、もとはと質せば、理由はいずれその辺りに潜んでいたに違いないと思われる。檀家巡りの説教僧が教導、訓戒の材料に『今昔物語集』や『宇治拾遺物語』所収の話を用いていたことについては、「五色の鹿の事」を例に示してすでに述べてきた。それはまたここの場合にも決して例外ではない。田中フサ女の管理する話の中に「藁しべ長者」の存する事実はさきに指摘したが、それは次のように語られている。参考までに提示しておきたい。

　むかしな、人間が静かであったというそうな。そりで、お嫁さんが欲しい、貰いたい時期が来てよ、誰も嫁さんになってくれる人がいなかったん。その、とてもいくらたっても、嫁さんがあたらん。どうしたら、嫁さん貰える方法がないもんかしら、氏神様にひとつ頼んでみようというんで、毎夜、氏神様におまえりした。

　幾日か、まあ、通ったやろ。そうすると、だんだん夢に、そのお告げに、時期が来れば嫁さんがある。心配しないでもいい。道を歩いておっても、どこを歩いておっても、嫁さん捜し歩いておって、どこにあるか分らんから、身体に接近したというか、触ったというか、そういうものを大切にしたら、嫁さんがある。そういう夢を見たのですが、あ、なんちゅうことになったたな、まてまて、これから、どこやかじゅ、歩こうと歩いておった。

　ところが今度ぁ、ん、藁が足にひっかかったんじゃ。その藁を拾って、そしてな、往来を歩いておった。そうすると、虻がなあ、飛んで来て、若者の身体に触ったらしい。そして、それをとっつかまえて、今度ぁ、両手に持つというと都合が悪いで、藁に虻を縛ったんじゃ。虻を縛って、ブウブウブウ、と虻は逃げようとする、平気でそのまま歩いたんじゃ。そうすると、だいぶ道のりの行ったところで、よい奥さんがこう通り過ぎたが。ほうて、そのせなかにお

んぶされちょる赤ちゃんが泣いて騒ぐのに、弱った、あの、その奥さんが、

「まことにすまんことじゃが、この子が、あんたの持っているその虻を欲しいっていって、泣き叫ぶんじゃと。そんで、ね、まことにすまんこっちゃが、その虻をくれてやってくれんか」

　そりゃ、ことやすいこっちゃ。リンゴとか、なんか果物をたくさん持っておったし、その奥さんは。そして、虻を貰うたお礼に、リンゴを幾つか、まあ、そのあんさんというか、嫁さん欲しい男にあげたっちゃ。

　そして、今度、そのリンゴ包んで、包みを、手から放さねで、そして、ヨタヨタヨタ、と歩いておった。食べるちゅうこともなしに、それを大事にして、ヨタヨタと歩いておった。

　そうすると、向こうから、ショタショタした、おかしな男が、まあ、だやそうにして、ヨタヨタと、まあ来たんや。二人が道に出会った。そんで男、いいところにいい人に会ったというて、そのだやそうにして来た男が、「休ましてもらいたい」、そして、まあそんな包み持っておるんちゃ。なんか持ってる。休まして、一緒に、まあ、休んだん。むろん、くたびれている。その人も休んだ。

「これでも食べて、まあ、力つけてください」

　その時に、その貰うたリンゴを出したんや。

「食べれえ」

と男に分けてあげたん。そうしたところ、その何ともいえん。そのリンゴがおいしいとも何とも。こりゃ、その、どういっていいか、話しにならん感じがした。そういう時に、お互いに、お前は誰それじゃ。お前はどこそこじゃ、ということといった。

「なんもんじゃ、苦労して、そんなだやい道、どこまで行かっしゃるんだ」

「うん、そうたいしたもんじゃないんや。ちょっと出たところが、道のりが長くて、つい腹が減って」

　そういうから、

「それは、いいところで会った、よかったね」

ちゅういって、
　おかねの持っているごみぶんしゅうでもなし、そんなお金を持っているようすでもないもんちゅうが、あんまり親切にしたもんで、

「お前にひとつたのみたい、これを持って、これだったかな、黄金のなんの、どういうもんというか、邸内ちゅうか、そこにある人、番しておる人がおろうさかいに、そこに来て、これを渡してくれ。決して、お前、途中で開くでないぞ。もう、途中で絶対に開くでないぞ」

　そして、その、したためた手紙かね。したためたまあ、それを受け取って、どこそこへ来い。そして、開かずにその

ものを渡せっていうことになった。

「ああ、そうでございますか」

そういって別れて行った。

ある日のことじゃ、その屋敷たずねて行ったん。ヨタヨタと。嫁さん欲しいが頭にいっぱいなもんで、頭が悪い人間が歩くように、ヨタヨタして歩いておったと。そして、行って、その門に行って、門番がそんに、

「何者じゃ」

と、どなった。

「何者といって、その別に悪い者でもないけれど、そんなら、これをあの、そこの御主人様に渡して欲しい」いうて、そのしたためた封筒、まあ、差し出したんや。

「待てや、お前。そういうもん通らせんならんので」

さておいて、そして、門番が、それを御主人様のところに、それを届けた。そうしたところ、「おお、そうか、早速とこれへ、ここに通せ」ということになった。ところが、そのおっぱらっていた門番も、ただ、びっくりこいてわからん。

ここに、しばらくおっても、初めは、ありがとうございましたぐらいのことで、挨拶して、こうこう、こういうわけで、いわっせる通り、こういうとこへ入って来たやというて、いいわけして、座敷にあげてもらった。

そして、いろいろと語って、

「お前は、命の恩人や。我が身の命の恩人じゃ。おそれおおいこと、なあしてというて、そんで、だんだんと、お前の良さがわかった。その知らんでも、そういう、その、腹が減って、そら、命からがらになったような人を、いとしい、かわいい、というお前の、身につけた、心にあるんや。それで、ここに、お前住みついてくれ。心にほれた。」

そんで、御殿の、どういうていいかな、お侍でもなれるんちゃ。そこの、賢い、殿様のところの賢い者にしてあげられた。嫁さんもそう　なりゃ、あんた、嫁さんは好まんでも、嫁さんはたくさんあった。

註

（1）その一部は『平村史』下巻（昭和五十八〈一九八三〉年四月刊）「民俗資料」の「昔話」の項に収められている。

（『野村純一著作集　第二巻　昔話伝承の研究〈下〉』）
［単行本初出：『昔話伝承の研究』同朋舎出版、一九八四年刊］

「老鼠娶親」の道

はじめに

容易には導き難い手続きの存するのを承知の上で、それでもちょっと言ってみたい。たとえば「雨蛙不孝」（大成四八　鳶不孝）の話は、何故に偏って西日本一帯、それも多くは九州から沖縄の地にかけて行われているのであろうか。そういえば、それとまったく同じ内容の話は「雨蛙の嘆き」として、韓国にも数多く認められる。これには崔仁鶴の『韓国昔話の研究』が参考になる。それからして、現行の話にもとづく伝承分布圏から推しても、いずれここには潜在する何か特別の理由が予想されなければならない。そこで、仮りにいま、これを話の生成とか形成にかかわる契機とか背景の問題と考えてみる。さらには一段と具体的に何かからの、もしくは何処かからの直接間接的な影響、そしてそれに伴うところの受容、享受や、はては実質的な改変、改竄（かいざん）の問題などというように推測してみる。もっともそうなると、事態は推測や推定の域を超えてすでに憶測あるいは想像に近い色合いを帯びるようになるかも知れない。場合によっては、もちろんそれも止むを得まい。しかし、そうはいっても、実はその際、ひとたびは海を渡って中国本土に行われる次のような事例に出会うとなると、これははたしてどこまで参考にし得るであろうか。たとえば、古都洛陽の北に拡がる邙山（ぼうざん）には歴代皇帝の墓が多い。その地に伝えられる話。

光武帝の子は親不孝で小さいときから帝の言葉に逆らってきた。年老いた帝は死んだのち、邙山に眠りたいと考えた。死の床で息子に後事を託したあと、帝は思った。「もし私を邙山に埋めよと言えば、必ず黄河畔に埋めるにちがいない」

そこで帝は言った。

「私が死んだら黄河の南に埋めよ、邙山に埋めるでないぞ」

子は子で父親の最後の頼みくらいは何があっても聞きとどけようと思っていた。そこで帝の死後、占師に黄河畔の風水のいい地をさがさせた。占師が何度試みても河の中で鯉がはねた場所がいいという卦（け）が出た。新しい帝は河の中

に墓をつくる方法を大臣たちに聞いた。皆押し黙る中で一人の大臣が、

「今やあなたが帝。天子の言葉は金口玉言ゆえ、黄河の神に北に行けと命じなさい」

「千年も万年も流れている黄河が、どうして私の命令など聞こうか、馬鹿にするな」

　帝は大臣を殺してしまった。次の大臣の答えも同じであった。次々と十人の大臣を殺してしまったのち、帝はうんざりしてひと言、

「うせろ」

と叫んだ。それを聞いたのが黄河の神。自分への命令だと思って北へ一里ばかり退いてしまった。干上がった河床に陵が築かれ、帝は今一度河神に命令した。

「漢家の皇陵ここにあり、以後決して南に動かぬように」

　不思議なことに、それまで毎年のように邙山中腹まで押し寄せていた黄河の水が、以来一度も陵のところまでも到らないという。

引用が長くなった。材料は『仏陀の道』（「大黄河」第四巻）に拠った。一喝、黄河の神も退くとは、流石（さすが）に中国の皇帝ならではの威信である。しかし、右の話の前段、すなわち臨終の場における後漢建国の英雄光武帝とその子との逸話の条は、そもそもがこの邙山を舞台とする光武帝の例をもって、はたしてそれを嚆矢（こうし）と認めるべきであろうか。別条、他に格別の用意があるわけではない。しかし、思うに、ここにあってもこの一条は独立して他に在るモテーフをどこからか積極的に援引、借用し、その上で改めて挿入、添加せしめるに及んだのではなかっただろうか。私はそのように推察する。いうなれば、これはどうやら中国本土にあっても余程早くから手を変え、品を変え、繰返し用いられてきた説話のモテーフであったに違いない。

　改めてこれについても少し言うならば、それまで親不孝で手に負えなかった子供が、いよいよ親の臨終の場に及んで、遂にこれまでの生きざまを悔恨し、悔悟した挙句に突然翻意してしまう。結果としては反ってそれが裏目に出て、親の思惑はまったく予想外の事態を招来する。実はこれが話の構成であった。筋立てとしては、ひとひねり工夫が凝らされている。意想外の結末が面白い。それからして応用、改変は随意可能であったと理解できる。事と次第によっては反転して、笑話に仕立て上げるのもまったく不可能ではない。このように受け取れば、ここのところは結局何処にでも転用、転化の利く、臨機応変、いわば持ち運び自由の変化部分であるという具合に判断し得よう。もっとも、そうだからといって、換骨奪胎（かんこつだったい）、至極簡単にわが国に受け入れられて、これが昔話「雨蛙不孝（あまがえるふこう）」の生成、助長を促すに及んだとするのは、あまりに事を短絡化し過ぎるであろう。しかるにいったん、両者の情況がそれ

ぞれこのように知られた以上、最早まったくこれを不問に付することはできまい。予期し得る結果の是非は問わず、いずれはそれを模索すべき具体的な道を求めなければならないと考える。事態は事程左様に充分刺戟的である。その意味で、今回ここに「老鼠娶親」、要は「鼠の嫁入り」を俎上(そじょう)にのぼせたのは、昔話を巡る彼我の在りようを改めて話題に供したいと思ったからである。

一

『日本昔話大成』にいう「土龍(もぐら)の嫁入」は、いうまでもなく通常汎(ひろ)くに知られる「鼠の嫁入り」である。もっとも、この話が「鼠の嫁入り」として、わが国にあってはいつの頃から人口に膾炙(かいしゃ)し、また幼い者たちの耳朶(じだ)にも触れて興ぜられるようになったのか。それはおそらく近世の画題「鼠の嫁入」の流布に伴って、村里にも急速に広まって行ったのではないかと察せられる。しかし、話そのものに関しての具体的な経歴や、またその間に介在したであろう種々の経緯については、正直言って今日までほとんど明らかになっていない。ただし、それぞれの場面における細かな事情はしばらく措いて、紛れもない材料のひとつとして遡ってこれの類話を訊ねるならば、早くにそれが『沙石集』にみえるのはすでに大方が承知している事実である。これについて無住は次のように紹介していた。

鼠ノ、女ヲマウケテ、天下ニナラビナキ聟ヲトラント、オホケナク思企テ、日天子コソ世ヲ照シ給徳、目出ケレト思テ、朝日ノ出給フニ、ムスメヲモチテ候。ミメカタチナダラカニ候。マイラセント申ニ、我ハ世間ヲ照ス徳アレ共、雲ニアヒヌレバ光モナクナルナリ。雲ヲムコニトレト、仰ラレケレバ、誠ニト思テ、黒キ雲ノ見ユルニアヒテ、此ヨシ申ニ、我ハ日ノ光ヲモカクス徳アレドモ、風ニフキタテラレヌレバ、何ニテモナシ。風ヲムコニセヨトイフ。サモト思テ、山風ノ吹ケルニ向テ、此ヨシ申ニ、我ハ雲ヲモフキ、木草ヲモフキナビカス徳アレ共、築地ニアヒヌレバ力ナキナリ。築地ヲ聟ニセヨト云。ゲニト思テ、築地ニ此ヨシヲイフニ、我ハ風ニテウゴカヌ徳アレドモ、鼠ニホラルヽ時、タエガタキナリト、イヒケレバ、サテハ、鼠ワ何ニモスグレタルトテ、鼠ヲムコニトリケリ。是モサダマレル果報ニコソ。

岩波の『日本古典文学大系』に拠った。最後に一言「是モサダマレル果報ニコソ」とは、いい置くものの、さりとて仏教説話集の中に無住法師は何故、あえてこの一話を援用したのか。また、具体的にはいったいどこから引用するに及んだのか。詳しい事情はこれもよく判らない。しかし『沙石集』

の「序」の冒頭に彼はまず「夫麁言軟語ミナ第一義ニ帰シ、治生産業シカシナガラ実相ニ背ズ。然レバ狂言綺語ノアダナルタハブレヲ縁トシテ、仏乗ノ妙ナル道ニ入シメ、世間浅近ノ賤キ事ヲ譬トシテ、勝義ノ深キ理ヲ知シメント思フ」と言った。そのあと続いて彼は「愚ル人ノ仏法ノ大キナル益ヲモ悟ズ、和光ノ深キ心ヲモ知ラズ、賢愚ノシナコトナルヲモ辨ズ、因果ノ理定マレル、猶モ信ゼヌ為ニ、或ハ経論ノ明ナル文ヲヒキ、或ハ先賢ノ残セル誡ヲノス。夫道ニ入方便一ツニ非ズ」とした。それがためにそこでの実際の手立てとして、無住はひとたび「雑談ノ次ニ教門を引、戯論ノ中ニ解行ヲ示ス」さすれば、やがて「是ヲ見ン人、拙キ語ヲ欺カズシテ、法義ヲ悟リ、ウカレタル事ヲタヾサズシテ因果ヲ辨へ、生死ノ郷ヲ出ル媒トシ、涅槃ノ都ニ至ルシルベ」となろうとした。

これからして、もしも額面通りに受け取るならば、この種の話はもともと説教、法談の材料、それも本来的な教義を説くための導入の方法や手段としてここに援用されたかと理解し得る。事実、今日でも中部から北陸の地一帯に掛けては、寺院や村内に設けられた道場での節談説教はなお行われている。就中、能登半島でのそれはすでに別称「能登節」の名がある程に芸能化していて面白い。たとえば、その場では参集した善男善女を相手に、唱導者はまず不特定多数の人々の注意を集めるべく、あたかも即興のごとくに恰好の話題を用意する。しかもその場合、それはしばしば「和尚と小僧」の類話であったり、また、仮りに身近な世間話のひとつとして披露されても、実際には「嘉兵鍬」や「御幣担ぎ」といった笑話にもとづいた例が多い。これによって説教師はその場での相互の緊張をほぐし、寛いだ雰囲気を作った上で、いよいよ本題に入るのであった。この辺りの呼吸が、結局は説教師個々の腕の見せどころであり、かつまた、口舌の妙を競う修練の場でもあったのである。参考までに記せば、こうした風は他に中国地方では広島県下で顕著に認められた。賀茂、高田、双三、世羅郡下での状況がいずれもそうである。一例として双三郡三和町の井上守氏（明治三十九〈一九〇六〉年五月十五日生）の説明によると、この地には高田郡吉田町山辺の光文寺から毛利恭典師がよく来た。格別話が上手で「肉付面」「法事の使」、さらには「雨蛙不孝」、また一連の「小鳥前生」譚がこの人の得意であった。いまにして思えば「姑の毒殺」などはどこまでが話で、どこからが実話にもとづいての説教法話であったか判らない程であった。それがため村人からは大層の人気を博し、老若男女を問わず、その日の来るのを心待ちにして競って出掛けた。土地ではいまもこうした在りようを喩えて諺に「蟻コの寺詣り」というそうである。現在では御調郡久井町在住の野上猛雄師が著名である。以上、話はいささか迂遠になったが、おおよそこうした情況の存するのを承知しておけば、『沙石集』の中にあえてこの種の話が登庸されているのも、さして不思議はなかったかと察せられる。

もっとも、一概にそうはいっても『沙石集』の成立は弘安六（一二八三）年と認められる。数えていまから七百年前になる。したがって、それを想えば、同書所収の一話がたまたま現在各地に行われる「鼠の嫁入り」に直接照合し得るとしても、実はただその一事をもってして両者の関係を簡単に云々するのは、はなはだ安易であろう。危険な要素は多多含まれる。何故ならば、仮りに同書収載の他の例、たとえば「学生なる蟻（あり）と蟎（だに）との問答の事」にみえる「猿の生肝」の一条を挙げても、ひとたび話型の照合といった観点からすれば、これはまさしく現行のそれ、つまりは「海月骨なし」に重なってくる。それに間違いない。しかし、それにもかかわらず、ここに説く「蛇に似て角なき物」とする「虬といふ物」は、何故か再び他に登場する例を知らない。その意味ではこの場合、話の比較は遡って『今昔物語集』巻五所収「亀為猿被謀語　第二十五」をもってした方が、むしろ余程有効であるとさえいえるのである。したがって事は左程単純ではない。つまり他の例に比較して、そこでの記載資料の物理的時間が一層新しいとか近いからといって、それをもって即、その間における伝承の信憑性、信頼度がよりひときわ高いとは必ずしも言い切れない。事情によっては、もちろん、その逆もまた充分あり得る筈である。わけても、『沙石集』のように、これがもともと「愚ル人」たちの「道ニ入方便」のひとつとして用意され、それがために「雑談ノ次ニ教門ヲ引、戯論ノ中ニ解行ヲ示ス」。それをあえて厭わずして編まれた仏教説話集、いわば、説教、唱導の教本として整えられ、しかも、やがてこれが江戸期に至っては刊本の数も多く出て、汎く利用の便に供されたとする事実を勘案すれば、その間における話そのものの流用、採択はおそらく著しく煩雑、輻輳（ふくそう）をきわめたかと予測される。

早い話、テキストからの援用、流出といっても、実態は個々に錯綜して一様でなかったものと予想し得る。それからして『沙石集』所収の例が直截（ちょくさい）に用いられて命脈を保ち続け、それが今日各地にそのまま行われていると解釈、判断するのはいかにも性急に過ぎよう。文献と口承資料との交渉、交流は大枠いつに免れ難いと考慮しつつも、さりとて、それの決定的場面を想定したり、あるいはそこでの最終的な詰めを図るに当っては、その都度すこぶる難渋し、困難を極めるのが通例である。正直言って、それがためにさきに私は一度「それぞれの場面における細かな事情はしばらく措」くとしておいた。しかして、その上でいまひとつ、昨年（一九八六年）八月に遭遇した事例を提示しておきたい。愛知県北設楽（したら）郡津具村下津具在住、佐々木カネ子さん（大正四〈一九一五〉年十月三日生）の語る「ねずみの聟選び」がそれである。そこでは来日中のインドのネルー大学大学院生、マンジュシェリー・チョウハン女史（MANJUSHREE CHAUHAN）を伴っての採訪であった。

むかし。あるところにね、大変綺麗な鼠がね、これまた綺麗な鼠の娘さんを産んだわけね。こんな綺麗な子が生まれたもんだから、うちの娘には三国一のいい聟様を貰わにゃいかん、そう思ってね。それで大きくなるのをお母さんが待って、そしてまあ、年頃になったから、ひとつ、聟さんを貰うに一番偉い方にあげにゃいかん。鼠じゃつまらんから、いい人に貰ってもらおうと思って。そいで、まあ、見たところがお日様が一番偉い。お日様がなかったら世の中真っ暗闇だからと思って、お日様の処へ行ってね、

「お日様、お日様。あのう、お日様は世界で一番偉い方ですから、どうか、うちの娘をお嫁にしてください。どうか、聟様になってください」

そうしたら、お日様が、

「いやあ、わたしはですよ、そんなに偉いことはありませんよ。私がいくら光を放っても、雲さんが出てきて遮ってしまうと、下は結構暗くなってしまって、やっぱり、私を遮るから雲が一番偉いです。雲さんですねえ」

そう、お日様か言いましてねえ。そこで鼠のお母さんは、はあ、なるほどと思って、また雲さんの処へ行ってね、

「雲さん、雲さん、お願いです。うちの娘をお嫁にしてください。雲さんが世界で一番偉い方だって聞きましたから」

って、そう言いましたら、雲さんがちょっと考えて、

「いやあ、わたしよりもまあ、風さんが偉いです。ピューッと大きなのが吹けば、私なんどひとっ飛びに飛んで、引きちぎられてしまいますからねえ。そりゃあ、風さんが偉いですよ」

それで、鼠のお母さんがね、また娘を連れてね、今度は風さんの処へ行く。

「風さん、風さん。あなたは世界で一番偉い方だっていうから、どうぞ、うちの娘を嫁に貰ってください」

で、また、風さんは考えて、

「そりゃあねえ、私が偉いなんてとんでもないですよ。私はねえ、いっくら吹いても吹いても壁がねえ、スッと遮ってしまうから、そこから向うはもう通りません。私よりは、そりゃあ、壁さんが偉いですねえ。壁さんにはかないませんよ」

ってねえ、そう、風さんが言ったので、鼠のお母さんは、また壁さんの処に娘さんを連れて行ってね、

「壁さん、壁さん、お願いします。世界であなたが一番偉いってから、どうか、うちの娘をお嫁にしてください」

って、こう、話したらね、壁さんがニコニコッと笑って、

「まあ、とんでもない、何をおっしゃいますか。私はいくら威張ってみたとて、鼠さんにはかないませんよ。鼠さんがゴシゴシ、ゴシゴシ穴を開けたら、私はもう台無しですから、なんと言いましても、そりゃあ、鼠さんにはかないませんよ」

ってね。壁さんがそう言ったら鼠のお母さんは、
「ははあ、そうですか。鼠はやっぱし鼠のお聟さんですか。それじゃあ、鼠のお聟さんを選びましょう」
ってね、娘さんを連れて帰って行ったそうです。
それで、鼠はとうとう鼠同士で結婚するようになったそうです。

右の一話について少し補っておく。カネ子さんは下津具は下留の出身。旧姓は伊藤。父は法平、母はマツといった。法平の母はとく。七十七歳で歿くなった。この人が素晴しい語り手であったという。その影響を受けてカネ女は現在、この地域における最も有力な語り手の一人である。同女の言によると、かつての日、伊藤家の幼い者たちが「むかし語ってよ」といってせがむと、とくは必ず「あのなあ、むかし、むかし。あるところになあ」と言い置いてから始めたそうである。「ねずみの聟選び」も祖母からの伝承であった。

ところで、カネ子さんがこの話を始めると、それまではA・T番号を頼りに話の内容を確認していたチョウハン女史が、ここに至って身を乗り出すようにして筋の進展を促した。やがてそれが完結すると、すかさず、自分も子供のときに同じ話を父方の祖父から聴かせて貰ったといって喜んだ。ちなみに、彼女の祖父はデヴィ・シン・チョウハン氏(DEVI SINGH CHAUHAN)。北インドはウッタラ プラデュシュ（UTTAR PRADESH）のマエンプリ（MAINPURI）出身であった。チョウハン女史の説明によると、彼女の聴いてきた話では、最後に出てくるのは「壁」ではなくして「山」であった。そして、語り手の祖父はいつも決って最後に一言「たとえどんなに大きな山でも、小さな鼠に囓られると崩れてしまうよ」と説いて子供たちに諭したそうである。また、カネ子さんが「古屋の漏」を語って「しし狼よりも漏がおそがい（怖い）」と言い添えると、これにはまったく変わるところはないといって、彼女は深い共感を示した。余計な一言を添えるようだが、チョウハン女史の言葉を俟つまでもなく「古屋の漏」は、『パンチャタントラ』第五巻「思慮なき行為」の第十一話「臆病な羅刹」に照合し得る。そしてこの「鼠の聟選び」こと「鼠の嫁入」は、その第四巻「獲得したものの喪失」、第九話「地に堕ちた白衣」の一節に見出せるものであった。その部分に限って、次にそれを示そう。

——もしこの娘の気に入るなら、尊き太陽神をお招きしてその神に嫁がせよう。こう言われているから。
たとい婿が見目麗しくとも、娘の気に入らぬ時は、（彼女の）幸福を願う者は娘を彼に嫁がすべきではない」

すると妻は言った。

「相手がそのような方なら、悪かろう筈はございません。そのようになさいませ」と。そこで隠者が太陽を招ずると、太陽は即座にやって来てたずねた。

「尊者よ、速かに告げなさい。何の用で私を呼んだのかね?」

彼は答えた。

「ここにいる私の娘がもしあなたを夫に選んだら、嫁にしてやって下さい」

とそう言って、彼は娘に尊き太陽を見せ、そしてたずねた。

「娘よ、この三界の燈火である太陽の神様はお前の気に入ったかね?」

娘は答えた。

「お父様、彼はあまりにもひどく燃やすものです。私は彼を望みません。彼よりもすぐれた方をお呼び下さい」

彼女の言葉を聞くと、太陽の方も彼女を鼠だと知って気のりがせず、隠者に言った。

「尊者よ、雲は私よりもずっとすぐれている。雲に覆われたら、私の名前すらも認められないのだからね」

そこで隠者は雲を呼んで、「彼は気に入ったか」(と娘にたずねた)。娘は隠者に答えた。

「雲よりもすぐれた者に私を嫁がせて下さい」

そこで隠者は雲にたずねた。

「ねえ、あなたよりすぐれた者がいますか?」

雲は答えた。

「風は私よりもすぐれている。私は風に吹かれると、ありとあらゆる方角へ行ってしまう」

それを聞くと隠者は風を呼んで、(娘に)言った。

「この風はお前に最も(ふさわしい)ように思われるが……」

すると彼女は答えた。

「お父様、彼は強力ではありますが、動きまわり落ちつきがありません。彼よりももっとすぐれた方を呼んで下さい」

隠者は言った。

「おい風よ、あなたよりすぐれた者が誰かいるか?」

風は答えた。

「山々は私よりもすぐれている。我等は強力であるといえども、山々に阻まれて止められる」

そこで隠者は山を呼んで娘に見せた。

「娘よ、お前を彼にやろうと思うが……」

彼女は答えた。

「お父様、彼は堅い性質のものです。ですから他の男にお与え下さい」

そこで隠者は山にたずねた。

「おい、山の王よ、あなたよりすぐれた者が誰かいるか?」

山は答えた。

「鼠たちは私よりもすぐれている。彼等は力づくで、我々の体じゅうに穴をあけてしまうのだからね」

それを聞くと隠者は鼠を呼んで娘に見せた。

「娘よ、この鼠の王はお前にふさわしいように思われる。彼ならよいようにしてくれるよ」

娘も鼠を見て、彼は自分の同族だと考え、喜びで体毛を立てて言った。

「お父様、私を雌鼠の姿にもどしてこの鼠にお与え下さい。私が自分の種族に定められた家住の義務（タルマ）を果せるように……」

それを聞くと、婦人の義務に通じた隠者は、彼女を雌鼠の姿にもどして雄鼠に与えた。


引用は田中於莵弥（おとや）・上村勝彦訳『アジアの民話12』に拠った。さきに記したように、右の例で最後に登場するのは「山」であった。これからしてチョウハン女史の祖父、デヴィ・シン・チョウハン氏の語った「鼠の嫁入」は、テキスト『パンチャタントラ』にほぼ忠実であったかと察せられる。ところで、何故いま、あえてこれを確認するかというに、後刻具体的に提示するが韓国の事例では、いずれもこの部分が「石の弥勒菩薩」に変わっているからにほかならない。なお『パンチャタントラ』では、例によって枠物語としてのこの動物譬喩（ひゆ）譚の中に更に物語が挿入され、ここには次の一節がみえる。

太陽、雲、風、山を夫としないで、
雌鼠は自分の生まれにもどった。
自分の生まれは乗り越えがたいものだ。

と。「鼠の嫁入」一話に即していえば、この部分に関しても別条早く、他に発言のあったことを併せて記しておく。そして、これについても改めて次に触れる。

二

話は前後する。私の識る限り、研究史上、この問題を最も早く俎上（そじょう）にのぼせて、しかも真正面から講じたのは松村武雄であった。『東洋学芸雑誌』第三十二巻、四百六号（大正四〈一九一五〉年七月）掲載の「『鼠の嫁入』説話研究」がそれである。松村はそこでまず、話の擁する独自の形式に注目した。そしてこれはすなわち「循環形式」の話、つまりは「多くの類似せる事件が、一定の論理的段階を踏んで、一個の事件より他の事件に推移し、自ら再び元の出立点に帰着するところに興味を求むる一群の童話」であると位置づけた。その上で彼はつぎに話の源流を求めて『パンチャタントラ』、さらには『カタサリツァーガラ』や『印度神話学』に言及し、最終的にはいずれこれの原郷がインドにあるのを強調した。しかるにこのとき、松村はわが国に認められる材料に関しては、岡白駒の『奇談一笑』以下江戸期の資料は引用、紹介はしたものの、何故か遡って『沙石集』所収の例に触れることはまったくなかった。見落したのかも知れない。それというのも、行き掛り上、ここで一言差し挟むに、これにさきがけて大正二（一九一三）年、芳賀矢一は『攷證今昔物語集　天竺震旦部』を上梓していた。そしてその際、その「序論」の中で芳賀はすでにこれへの注意を促していたからにほかならない。具体的にはそれの頭註「後世の説話集」が直接該当する。

したがってここではやはり、それがあって、というべきであろうか。松村武雄の右の論攷、就中、厳密には『沙石集』所収の一話に関しては、翌月早速南方熊楠からの指摘があった。南方は、大正四（一九一五）年八月『東洋学芸雑誌』第三十二巻第四百七号に「〝鼠の嫁入り〟の話について」を寄せて、松村の資料を積極的に補塡した。ただし、さらに補っておくが、先述松村武雄の論説は「鼠の嫁入」の話は、そもそもが「循環形式」を踏襲する点にこれの特性があって、他の例、たとえば後刻具体的に提示するが「猫の命名」（『応諧録』）とは、類を別にするというところにひとつの主張があった。けれども南方はそれについては格別彼自身の意向は明らかにしていない。

ところで、その後、この話に関しては、雑誌『俚俗と民譚』がいっとき話題を賑わした。すなわち、同誌一巻第五号（昭和七（一九三二）年六月）に中里龍雄が「朝鮮民譚もぐらの嫁探し」を紹介した。これを受けて第九号（昭和七年九月）に南方熊楠は再び「もぐらの嫁さがし」を記している。続けてまた第十号（昭和七年十一月）には栗山一夫が「〝もぐらの嫁探し〟に就て」を発表している。この中、殊に栗山のそれは南方の一文を踏まえた上で「一歩進んで私達は考えよう。こうした民譚が如何なる役割を持つかということである」として、「もぐらの嫁探し」は「階級社会」の「その秩序を維持する為めに出来上がっている」と評して、それまでにはついぞ見られない独自の見解を披露していた。なお、かつて『俚俗と民譚』に発表されたこれら一連の論考については、昨秋、赤松啓介が「一つの解説」の項を加えて、その著『非常民の民俗文化』の中に「生活民俗と差別昔話」として一括した上で収めている。

「鼠の嫁入り」の話を位置づけて「階級社会」云々としたさきの栗山、すなわち赤松の一文は、いまもヒンドゥー教徒間に存するカースト（caste、種姓）をそのまま他の国に行われる「階級社会」の概念で捉えていた筈で、その理解からしても必ずしも適切であったとは思えない。しかるに、その一方ですでに知られるように『沙石集』所収のこの話には、実は左の如き一文が先行して置かれてあった。

誠ニ仏法ノ效験ナンドニテ、ヲノヅカラ貧ヲノゾク事ハ有ベシ。生レツキタル果報ハ、定リ有テ転ジガタキ事也。今生ノ果報ハ、先世ノ業ニコタフ。当来ノ果報ハ、今生ノ業ニヨルベシ。只未来無窮ノ果報、目出カルベキ浄土菩提ノ道ヲ、コヒネガヒテ、既ニサダマレル貧賤ノ身、非分ノ果報ヲ望ムベカラズ。

一瞥、明らかのようにここでは因果応報、輪廻転生の観想にもとづいて、「貧賤ノ身」のこの世に在る理を説き、その上でなお「非分ノ果報」への戒めとしている。それからしてここでは、遠く『パンチャタントラ』にいう「自分の生まれは乗り越えがたいものだ」を取沙汰するよりも、『沙石集』にみえる「貧賤ノ身」の実質的な吟味に向う方が私共にとってはむしろ一層身近で、かつ、共通の話題になるであろうと考えられる。しかしいまは論旨の拡散するのを慮って、これを指摘するに留めておきたい。

『パンチャタントラ』に登庸されていた「ねずみの嫁入り」の類話が、朝鮮にも行われているのを報じたのは中里龍雄であった。その際、これの出拠について中里は「これは『於干野談』という、古い朝鮮の写本で、二度もみた話である。この本は三巻三冊あって」という具合に紹介している。現在、私の手元には明治四十五（一九一二）年一月朝鮮研究会から刊行された『朝鮮野談集』がある、「野鼠天下の巨族に婚を求む」がそれである。参考までに示してみる。

凡て婚姻の道、之を望む太だ濫なれば、必ず成るの理無し、昔し野鼠有り、篤く其子を愛し将に婚を求めんとす、鼠翁は鼠姑と相與に語て曰く、我れ此の子を生み、之を愛重する此の如し、必ず無雙の巨族を擇んで結婚せしめん、族の無雙なる者は、天と婚を為すに若くは莫しと、遂に天に就て其故を告げ、婚を為さんことを請ふ、天曰く、吾れ能く大地を覆育し、萬物生じ、羣生育つ、吾に尚るもの莫し、惟だ雲や能く蔽ふ、吾は雲に如かざる也と、是に於て野鼠は雲に就て、前言の如くして婚を請ふ、雲の曰く、吾れ能く宇宙に充塞し、日月を蒙障し、山河晦く、萬物昏す、而も惟だ風や、雲を散ず、吾は風に如かざる也と、遂に風に就て又た婚を請ふ、風の曰く、吾れ大木を折り大屋を飛ばし、山を簸し河を揚げ、過ぐる所蕭然たらしむ、然かも惟だ果川郊の石彌勒は、吾れ之を倒す能はず、吾は果川の石彌勒に若かずと、野鼠又た石彌勒に婚を請ふ、石彌勒曰く、吾れ能く中野に屹立し、千百世を經るも、確乎として抜けず、而も惟だ野鼠は土を土（ママ）が趾に掘り、即ち吾れ顛れんとす、吾は野鼠に若かざる也と、是に於て野鼠自ら返り、歎じて曰く、天下無双の巨族は、吾が族に若く莫き也と、遂に野鼠と婚せりと云ふ。亦た以て世間求婚者の鑑戒と為す可し。

さきにいった如く、ここでは最後に登場してくるのは「果川郊の石彌勒」であった。改めて触れるまでもなく、韓国、そして中国本土内の寺院を訪れると、銅、鉄あるいは石像の別をわかたず、行くさきざきで私共を迎えてくれるのは、ふくよかにして悠揚迫らぬ弥勒菩薩の諸像である。これがいかに人々の崇敬と親昵を集めてきたかは、そこでの在りようからしてよく判る。その意味で「山」や「築地」はたまた「壁」といった態の自然や物に取って替わって、「石の弥勒菩薩」がやおら登場してくるのには、これを語るひとびとの心情がいかほどしみじみとそこに反映しているものか、ひと頻りそれを想わずにはいられない。それはともかくも、察するに韓国では、これが最も汎くに行われている例なのであろうか。崔仁鶴『韓国昔話の研究』所収、「韓国昔話のタイプインデックス」で、崔は「鼠聟を捜し求めて」の題のもとに次のように整理している。

一　鼠夫婦は長女の聟に世界で最も強い人を捜してやろうと考え旅に出た。

㈠太陽に聟になってくれるよう頼んだが、太陽は自分より強いのは雲だという。

㈡雲の所に行って結婚を頼むと自分より強いのは風だという。

㈢風は弥勒が自分より強いと教えてくれた。

㈣弥勒は「もしも鼠どもがわしの足もとを掘るとわしは倒れてしまうだろう。今わしがこのように立っていられるのも鼠のおかげさ」と答えた。

二　鼠夫婦はやはり鼠が最も強い存在だと思い、帰ってきて若い鼠を選んで聟に迎えた。

なお、崔のそこでの分類は、これを「動物昔話」として、その「37」に位置付けた。

以上、「鼠の嫁入り」の話に関して、今日に至るまでの情況とその経過をあらあら記してきた。そしてそれには、お隣りの国に伝えられる様子も併せて垣間見る機会に恵まれた。もっとも、そうはいっても、それぞれに行われる個個の事情、つまりは抜き去り難い通時性や共時性の問題になると、そう簡単にこれを云々するわけにはいかない。それについてはすでに繰返して注意を喚起してきた。ただ、それにつけてもこの話の場合、まこと幸いなのは、そのいずれもがごくわずかな部分、具体的には最後の「山」とか「築地」もしくは「壁」そして「石の弥勒菩薩」といったところをたまたま心得て入れ換えている程度で、他はまったく同じように筋を運んでいるとする点にあった。要諦、話の基本的な構成、構造の異同、差異はひとつとして認められない。つまり、そこでは紛れもなく、それらはひとつ話であるという共通の認識を得ることが叶えられるとする事実である。これからして赴くに『パンチャタントラ』『沙石集』そして『朝鮮野談集』所収の例は、すでに一括して同一話型として扱うのが可能であり、ここに併せてそれを所有するそれぞれの国は、大要、ひとつ伝承圏としてこれを包括するのは吝でないとし得る事実である。

ただしここに至って問題はまだひとつ残る。いうまでもなく、それはさきに一度松村武雄がほとんど否定的に取り上げた、例の「猫の命名」こと『応諧録』所収の一話の扱い、つまりは中国本土におけるこれの消息とそこでの在りようにほかならない。ちなみに、中国の笑話集にみえる「猫号」は次の如くである。

　斉奄家畜一猫。自奇之、号於人曰、虎猫。客説之曰、虎誠猛、不知龍之神也。請更名曰龍猫。又客説之曰、龍固神於虎也。龍升天、須浮雲、雲其尚於龍乎。不如名曰雲。又客説之曰、雲靄蔽天、風倏散之、雲故不敵風也。請更名曰風。又客説之曰、大風飇起、維屏以牆、斯足蔽矣。風其如牆何、名之曰牆猫可。又客説之曰、維牆雖固、維鼠穴之、牆斯圮矣。牆又如鼠何、即名曰鼠猫可也。東里丈人嗤之曰、噫嘻、捕鼠者故猫也。猫即猫耳。胡為自失本真哉。

右の一例、己が飼猫が鼠を捕えるにいかに能があるからといって、名を与えるに「虎猫」とするのもずい分と大仰な話である。しかし、それに輪を掛けて、虎よりも龍の方が偉い。そこで「龍猫」に改めた。ところが、その龍とても天に昇るに際しては何よりも雲が不可欠であろう。つまり、雲の方が更に一段と上である。仕方がない。次に「雲猫」に改名した。それでもまだ収まりがつかない。何故ならば、雲も風にはかなわない筈だ。そうか、それでは止むを得まい。これを「風猫」にした。だが、それとても万全ではない。いかに強い風も塀には隔てられてしまうではないか。それでは「塀猫」にしよう。それでもまだ終らない。いかに立派な塀たりとも、鼠には遂に崩されよう。そこで、とどのつまり猫の名は「鼠猫」に相成った。

事の次第はおよそ以上の如くである。無節操この上もない話だなどと、目くじらを立てても仕方あるまい。一篇の仕上り方としては、どこまでも理屈が先に立っていて、面白いような、それでいて、正直、あまり面白くもない話である。ここにいえることのひとつは、これまでに取り上げてきたいくつかの「鼠の嫁入り」に比較して、「猫号」は、話としていかにも可愛気がない。思うにその理由は行くさきざき、行間のどこかに作者のしたり顔が見え隠れするところにあるためかも知れない。しかし、そうした態の印象批評はともかくも、この話の赴く先きは、いずれまだあって、塀を崩す鼠とて結局は「猫」には敵うまいといった具合に、またまた出発点に立ち帰る。この場合はすなわち、最初の「虎猫」に帰り着くといった発想を確実に抱え込んでいたと予測し得る。したがって、『応諧録』所収の一話とても、そこでの構造は元を質せばやはり、「猫」「虎」「龍」「雲」「風」「塀」、そして「鼠」「猫」といった具合に結局はその順序、あるいは秩序と序列を踏んでおり、その意味では早くに松村武雄の強調した、かの「循環形式」を志向する以外の何者でもなかった。つまりそれは、一連の「鼠の嫁入り」に隔って、まったく縁のない存在では決してないと考えられるのである。

そこで、これに関しても少しいえば、松村武雄は「鼠の嫁入り」の特性は、これが「循環形式」にある。つまりそれはあくまでも「多くの類似せる事件が、一定の論理的階段を踏んで、一個の事件より他の事件に推移し、自ら再び元の出立点に帰着するところ」にあるとした。これに対して一方、「猫の命名」はおそらくは、いわば「連環形式」、つまりはひとつ発端がどこまでも繋って進んで行くとする点に特徴があった。したがって、その場合は必ずしも「出発点に帰着する」ことを目的にはしない。察するに松村はそういった解釈と認識のもとに截然（せつぜん）と両者を仕分け、その結果として「猫の命名」を退けたと思われる。しかし、私の見るところ『応諧録』所収の「猫号」も、やはり前者の例に該当する。何故ならば、それとても本来はいずれ「再び元の出立点に帰着する」内容を擁していたからである。それからしてこれを想えばかつて、この例に言及した武藤禎夫が『江戸小咄の比較研究』の「注」にひとたびは、

> 「鼠の嫁入り」で広く知られた内容で、漢文体笑話「鼠為レ女択レ配」（巷談奇叢・明和五〈一七六八〉年）をはじめ、民話「土竜の嫁入」（日本昔話集成三八〇）などに及び、落語でも回りオチの典型として話されているが、その原型の観がする。結局、猫に落ちつくまでの順序には多少異同が見えるが、着想は全く同一である。

と、したのはまず間違いないと判断し得る。ただし、その際、ここに介在するところの「猫」や「虎」や「龍」就中、そこでの「虎」と「龍」は、直ぐそのあとに控える「雲」との存在を見合せての連想という事態も手伝って、漢字文化圏での好尚の風がいかにもよく出ているように思われる。それからして予測するに、この部分はいずれいつの頃か、中国本土内で積極的に添加、補綴（ほてい）され、その上でさらに一段と文芸趣向を凝らした挙句、やがてそれが笑話「猫号」を生成するに至ったと思われる。いうなれば、『応諧録』のこの一話は、あくまでも「鼠の嫁入り」の亜型であって、たとえその鬼子ではあっても、別途これを他に独立した例に見立てるのは、あえてするまでもない筈だという具合に考える。

三

もっともそうはいっても、実質的な手続き上、話の行き着くのは結局はそこまでである。要は次にそれを裏付ける具体的な資料が得られなければ、事は一向に進捗、伸展しない。そ

れがあって「鼠の嫁入り」に関しては、中国国内に行われる同様の趣旨、あるいはそれに類する同工異曲の材料の発掘が急務であろう。そう思っていた。

ところで、昨年（一九八六年）の八月、中国民間文芸研究会、山西分会からの招聘を受けた。そして、臼田甚五郎先生、小島美子教授と共に太原、臨汾の両市下、及び汾陽県の杏花村、さらには離石を中心とする呂梁地区を尋ねる機会に恵まれた。典型的な黄土高原地帯である。現地の案内は瀋陽大学の烏丙安教授、ならびに劉琦、張余の両氏を中心とした分会の方々であった。太原に到着した八月二十日の夜、「山西新鋒民間芸術展覧」に招待された。会場は、剪紙（切り紙）・木版年画・皮影（動物の皮で作った影絵）・刺綉（刺繍）・面塑（糝粉細工）・印花包袱（押し染めの風呂敷）の別に分けられ、当夜は会長の段改美女史がすべての解説と説明役を務めて下さった。繊細で素朴、それでいてときに大胆、奔放な図案の剪紙芸は、山西省の民間芸術のひとつとして知られている。この日は八十五歳の老媼による実技も披露された。さて、その折りに私共の前に展示された作品は、百四十二点。作者はほとんどが近郊の住人で、六十代、七十代の人が圧倒的に多い。それを直接反映してか、個々に意図する題材は「昭君出塞」とか「三国志人物」、あるいは「鍾馗」「二十四孝」、さらには「孟姜女」「白蛇伝」という具合に、歴史上の著名な人物や、また民間故事にもとづく例が目立った。その他、龍、虎、そして馬、羊、鶏、烏など、身近にいる動物の姿態が素材として捉え易いようである。

そうした中にあって、格別私が注意を留めたものに「老鼠娶親」があった。「鼠の嫁入り」である。それが二つあった。資料に示す事例1と2がそうである。1は韓銀桂という六十歳の女性。2は呉風蓮という七十五歳の人の手になる。いずれも丹念でしかも大振りの作品である。題は共通しているが、図柄にはそれぞれ特色があって、趣きを異にしている。これはすなわち、ひとつ題目のもとに誰しもが自由に想像を働かしめる部分、つまりは空想を飛翔し得る世界を擁しているか

事例1

事例2

らにほかなるまい。いうなれば、韓銀桂には韓銀桂の「老鼠娶親」があり、一方、呉鳳蓮には常に呉鳳蓮の思い描く「老鼠娶親」の世界があった。しかしそれでいて「老鼠娶親」は、いつも必ず「老鼠娶親」、つまりは「鼠の嫁入り」でなければならなかった。そしてもしもいま、韓銀桂には銀桂なりの、いわば彼女の裡（うち）なる「老鼠娶親」があったとすれば、次には当然また呉鳳蓮の「老鼠娶親」があったとしても、何の不思議はない。事実、それは紛れもなくそこに在ったのである。それからしてこの事実は、仮りに剪紙芸術に携わる程の人ならば、そのひとびとの間には必ずや、共通の画材としての「老鼠娶親」があって然るべきであり、それと共に反面、そこでの一人一人には、いずれ個々の裡なる「老鼠娶親」、もしくは、久しくそこに潜在するところの各個の「老鼠娶親」の存したであろうことは、容易に予想されるのであった。いうなれば「老鼠娶親」ならびにその世界とは、それほど人口に膾炙しており、かつ、親昵（しんじつ）を得たひとつの出来事であったと考えられるのである。

しかしてその結果、この予測は当らずといえども、どうやら遠からず、といった態であった。それが何よりの証拠には、続いてさらに、木版年画の部についてこれをいうと、そこでの出品は「歴史名人図」「四季美人図」にはじまっての六十二点。「福禄寿三星図」とか「山西夫子」はあるものの、そうかといって、画題や内容は剪紙のそれと然して大きな違いはない。ただし、ここで注目すべきは総数六十二点の中、益盛成という人の作品は「麒麟送子」以下、二十五点を数える。会場では質量共に抜群の力倆（りきりょう）を示していた。わけても、そこにひとつ、彼の大作「老鼠娶親」の存するのを見て、剪紙の場合ともども、ひとびとの間には根差して深く、これが大切な題材であるのを知った。念のために段女史に質すと、それに間違いはない。「老鼠娶親」は、古くから語り伝えられ、しかも汎くに識られている民間故事のひとつであるとの答えが返ってきた。中国のひとびとにとって「老鼠娶親」とは、そもそもが何であったのであろうか。ちなみに益盛成の木版画は縦二十八糎（センチメートル）、横五十・五糎（センチメートル）。説明によると百七十年前のものであって、有数の逸品の由。そこで、もしも叶えられるならばと、無理を承知の上で板行を申し入れた。その五日後、特別の厚意のもとに届けられたのが、事例3の益盛成のそれである。

ところで、ここにみる益盛成の「老鼠娶親」は、その図柄、あるいは構図として左右対称の別はあるものの、早く永尾龍造によって紹介された四川省のそれに通じていて、そのまま比較し得る部分がきわめて多い。それというのも、永尾はかつて『支那民俗誌』第二巻の巻頭口絵にこれを提示した後、第一章二項の「鼠の嫁入り」では、前述四川、及び雲南の例に続いて、上海で印行された石版絵を示し、これらに纏綿（てんめん）する民俗について述べていた。しかし、顧みて確認するに、そこでの永尾の趣旨は次の如くである。

　鼠の嫁入りといふ言ひ伝へは、支那全国並に満洲国にも兼ねて行はれてゐることであつて、昔から一般の家庭に於ても、農家に於ても、皆鼠の害に苦しんで来た苦い経験からして、家財や穀物に災ひをする鼠を退治して、其の害から免かれようとする祈念、それとまた鼠の害を恐れた結果それを神視して財神の一つとして祀る習慣が起り、それを祈つて穀倉の中の穀類の増殖を祈る農家の念願とが合して、正月の始めに嫁鼠の習慣が起つたものと考へられるのである。

　従つてこゝに述べようとするところの鼠の嫁入といふ意味は、日本でお伽噺にある夫婦の鼠が、其の愛する秘蔵娘の鼠を嫁せしむるに当つて、三国一の婿がねを捜し求め、日輪月輪といふやうな高いものにまで望みを掛けて見たが、やはり野に置け蓮花草で、牛は牛連れ、鼠の婿には鼠がよいと気が付いて、同じ仲間の鼠に嫁せしめたといふやうなこととは違つて、昔から鼠の害を防ぐ為に起つたいろ／＼の風習、並にそれに関聯する各地の習俗に就いて述べようとするのである。

事例3

事例4

「同じ仲間の鼠に嫁せしめたといふやうなこととは違つて」というように、永尾はすでにこれを分けて考えていた。たとえ「老鼠娶親」は俎上にのぼせたとしても、一方「鼠の嫁入り」の話はあえて退けるとするのが彼の主張であった。『応諧録（おうかいろく）』の「猫号」を介在せしめて、その間の動向を窺おうとするここでの私の方針とは、いささか立場を異にする。しかし、いずれに分があるか。これはまだよく判らない。閑話休題。

そのあと、私共はさらに汾陽県呂梁地区の離石に入った。そしてそこでも再びその地区の「民間芸術展」に招かれる機会に恵まれた。称して「民間美術和手工芸品」と銘打ってあった。手元にある「呂梁地区民間芸術簡介」に拠ってこれを再確認するに、会場にあったのは木版画・剪紙（切り紙）・墻囲画（壁の下部に描く絵）・玻璃画（ガラス画）・油漆画（ペンキ画）・彫塑（彫刻と塑像）・皮影（動物の皮で作った影絵）・木偶（でく）・刺綉（刺繍）・泥玩（泥人形）等であった。都市部太原でのそれに比較して、一瞥、そこでの作品はまさしく農村部の人々の手になる成果である。そして、はたせるかなここにもまた、剪紙の会場にはいくつかの「老鼠娶親」があった。しかもここでのそれは図柄といい、またその内容といい、一段と手の込んだ仕立て具合である（事例4）。

このようにして、山西省下に認められる「老鼠娶親」を追尋しつつ、かつ、一方にかの『応諧録』所収の一話、さては具体的に「鼠の嫁入り」の話を披露したところ、今回の日程に始終同行してくれた李改英君は幼い頃、その種の話を聴いて育ったと伝えてくれた。彼女は山西省呂梁市興県の出身。二十歳。父は李明珠。母は馬潤梅。その長女である。ただし李君の両親がどこまできちんと整った話を語ったものか、詳細はなお今後の調査に俟ち（ま）たいと思う。ちなみに『パンチャタントラ』の中国訳で、近時汎くにそれが識られているのは、季羨林の『五巻書』（一九五九年刊）がそうである。参考までに「鼠の嫁入り」のかの部分を示すならば、そこには次のようにある。

有那麼一只小小的老鼠、
不願意做太陽、雨、風和山、
它又恢復了自己本来的面目、
跳出自己的族類、実在很難。

古くに行われたと思われる「猫号」のその出自と、ここにまた新たに見える『五巻書』のそれを、いったいどのように探索、追尋して行くべきか。当初予期したものの「老鼠娶親」の道は、それ以上になお遙かなもののようである。

〔追記〕
成稿後、都立大学の飯倉照平教授からベトナムの民俗版画にみえる「老鼠娶親」の教示を得た。そこには「身守鼠老楽作」とある。益盛成の作、また四川、雲南の例に登場する大きな一匹の猫は、そこでは右上端に出てくる。『ベトナムの民話　アジアの民話11』（山下欣一・藤本黎時訳　大日本絵画）や、ヤン・ドゥ・フリース編『インドネシアの民話』（斉藤正雄訳　法政大学出版局）所収資料をも視野に入れて、いずれ稿を改める機会を得たい。

（『野村純一著作集　第五巻　昔話の来た道・アジアの口承文芸』）
〔初出：『昔話伝説研究』第十三号、昔話伝説研究会、一九八七年七月〕

❖野村純一　著書一覧

著書

『昔話伝承の研究』同朋舎出版　一九八四年
『日本の世間話』東京書籍　一九九五年
『昔話の森―桃太郎から百物語まで―』大修館書店　一九九八年
『新・桃太郎の誕生―日本の「桃ノ子太郎」たち―』吉川弘文館　二〇〇〇年
『民話への誘い―いまに語りつぐ日本民話集―』作品社　二〇〇一年
『江戸東京の噂話―「こんな晩」から「口裂け女」まで―』大修館書店　二〇〇五年
『〔定本〕関澤幸右衛門昔話集―「イエ」を巡る日本の昔話記録―』（写真：清野照夫）瑞木書房　二〇〇七年
『昔話の旅　語りの旅』（写真：清野照夫）アーツアンドクラフツ　二〇〇八年
『野村純一著作集』全九巻　清文堂出版　二〇一〇―二〇一三年
　第一巻　昔話伝承の研究〈上〉
　第二巻　昔話伝承の研究〈下〉
　第三巻　桃太郎と鬼
　第四巻　昔話の語りと語り手
　第五巻　昔話の来た道・アジアの口承文芸
　第六巻　伝説とその伝播者
　第七巻　世間話と怪異
　第八巻　文学と口承文芸と
　第九巻　口承文芸研究のネットワーク

編著

『吹谷松兵衛昔話集』私家版　一九六七年
『笛吹き聟―最上の昔話―』東出版　一九六八年（一九七二年再刊）
『関澤幸右衛門昔話集』私家版　一九七二年
『増補改訂　吹谷松兵衛昔話集』荻野書店　一九七五年
『酒田の昔話』酒田市　一九七六年
『浄法寺町昔話集』荻野書店　一九八二年
『昔話の語り手』法政大学出版会　一九八三年
『ふるさとの伝説5　名人奇人』ぎょうせい　一九八九年
『ふるさとの伝説6　高僧長者』ぎょうせい　一九九〇年
『別冊國文学41　昔話・伝説必携』學燈社　一九九一年
『昔話伝説研究の展開』三弥井書店　一九九五年
『柳田國男未採択昔話聚稿』瑞木書房　二〇〇二年
『伝承文学研究の方法』岩田書院　二〇〇五年

共編著

『全釈土佐日記』臼田甚五郎共著　福音館書店　一九六〇年

『日本説話文学』臼田甚五郎ほか共編　東出版　一九六六年

『萩野才兵衛昔話集』野村敬子共編　私家版　一九七〇年

『五分次郎―最上・鮭川の昔話―』野村敬子共編　桜楓社　一九七一年

『日本の伝説4　出羽の伝説』須藤克三・佐藤義則共著　角川書店　一九七六年

『雀の仇討―萩野才兵衛昔話集―』野村敬子共編　東北出版企画　一九七六年

『話の三番叟―秋田の昔話―』畠山忠男共編　桜楓社　一九七七年

『詳解徒然草』矢口裕康共著　みずうみ書房　一九七八年

『民俗研究ハンドブック』宮田登・福田アジオほか共編　吉川弘文館　一九七八年

『山形県飽海郡昔話集』藤原岳良・矢口裕康共編　荻野書房　一九七九年

『新潟県の昔話と語り手』佐久間惇一・水沢謙一共著　新潟県教育委員会　一九七九年

『近代文学と民話』矢口裕康共編　みずうみ書房　一九七九年

『日本昔話大成』12　研究編　関敬吾・大島廣志共編　角川書店　一九七九年

『古典文学と民話』石川純一郎・矢口裕康共編　みずうみ書房　一九八〇年

『日本昔話大成』11　資料編　関敬吾・大島廣志共編　角川書店　一九八〇年

『日本伝説大系』全一五巻別巻二　荒木博之・福田晃ほか編集委員　みずうみ書房　一九八二～一九九〇年　第二巻・第三巻・第一一巻担当

『池田鉄恵昔話集』新田壽弘共編　荻野書店　一九八三年

『日本昔話研究集成』全五巻　関敬吾監修／小松和彦・福田晃共編　名著出版　一九八四年　三・五巻担当

『近代文学と民話　改訂版』矢口裕康共編　みずうみ書房　一九八五年

『ストーリーテリング』佐藤涼子・江森隆子共編　弘文堂　一九八五年

『昔話・伝説小事典』大島廣志・佐藤涼子・常光徹共編　みずうみ書房　一九八七年

『口頭伝承の比較研究』4　川田順造共編　弘文堂　一九八八年

『遠野物語小事典』菊池照雄・渋谷勲・米屋陽一共編　ぎょうせい　一九九二年

『一冊で日本の心を知る一〇〇話を読む―日本古典名話案内―』乾克己・小林保治共編　友人社　一九九二年

『日本説話文学』臼田甚五郎ほか共編　おうふう　一九九五年

『日中昔話伝承の現在』劉守華共編　勉誠社　一九九六年

『日本伝承文学』大島廣志・花部英雄共編　おうふう　一九九六年

『柳田國男事典』三浦佑之・宮田登・吉川祐子共編　勉誠出版　一九九八年

『日本説話小事典』三浦佑之・藤島秀隆・高木史人共編　大修館書店　二〇〇二年

『昔話・伝説を知る事典』大島廣志・佐藤涼子・常光徹共編　アーツアンドクラフツ　二〇二一年

監修

中国放送編『ひろしまの民話』第一法規　一九八一年
中国放送編『ひろしまの民話』2　第一法規　一九八二年
中国放送編『ひろしまの民話』3　第一法規　一九八四年
『いまに語りつぐ日本民話集』Ⅰ期一五巻　松谷みよ子共監修　作品社　二〇〇一年
『いまに語りつぐ日本民話集』Ⅱ期一五巻　松谷みよ子共監修　作品社　二〇〇二年
『いまに語りつぐ日本民話集』Ⅲ期一五巻　松谷みよ子共監修　作品社　二〇〇三年
守屋裕史画『ももたろう　完結版』田原本町観光協力　二〇〇三年
野村敬子・花部英雄・飯倉義之編『ふるさとのお話の旅』Ⅰ期一二巻　星の環会　二〇〇五年
野村敬子・井上幸弘・加藤ゆりいか編『ふるさとのお話の旅』Ⅱ期二巻　星の環会　二〇〇六年

（小川直之作成）

國學院大學伝承文化学会大会（2002年6月29日）

❖野村純一　略年譜

昭和一〇年（一九三五）〇歳　三月一〇日、東京市下谷区（現台東区）生。本籍は中央区日本橋。野村本家は江戸時代半ばから続く畳屋で「ひょうたん」と通称される。

昭和二〇年（一九四五）一〇歳　母親の実家である福井市（旅館江戸庄）に疎開。七月一九日夜に空襲にあう。

昭和二八年（一九五三）一八歳　三月、日本大学第一高等学校卒業。四月、國學院大學文学部文学科入学。臼田甚五郎が指導する説話文学研究会に入会。

昭和三二年（一九五七）二二歳　三月、國學院大學文学部文学科卒業（六五期生）。卒業論文「樹木と伝説」（主査臼田甚五郎）。四月、私立岩倉高等学校国語科教諭に就任。山岳部顧問。教え子の実家が栃尾市吹谷の松兵衛家。

昭和三六年（一九六一）二六歳　「『竹伐爺』の伝播者」「惟喬親王ノート」「住吉物語について」などの論文発表。以後、口承文芸分野の論文発表や資料報告を活発に行なうようになる。

昭和三八年（一九六三）二八歳　五月、山形県最上郡真室川町出身の近岡敬子（六九期生、説話研究会後輩）と結婚。以後、最上地方の鷹匠の語りや昔話を『藝能』（藝能学会）などに連載（昭和四三年まで）。

昭和四〇年（一九六五）三〇歳　四月、國學院大學文学部兼任講師に就任。前年から國學院大學民俗文学研究会の指導を行なう。

昭和四一年（一九六六）三一歳　三月、私立岩倉高等学校教諭退職、四月に國學院大學文学部文学科専任講師就任。

昭和四二年（一九六七）三二歳　『國學院雑誌』に「最初に語る昔話」を発表するなど、独自視点による昔話研究が活発となる。

昭和四四年（一九六九）三四歳　四月、國學院大學文学部文学科助教授就任。『日本民俗学会報』に吹谷松兵衛家の「一統の昔話」などについて「昔話の研究」と題して発表し、民俗学としての昔話研究を主張する。

昭和四五年（一九七〇）三五歳　四月、國學院大學の国内研究員として広島大学に派遣され、口承文芸調査研究に携わる（九月まで）。

昭和四六年（一九七一）三六歳　『國學院雑誌』に「昔話伝承の形態―炉辺の語りを中心に―」を発表する。この年から昔話伝説研究会による研究誌『昔話伝説研究』の発刊が始まる。

昭和四七年（一九七二）三七歳　新潟県栃尾市史の民俗編などの編纂を行なう（昭和五二年まで）。

昭和四九年（一九七四）三九歳　文部省科学研究費補助金（一般研究D）に採択されて研究を進める。

昭和五三年（一九七八）四三歳　立命館大学、別府大学の集中講義を担当。この頃から他大学の講師を兼任するようになる。この年から関敬吾『日本昔話大成』の編集に協力する。

昭和五五年（一九八〇）　四五歳　一二月、日本口承文芸学会代表訪中団（団長臼田甚五郎）に参加。

昭和五六年（一九八一）　四六歳　四月、國學院大學文学部文学科教授。同大百周年記念事業・日本民俗研究大系の編集・刊行委員として事業を進める。

昭和五九年（一九八四）　四九歳　九月、中国民間文芸研究会からの招聘で訪中（団長大林太良）し、国内をまわる。昭和六一年には中国・山西省民間文芸研究会の招聘で訪中。

昭和六〇年（一九八五）　五〇歳　三月、著書『昔話伝承の研究』で國學院大學から文学博士を授与される。『昔話伝承の研究』で第七回角川源義賞を受賞する。

昭和六三年（一九八八）　五三歳　四月、國學院大學派遣研究員（国外）として、インドならびに中国で民間説話と叙事詩の研究。

昭和六四年（一九八九）　五四歳　四月、國學院大學大学院文学研究科講座担当（大学院教授）となる。一一月、日本民俗学会代表理事に就任（平成四年一〇月まで）。この頃から組織の長への就任が増える。

平成二年（一九九〇）　五五歳　一一月、共編著『日本伝説大系』全一七巻が第四四回毎日出版文化賞特別賞を受賞。

平成三年（一九九一）　五六歳　五月、日本昔話学会訪中団長として訪中。一一月、世界民話博学術委員会委員長（遠野市）、翌年には世界民話博ＩＮ遠野学術委員長を務める。

平成五年（一九九三）　五八歳　八月、国際交流基金からインド・ジャワハルラルネルー大学客員教授として派遣される。

平成七年（一九九五）　六〇歳　四月、日本口承文芸学会会長（平成一〇年三月まで）、遠野物語研究所顧問に就任。

平成八年（一九九六）　六一歳　四月、日本民俗学会50周年記念事業委員会委員長に就任。

平成九年（一九九七）　六二歳　七月、洛陽民間文芸研究会と交流（西安・洛陽など）。

平成一二年（二〇〇〇）　六五歳　四月、紫綬褒章受章（口承文芸学）。

平成一四年（二〇〇二）　六七歳　五月、国立国際子ども図書館全面開館記念展示の協力・監修を行なう。

平成一五年（二〇〇三）　六八歳　四月、國學院大學図書館長就任。

平成一七年（二〇〇五）　七〇歳　三月、國學院大學を定年退職、四月に名誉教授に就任。四月、和洋女子大学大学院客員教授に就任。

平成一九年（二〇〇七）　七二歳　六月二〇日永眠。六月二二・二三日葬儀。没後、叙正五位、瑞宝中綬章受章。

平成二〇年（二〇〇八）　六月、野村純一先生追悼集刊行会から『口承文芸学への夢』発刊。

平成二二年（二〇一〇）　一〇月、清文堂出版から『野村純一著作集』全九巻刊行開始、平成二五年四月完結。

［『口承文芸学への夢　野村純一先生追悼集』・『野村純一著作集』第九巻・『野村純一　怪異伝承を読み解く』所収の年譜をもとに、小川直之作成］

［編集部付記］

・本書収録の論考は、『野村純一著作集』（清文堂出版）をテキストとし、本文表記はそのままとしました。ただし、あきらかな誤植は直しました。

・各論考の出典は、各論考末尾に記載しました。また、単行本出典も併記しました。

・著作収録に際して、野村敬子氏より快諾をいただきました。御礼申し上げます。

小川直之（おがわ・なおゆき）
1953年、神奈川県生まれ。國學院大學文学部文学科卒業。博士（民俗学）。現在、國學院大學・同大学院教授。南開大学（中国）客員教授。柳田國男記念伊那民俗学研究所長。日本各地の伝承文化のフィールドワークと研究、中国の少数民族、台湾、インドなどの民族文化研究とともに、折口博士記念古代研究所（國學院大學）で折口信夫研究を進めている。主な著書に、『地域民俗論の展開』、『摘田稲作の民俗学的研究』、『歴史民俗論ノート』（岩田書院）、『日本の歳時伝承』（アーツアンドクラフツ）、編著に、『折口信夫・釋迢空—その人と学問—』（おうふう）、『日本民俗選集』全20巻、『日本年中行事選集』全5巻、『日本民俗』（クレス出版）、『日本の食文化』1—3巻（吉川弘文館）など。

やまかわうみ叢書
野村純一　口承文芸の文化学
2022年12月31日　第1版第1刷発行

編　者◆小川直之
発行人◆小島　雄
発行所◆有限会社アーツアンドクラフツ
東京都千代田区神田神保町2-7-17
〒101-0051
TEL. 03-6272-5207　FAX. 03-6272-5208
http://www.webarts.co.jp/
印刷　シナノ書籍印刷株式会社

落丁・乱丁本はお取り替えいたします。
ISBN978-4-908028-79-3　C0039